Nouvelle Vague

Nouvelle Vague

Norbert Grob
Bernd Kiefer
Thomas Klein
Marcus Stiglegger
(Hg.)

Genres/Stile #1
Bender

Reihe Genres & Stile
Herausgegeben von Norbert Grob

01: Nouvelle Vague
02: Road Movies

in Vorbereitung:
03: Politthriller
04: Noir-Kino
05: Gefängnisfilm
06: Neuer Deutscher Film

Die Deutsche Bibliothek - CIP-Einheitsaufnahme
Ein Titeldatensatz für diese Publikation ist bei Der Deutschen Bibliothek erhältlich.

Bildnachweis
Titelbild: jules et jim (F 1961), Stiftung Deutsche Kinematek. Innenteil: DIF; Stiftung Deutsche Kinematek; Privatarchiv Grob; A. Rauscher / Screenshot; Filmmuseum Berlin; DVD-Print, für diese Ausgabe: Bender-Verlag; © bei den jeweiligen Rechteinhabern.

Dieses Werk einschließlich aller seiner Teile ist urheberrechtlich geschützt. Jede Verwertung außerhalb der engen Grenzen des Urheberrechts ist ohne Zustimmung des Verlages unzulässig und strafbar. Das gilt insbesondere für Vervielfältigungen, Microverfilmungen und die Einspeicherung und Verarbeitung in elektronischen Systemen.

© 2006 Ventil KG, Mainz
ISBN-10: 3-936497-12-5
ISBN-13: 978-3-936497-12-0
Satz: Myriam Olk
Layout: Oliver Schmitt
Druck: FVA, Fulda

Bender Verlag
Augustinerstraße 18, 55116 Mainz
www.bender-verlag.de

Inhalt

7 **Vorwort**

8 Norbert Grob / Bernd Kiefer
Mit dem Kino das Leben entdecken
Zur Definition der Nouvelle Vague

28 Hans Helmut Prinzler
Wie die Nouvelle Vague nach Berlin kam
Eine kleine Festival-Chronologie

34 Rainer Gansera
Der Mann mit der Seele eines Kindes
François Truffaut

47 Thomas Klein
Jean-Pierre Léaud

48 Norbert Grob
Mit der Kamera »Ich« sagen
Le Cinéma des auteurs

61 Marcus Stiglegger
Stéphane Audran

62 Thomas Klein / Marcus Stiglegger
Der antibourgeoise Bourgeois
Claude Chabrol

69 Andreas Rauscher
Jean-Claude Brialy

70 Fritz Göttler
Das ganze Leben erfassen
Notate zur Nouvelle Vague

83 Thomas Klein
Bernadette Lafont

84 Bernd Kiefer
Verstrickungen
Jean-Luc Godard

105 Josef Rauscher
Anna Karina

106 Manuela Reichart
Es ging fast immer um die Liebe
Masculin-Féminin in der Nouvelle Vague

117 Norbert Grob
Jeanne Moreau

118 Thomas Klein
Über das Augenscheinliche hinaus
Eric Rohmer

131 Norbert Grob
Jean Seberg

132 Karl Prümm
Die Welt in einem neuen Licht
Bemerkungen zur Bildlichkeit
der Nouvelle Vague

143 Norbert Grob
Juliet Berto

144 Karlheinz Oplustil
**Parallele Welt wie aus
Träumen**
Jacques Rivette

159 Karlheinz Oplustil
Bulle Ogier

160 Markus Moninger
**Selbstreflexion als Ästhet(h)ik
der Freiheit**

171 Bernd Kiefer
Jean Paul Belmondo

172 Marcus Stiglegger
Gedächtnis-Skulpturen
Alain Resnais

185 Norbert Grob
Delphine Seyrig

186 Miriam Fuchs / Norbert Grob
Agnès et les autres
Agnès Varda – Louis Malle –
Jacques Demy

201 Bernd Kiefer
Brigitte Bardot

202 Josef Rauscher
Der unglückliche Liebhaber
Jean Eustache

213 **50 Filme**

219 **Ausgewählte Bibliographie**

222 **Zu den Autorinnen
und Autoren**

Vorwort

Seit einem halben Jahrhundert ist die französische Nouvelle Vague einer der faszinierendsten Epochalstile des modernen Kinos. Jeder Interessierte weiß, worum es geht, wenige nur kennen die Details. Jeder kennt Truffaut und Godard, wenige nur wissen etwas von der Bewegung insgesamt. In Frankreich, das liegt auf der Hand, ist das Thema seit den frühen Sechzigern *up to date*. Auch in England und in den USA wurde die Nouvelle Vague früh diskutiert und reflektiert. In den großen Lexika und Filmgeschichten finden sich z. T. längere Abhandlungen, die aber eher beschreiben denn definieren. Hierzulande gibt es (nur noch antiquarisch) die Monographien der »Reihe Film« bei Hanser: über Truffaut, Godard, Chabrol, Malle und Resnais. Und die beiden Bücher von Frieda Grafe: den Katalog zur Wiener Retrospektive 1996 und die Sammlung ihrer Texte »Nur das Kino. 40 Jahre mit der Nouvelle Vague«.

Die vorliegenden Studien schließen eine Lücke. Sie sollen erste Einführung und erweiterndes Lehrbuch zugleich sein, sie sollen eine Übersicht geben *und* den Blick öffnen für diese ganz eigene, ganz besondere Sicht auf die Welt – für bizarre, entlegene, kapriziöse, gelegentlich auch skurrile Visionen.

Für die Entstehung dieses Buches haben wir Freunden und Kollegen zu danken. Zuallererst natürlich den Autorinnen und Autoren; Peter Latta vom FilmMuseum Berlin für viele Fotos; Dr. Andreas Rauscher und der Zeitschrift *Screenshot* für weitere Fotos; Dr. Felicitas Kleiner für erhellende Hinweise. Und Julia von Lucadou für die richtige Formatierung so mancher, äußerst eigenwillig angelegter Texte.

Gewidmet sei dieses Buch unserem lieben Freund und Lehrer Thomas Koebner, mit dem zu arbeiten, zu forschen und zu lehren stets eine große Erfahrung ist – und der immer einen Sinn hat für bizarre, entlegene, kapriziöse, auch für skurrile Visionen.

Norbert Grob
Bernd Kiefer / Thomas Klein / Marcus Stiglegger
22. Juli 2006

Norbert Grob / Bernd Kiefer

Mit dem Kino das Leben entdecken
Zur Definition der Nouvelle Vague

»Film, ganz wie ein Museum, lehrt uns zu sehen.«
(Eric Rohmer)

Alles begann, es ist oft beschrieben worden, mit filmkritischen Texten in *Arts* und den *Cahiers du cinéma*, die eine neue Position klären sollten: Da waren einerseits, vor allem bei François Truffaut und Jean-Luc Godard, die harschen Klagen und provokativen Vorwürfe gegen das Konventionelle, das Allseits-Bekannte, und andererseits, auch bei Jacques Rivette und Eric Rohmer, der enthusiastische Applaus, die euphorische Begeisterung für innovative, betont subjektive Entwürfe. Schon im Schreiben über das Kino sollte die Leidenschaft aufschimmern, auf dass nicht verlängert werde, was aufzugeben sei, und nicht verkürzt oder unterdrückt, was doch Begeisterung wecken müsse.[1] Später wurde dies gerne als Strategie heruntergespielt, so, als seien sowohl die Attacke als auch die Bewunderung bloß Vorbereitung gewesen für die eigene Filmarbeit. Sie hätten, so Eric Rohmer, in erster Linie »die Basis« gelegt zu ihrem »zukünftigen Filmemachen« und »die Leser« dazu angehalten, »Filme zu mögen«, wie sie sie »zu machen hofften«, und die Filme »verrissen, die damals die allgemeine Bewunderung fanden.«[2]

Von heute aus gesehen, wirken die Texte extrem kämpferisch. Da waren junge Männer am Werk, die dem Alten den Fehdehandschuh hinwarfen, auch, weil sie meinten, mehr zu sehen und zu wissen, welche Filme zu der Zeit vorzulegen seien. Frieda Grafe dazu, die wie keine

André Bazin

andere hierzulande die Arbeit der Nouvelle Vague kritisch und reflektierend begleitet hat (und die im folgenden deshalb häufiger als Zeugin aufgerufen sei)[3]: »Als sie loszogen, Truffaut und Godard, (…) gegen die Viererbande Autant-Lara, Clouzot, Clément und Delannoy, verband sie jungenhafte Unverschämtheit und eine unbändige Liebe zum Film. Sie wollten nicht die Welt verbessern, sie engagierten sich fürs Kino. (…) Sie wollten im französischen Kinomilieu eine andere Vorstellung von Film durchsetzen. Und dachten nicht im Traum daran, dass sie weltweit das Denken übers Kino veränderten.«[4]

Aber sie haben es verändert – man denke nur an den Neuen Deutschen Film (Alexander Kluge), an die Neuen Wellen in Skandinavien (Bo Widerberg) und Osteuropa (Miloš Forman, Miklòs Jancsó, Márta Mészáros), an Italien (Bernardo Bertolucci), Japan (Nagisa Oshima), an das New Hollywood. Und sie verändern es bis heute. Man denke an Jim Jarmusch, Quentin Tarantino oder Olivier Assayas, an die Filme von Hou Hsiao-hsien oder Wong Kar-wai.

JLG presents

»Wir von den *Cahiers* (…), Truffaut, Rivette, Godard, Chabrol, die drei oder vier, die das damals waren, wir haben gesagt: Nicht auf den Produzenten kommt es an, sondern auf den Autor. Wir haben versucht, ihm wieder, wie soll ich sagen, den Adelsbrief zurückzugeben. Aber weshalb hat man dem Adel erst den Kopf abgeschlagen, wenn man ihm nachher dann einen solchen Kreditbrief ausstellt? Gut, uns ging es darum, uns einen Platz zu erobern, das System, so wie es war, anzugreifen, das Recht zu bekommen, mit anderen Tischmanieren am Tisch Platz zu nehmen. Und zu sagen: auf den Autor kommt es an … Wenn Leute wie Hitchcock, Hawks, Bergman Anstand besäßen, dann würden sie uns jetzt von jedem Franc, den sie verdienen, 10 Centimes abgeben, denn wir haben ihre Namen groß herausgestellt. Heute heißt es: Hitchcock presents … Das war nicht immer so. Früher stand da: Warner Brothers … oder Soundso presents … Hitchcock, den haben wir dahin gebracht. (…) Wir haben den Namen des Autors unten weggenommen und nach oben gerückt. Wir haben gesagt: Er ist es, der den Film gemacht hat. Das sollte auch heißen: So muss man Filme machen, und wenn man Filme so machen muss und wir sagen, dass es so sein muss, dann müssen wir sie auch machen (…). Wir wollten also unsere eigene Existenz unter Beweis stellen.«[5]

Gegen die »Tradition der Qualität«

Claude Chabrol (LE BEAU SERGE, 1958) und François Truffaut (LES 400 COUPS, 1959), Jean-Luc Godard (À BOUT DE SOUFFLE, 1960) und Jacques Rivette (PARIS NOUS APPARTIENT, 1961), dazu – ein wenig abseits – Louis Malle (L'ASCENSEUR POUR L'ÉCHAFAUD, 1958), Eric Rohmer (LE SIGNE DU LION, 1959) und Alain Resnais (HIROSHIMA MON AMOUR, 1959): Als diese Regisseure anfingen, das Kino zu erneuern, das ihnen »dazu dient(e), das Leben zu entdecken«[6], galt ihre Auflehnung der französischen »*tradition de qualité*«[7] in den 50er Jahren: Filmen voller Talent und Geschmack, ordentlich geschrieben, ausgestattet und inszeniert – brillant, aber formlos. Rivette sprach in diesem Zusammenhang vorwurfsvoll von einem »Kino des rhetorischen Diskurses«, in dem »alles sich den gebräuchlichen und vielseitig verwendbaren Formeln, zu Stereotypen für jeden Zweck erstarrt, beugen« müsse: »das Universum wird eingefangen und zerstört in einem Netz formaler Konventionen.«[8]

Truffaut klagte gegen das »nutzlose Mühewalten«, das »auf der Leinwand doch zu nichts« führe als zu »ausgeklügelten Einstellungen, komplizierten Beleuchtungseffekten, ›geleckter‹ Fotografie.«[9] Dieser Charakter des Kinos sollte verändert werden, der Ausdruck der Filme revolutioniert. So wandten sie sich radikal gegen das übliche, herkömmliche Kino, wo es nur darum gehe, »Menschen in eine abgeschlossene Welt einzusperren, die durch Formeln, Wortspiele und Maximen verbarrikadiert ist«, statt »sie sich vor unseren Augen zeigen zu lassen, wie sie sind.«[10]

Godard, schon etwas subjektiver: »Wir können euch nicht verzeihen, dass ihr nie Mädchen gefilmt habt, so wie wir sie mögen, Jungen, denen wir täglich begegnen (…), kurz, die Dinge so wie sie sind.«[11] Alles zeigen, die Dinge und die Menschen, so, wie es ist, es sich selbst zeigen zu lassen – das ist das Authentizitäts-Pathos der Nouvelle Vague.

Rohmer, pointiert: »Wenn Literatur beschreibt und Malerei ausmalt, beide also etwas zur Figur gerinnen lassen, interpretieren, dann ist die Besonderheit des Films, dass er zeigt.«[12] Der Film wird »als ein Mittel« gesehen, dass »das Leben, wenn nicht zu reproduzieren, so doch zu repräsentieren, das Leben gewissermaßen wiederzuerschaffen« habe.[13]

Das Neue aus dem Alten
Die Nouvelle Vague, zurecht gewürdigt als Geburtstätte des Kinos der Autoren, die Filmspezifisches garantieren, veränderte grundlegend das filmische Erzählen: Kleinere Budgets genügten für großes Kino, nur reflektiert sollten die Mittel sein und durchlässig für aktuelle Realität die Geschichten. Die Filme sollten weg von den schönen Illusionen der Studios und hin zur kleineren, novellenartigen Form, die dem Leben auf den Straßen und in den Cafés um die Ecke entspricht, durchsetzt mit persönlichen Erfahrungen und Verweisen auf filmische Vorlieben. Für das Kino sei die Nouvelle Vague das, was der Impressionismus für die Malerei gewesen sei, hat Rivette später erklärt. Beide hätten eine bestimmte technische Entwicklung zu einer neuen Ausdrucksweise genutzt. Wie die in Tuben gefüllte Farbe den Impressionisten das Malen in der Natur erlaubt habe, sei durch leichtere Kameras und empfindlicheres Filmmaterial das unkomplizierte Drehen in Wohnungen und Straßen möglich geworden. Die »Aufgabe des modernen Films«, so Rohmer, sei nicht mehr, »um die Wirklichkeit Girlanden zu flechten, sondern sie so zu entdecken, wie sie sich dem unbewaffneten Auge darbietet.«[14]

Für die Regisseure der Nouvelle Vague war die Zeit des naiven Filmemachens vorbei. Anfang der sechziger Jahre kam es auch europaweit, etwa bei Ingmar Bergman, Andrej Tarkowskij, Federico Fellini und Michelangelo Antonioni, zu enormen Veränderungen, weil immer deutlicher wurde, wie sehr das filmische Medium vorgeformt war durch die alten Meister und dass seine Mittel deshalb bewusster und kontrollierter einzusetzen sind.

In dem Sinne ist selbst »Truffauts Epigonenbewusstsein (…) ein doppeltes: Es bedenkt das Verhältnis des relativ neuen Films zu Ausdrucksformen mit langer Tradition, und es berücksichtigt das Altern des eigenen Mediums, das nicht länger als jungfräulich empfunden wird, sondern als beladen mit Bedeutungen, die den eigenen Ausdrucksabsichten im Wege stehen können.«[15]

Ein wesentlicher Stichwort-Geber für ein neues Bewusstsein von Film (und vom Filmemacher als *auteur*) war Alexandre Astruc. 1948 erschien in *L'Écran français* ein kurzer Text »Naissance d'une nouvelle avant-garde: la Caméra-Stylo«, in dem er formulierte, Film werde gerade zu einer eigenen Sprache, zu einer Form, »in der und durch die ein Künstler seine Gedanken, so abstrakt sie auch seien, ausdrücken« könne. Für Astruc beginnt damit »die Epoche der *caméra-stylo*«. Der Unterschied zwischen Scenarist und Regisseur werde so hinfällig. »Die Regie ist kein Mittel mehr, eine Szene zu illustrieren oder darzubieten, sondern eine wirkliche Schrift. Der Autor schreibt mit seiner Kamera wie ein Schriftsteller mit seinem Federhalter.«[16] Das war die radikale Subjektivierung des filmischen Blicks.

Die Nouvelle Vague, wie sie sich dann Ende der fünfziger, Anfang der sechziger Jahre entwickelte, wäre jedoch ohne den Einfluss des Filmkritikers und Filmtheoretikers André Bazin (1918–1958) nicht denkbar gewesen, der 1951 die *Cahiers du cinéma* mitbegründete und dann mit seiner enthusiastischen Kennerschaft prägte. Bazin wies den Cinéphilen Wege durch die Filmgeschichte, entdeckte oder würdigte neu, stellte in Kinos zeitgenössische und fast vergessene Filme vor und diskutierte nächtelang. Truffaut, rückblickend über diese Zeit: »Bazin ist überall da, wo Filme vorgeführt werden, er ist ein Film-Mensch durch und durch, der am meisten bewunderte, am meisten gefragte und am meisten geliebte«.[17]

Für Bazin war das Verhältnis von Film und Realität von zentraler Bedeutung. Mehr als jede andere Kunstform habe der Film die Fähigkeit, die Realität in ihrem So-Sein zu enthüllen. Film war für ihn »die Vollendung der photographischen Objektivität in der Zeit.«[18]

Am Beispiel von Eisenstein und Griffith problematisierte er das Kino der Montage, das die Realität in einzelne Teile zerlege, zum einen, um politischen Sinn aufzuzwingen, zum anderen, um spannungsdramaturgisch zu wirken. Dem stellte er (am Beispiel von Jean Renoir, Orson Welles und William Wyler) ein Kino der Plansequenz und der Schärfentiefe entgegen, das die Realität *nicht* zerstückele. Plansequenz und Schärfentiefe führten »die Mehrdeutigkeit wieder in die Struktur des Bildes ein, zwar nicht notwendigerweise (…), aber als Möglichkeit«[19] – und forderten damit ein aktives Mitdenken des Zuschauers. Von daher ist Bazins Ästhetik des Films gleichzeitig eine Ethik, die auf Nichtzerstörung der sichtbaren Welt zielt und auf die Freiheit des Zuschauers.

Filme-Sehen und Schreiben

Kino-Leidenschaft hatte für die wichtigsten Vertreter der Nouvelle Vague von Anfang an zwei Seiten: zum einen das Filme-Sehen in der *Cinémathèque française*, die von Henri Langlois geleitet und nach dem Prinzip gestaltet wurde, dass *alle* Filme zu sehen sein müssen – unabhängig von ihrem nationalen und ästhetischen Zusammenhang, unabhängig auch von ihrer Qualität. Das ermöglichte diesen »Kino-Ratten« eine ungeheure Filmbildung.

Die zweite Seite: das Schreiben über das Gesehene, das immer, bei allen, zu einer Definition des Kinos tendierte. »Qu'est-ce que le cinéma?« Der Titel von Bazins Lebenswerk war ihnen Lebensfrage und Lebensaufgabe: noch am entlegensten Filmwerk herauszufinden, was das Kino im Innersten ist.

Eric Rohmer hat die Entwicklung dieser Obsession bis zur eigenen Lebensform beschrieben: »Die ersten Nummern der *Cahiers* waren sehr eklektizistisch. Da waren Leute wie Chalais, Mauriac usw. dabei. (…) Meine Freunde von der *Gazette du cinéma* sind erst später dazugekommen. Truffaut hat sich (…) von zwei Seiten her eingeschleust. Er hatte seinen Platz in *Objectif 49*, weil er ein Freund von Bazin war (…), während Rivette nur Zugang zur *Gazette du cinéma* hatte. Rivette und Godard kamen von der *Gazette*, Truffaut aus dem Bazin-Kreis. Schließlich haben wir uns als Freunde zusammengetan. Wir gingen zusammen ins Kino und bildeten eine kleine Gruppe, die (…) die *Cahiers du cinéma* unterwandert hat und einen immer größeren Platz eingenommen hat, bis zur legendären Nummer 31, die der Anfang des Angriffs gegen das französische »Qualitätskino« war.«[20] Es war aber nicht nur das Schreiben über Filme, es war das genaue Studium der Stile und Techniken, das die jungen Kritiker kennzeichnet. Es wurde so weit getrieben, dass daraus sich gleichsam selbstverständlich der Wunsch entwickelte, selbst Filme zu machen. Damit entstand ein Mythos, der bis heute seine Macht entfaltet: der Mythos, vom Sehen von Filmen, vom Schreiben über Filme gelange man zur Kunst des Filmemachens, so bei Wim Wenders, Nagisa Oshima, Bo Widerberg, Bertrand Tavernier, Olivier Assayas und Léos Carax.

Hollywood

Anders als zu der Zeit üblich, akzeptierten die jungen Enthusiasten ganz selbstverständlich »ein bestimmtes amerikanisches Kino«[21], da sie dort die Reflexion der filmischen Mittel *vor* dem Gebrauch bewunderten. Ihre Heroen waren Alfred Hitchcock und Howard Hawks, Fritz Lang und Otto Preminger – und, unter den Jüngeren: Samuel Fuller, Anthony Mann, Nicholas Ray. Dass jede Kamerafahrt auch eine Frage der Moral ist, haben sie nicht bei Jean Renoir oder Jean Vigo oder Max Ophüls entdeckt, sondern Luc Moullet hat es für die Filme von Samuel Fuller bestimmt. Chabrol und Rohmer schrieben das erste Buch überhaupt über Hitchcock[22]. Truffaut gab seine inzwischen legendären Interviews mit Hitchcock heraus[23], und immer wieder war es Hitchcock, an dessen Beispiel die Essenz des Kinos definiert wurde. Bei Hitchcock, so etwa Jacques Rivette, könne man sehen,»was das Kino von Grund auf ist: jenes Band zwischen etwas Äußerlichem und etwas ganz Verborgenem, das eine unvorhergesehene Geste entschleiert ohne es zu erklären.«[24]

Wichtig bei ihrer Auseinandersetzung mit den amerikanischen Filmen war gerade, dass sie dort Bilder fanden, die ihnen den Stoff dafür gaben, Grundsätzliches über das Kino zu formulieren. Truffaut etwa sah bei Preminger bereits die eigene Vorliebe realisiert:»Der Film ist eine Frauen-, das heißt, eine Schauspielerinnen-Kunst. Die Arbeit des Regisseurs besteht darin, hübsche Frauen hübsche Dinge machen zu lassen.«[25] Und Godard entdeckte bei Ray das bisher Ungeschaute, das er seitdem immer wieder sucht:»Nicholas Ray zwingt uns, als real zu betrachten, was man nicht mal als irreal betrachtete, was man gar nicht betrachtete. (…) Das ist nicht Kino, das ist besser als Kino.«[26]

Mit Bildern denken

Für die Regisseure der Nouvelle Vague war, wie schon gesagt, Kinobildung Voraussetzung dafür, Filme aus einem anderen Bewusstsein, einer neuen Klarsicht heraus zu drehen (Truffaut etwa versuchte, in seinen Filmen von Anfang an die frühen, aus der Mode gekommenen Erzähltechniken neu zu entdecken). Sie begannen auch nicht als Epigonen ihrer französischen Vorbilder Jean Renoir und Robert Bresson, Jean Vigo, Abel Gance und Jacques Becker, bezogen sich aber auf sie und entwickelten nach und nach eine eigene Meisterschaft. Wobei ein Dreifaches wichtig war: das Verhältnis der erzählten Geschichten zur jeweiligen Realität; der bewusste Einsatz ihrer Mittel und Techniken; und die Aktivität der Zuschauer, die aufgefordert sind, die Filme wieder und wieder anzuschauen.

Kinobildung, um die es damals ging, hieß auch, dass man sie als Zuschauer brauchte, um die Filme zu entziffern, um den Verästelungen, auch den Verrätselungen zu folgen. Voraussetzungsloses Verständnis dieser Filme war deshalb nicht mehr möglich, da das Konstruieren des Erzählens im Erzählten stets mitschwingt. Die Filme der Nouvelle Vague,

François Truffaut und Mitarbeiter

François Truffaut mit Jean-Pierre Léaud und Claude Jade

das gilt ganz generell, fordern informierte Zuschauer, die nicht einfach den Bildern vertrauen, die visuelle Kompositionen als solche erkennen, als arrangiert, gemacht, konstruiert, und die in der Lage sind, mit Bildern zu denken. Deshalb ist auch die Bereitschaft nötig, genau hinzusehen, Details wahrzunehmen, die abseits dessen liegen, was man schon weiß. Damit reklamieren die Nouvellisten eine ästhetische Sensibilität für das Wahrnehmen ihrer Filme, wie sie im Umgang mit der Literatur oder der Malerei Mitte des 20. Jahrhunderts längst gang und gäbe war.

Godard, Rivette und Rohmer, auch Resnais, nahmen ganz bewusst ihre Position am Rande des französischen Kinos ein. Dagegen suchte Truffaut sich früh als Erzähler zu etablieren, nur sollten seine Geschichten offener sein und seine Figuren dominanter gegenüber der Geschichte, in die sie sich verstrickten. Für Frieda Grafe ist Truffauts Konventionalität eine »Taktik«, um das Gewöhnliche des Gezeigten umso deutlicher hervorzuheben. »Truffauts Thema ist die eingeschliffene, funktionslose Konvention, die mit all ihren Ablagerungen uns die Sicht auf die Realität verstellt. (...) Er hat es darauf angelegt, die Oberfläche suspekt zu machen, das Vertrauen in eingefahrene Urteile zu erschüttern.«[27]

Jean-Luc Godard dagegen war radikaler, er wollte von Beginn alles verändern, eine neue Grammatik, eine neue Rhetorik, zugleich verwarf er das Alte nicht um jeden Preis: »Darstellungsmechanismen entstehen erst mit der Zeit; sie waren einmal eine mögliche Schreibweise oder gar ein Stil. Wenn ein Journalist von *Ici Paris* ein Wort im Imperfekt verwendet, so ist das kein Stil; wenn hingegen Céline oder Balzac ein Wort im Imperfekt verwenden, so hat das einen Sinn. (...) Ähnlich sind Überblendungen zu einem Verfahren geworden, das keinen Sinn mehr hat. Als sie erfunden wurden, hatten sie einen bestimmten Sinn. Die erste Überblendung in der Geschichte des Films muss großartig gewesen sein, und man sollte dahin kommen, das wiederzufinden.«[28]

Kino des Modernismus

Was also ist die Nouvelle Vague? Zunächst: Auch Cinéphile halten den Terminus meist für einen, den Filmkritik, Filmtheorie oder Filmhistoriographie geprägt hätten, vielleicht sogar die Regisseure selbst, die dann unter dem Slogan berühmt wurden. Doch die Herkunft des Begriffs ist eine ganz andere – und hat dennoch mit der Intention der Filmemacher zu tun. Zwischen Oktober und Dezember 1957 erschien im Magazin

L'Express, vergleichbar mit *Time*, *Newsweek* oder dem *Spiegel*, eine Artikel-Serie der Journalistin Françoise Giroud, die unter dem Titel »La Nouvelle Vague« die zeitgenössische Jugend, die junge Generation der späten fünfziger Jahre, in ihrer Eigenart, ihrem Denken und ihrem Lebensstil porträtierte, wobei auch das Kino eine Rolle spielt, in dem sich die neuen Werte dieser Jugend langsam manifestieren.[29] Dies waren gewiss nicht die Filme, die die Kritiker und angehenden Regisseure um die *Cahiers* favorisierten, doch mit ihren ersten Arbeiten wurde dann identifiziert, was Nouvelle Vague meinte: das Erscheinen einer neuen, jungen Sicht der Welt in einer eigenen Form des Ausdrucks, der Expression von *Zeitgeist*. Es war vor allem ein Film, der 1956 diesen freien Geist der Zeit auszudrücken schien: Roger Vadim ET DIEU CRÉA LA FEMME (Und immer lockt das Weib) mit Brigitte Bardot als verführerischer »Kind-Frau oder mehr noch Baby-Frau« in der Hauptrolle, die »unbestimmte und bestimmte Lüste« weckt, »reine und unreine«, Lüste eben. »Ein für unsere Generation bezeichnender Film, denn er ist unmoralisch (er lehnt die gängige Moral ab, hat aber keine neue vorzuschlagen) und puritanisch (dieser Moral bewusst und von ihr beunruhigt). Er ist keineswegs schlüpfrig, sondern scharfsinnig und von großer Offenheit. (…) Vadim (…) hat ohne jeden Zynismus und ohne Provokation auf die Karte des Realismus, des Lebens gesetzt und dafür an Ideen und Einfällen gewonnen.«[30]

Schon in diesem Film ist ein Modernismus angelegt, den die Filme kurz danach noch stringenter verfolgen sollten: »Es geht den Regisseuren der Nouvelle Vague darum, dramaturgische Konventionen, die den Blick auf die Realität verstellen, abzutragen und Grundformen freizulegen.«[31]

Für ihre Arbeit war wichtig, Filme als Autor zu drehen, den *point of view* betont subjektiv anzulegen, und der Mise en scène, der Anordnung ihrer Figuren im Raum, höchste Aufmerksamkeit zu widmen[32]. Es bietet sich an, mit Michel Marie die Nouvelle Vague als eine »artistic school« zu begreifen. Dafür sprechen: die »politique des auteurs« als ästhetisches Programm, wonach der *auteur* seine »vision du monde« dem Film einschreibe, auf allen Ebenen; ein fester Korpus von Debütfilmen, die sich auf dieses Programm beziehen und als Nouvelle Vague wahrgenommen werden; ein mehr oder weniger fester Gruppenzusammenhang; eine publizistische Unterstützung durch die *Cahiers du cinéma*; ein früher Sinn für Promotion der Filme, ihrer Darsteller und Regisseure; und vor allem gemeinsame Feinde (versammelt um die Zeitschrift *Positif*).[33]

Dennoch lässt sich für einige Filmhistoriker die Nouvelle Vague als Stil nur schwer fassen. David Bordwell und Kristin Thompson etwa weisen darauf hin, »dass die Nouvelle Vague letztlich nicht in ein vereinheitlichtes stilistisches System mündete.«[34] Gilles Deleuze hingegen entdeckt als Eigenheiten: »das immer häufigere Auftreten von oft kaum merklich angedeuteten sensorischen und motorischen Störungen von Bewegungen, die falsch wirken, »leichtes Schiefwerden von Perspektiven, Verlangsamung der Zeit, Abwandlung von Gesten« (LES CARABINIERS [...], TIREZ SUR LE PIANISTE oder PARIS NOUS APPARTIENT). Das Falschwirken wird das Zeichen eines neuen Realismus im Gegensatz zum Echttun des alten.«[35] Deleuze kennzeichnet die Nouvelle Vague »durch ein reflexives, theoretisches Bewusstsein«, als »Ausdruck einer neuen Gesellschaft, einer neuen, reinen Gegenwart«. Es wird »eine Spezies charmanter, rührender Gestalten hervorgebracht, die nur ganz entfernt von den Ereignissen – und sei es Verrat oder Tod – betroffen sind, die ihnen zustoßen; obskuren Ereignissen, die sie als Opfer oder Akteure erleben und die so schlecht ineinandergreifen wie die Abschnitte der von ihnen durchlaufenen beliebigen Räume.«[36]

Frieda Grafe spricht davon, die Nouvelle Vague definiere es »in der allgemeinen Vorstellung (...), dass sie die Produktionsbedingungen veränderte. Sie machte Filme mit kleinem Budget, weil ohne Studios und Stars und mit kleinem Team.«[37] Zudem haben die Filmemacher Anregungen aus der wichtigsten Geistesströmung der Zeit aufgenommen: dem Strukturalismus. Mit ihm, »mehr noch mit der Semiologie, die sich aus ihm entwickelte,« verbinde sie, so Grafe, »ihre Aufmerksamkeit für die Organisation der filmischen Materie. Nicht die Sachen selbst zählen, sondern ihr Platz, ihre Stelle.«[38] Zentral schließlich auch: das neue Verständnis von Fiktion, nachdem André Bazin im italienischen Neorealismus »das Dokumentarische in der Fiktion erkannt«[39] hatte. »Die Autoren der Nouvelle Vague setzten das Dokumentarische mit dem Fiktiven in ein neues Verhältnis. Anders gesehen und gesagt, sie forschten mit Filmen, die gleichzeitig Schauspiele sind.«[40]

Und Serge Daney, Godards »ciné-fils«, erinnert sich an eine »ganze Serie von Paradigmen, durch die sich damals das Neue vom Alten absetzte, und das Frische vom Abgestandenen (...): die Straße gegen das Studio, die Fabel oder die vermischten Nachrichten gegen die Luxusliteraturverfilmung, die Erzählung in erster Person gegen das unpersönliche und gelackte Drehbuch, das Tageslicht gegen die Schatten und Lichter der Jupiterlampen, die verantwortungslose und dandyhafte Unbesorgtheit gegen den Geist des Seriösen und den offiziellen Pessimismus des etablierten Kinos, junge und unbekannte Schauspieler gegen die heiligen, aber gealterten Monster, die Idee, dass das Kino eher eine Leidenschaft als ein Handwerk sei und dass man das Filmemachen besser als Kinogänger denn als Regieassistent lernt.«[41]

1962
Die Frage, wann das Etikett Nouvelle Vague erstmals auch auf Filme bezogen wurde, ist heute schwer zu beantworten. In Frankreich war erstmals 1959 von einer »Vague« die Rede. Pierre Lachenay wies in einem kurzen Text für die *Cahiers* auf einige neue Filme hin und sprach von einer »L'écume de la vague«[42]. Hierzulande wurden die neuen Regisseure als Gruppe erstmals im September 1959 von Enno Patalas in der *Filmkritik* wahrgenommen und als »Generation der Sechzigerjahre« bezeichnet, wobei die »Aufmerksamkeit« gewürdigt wird, »mit der diese jungen Regisseure um sich blicken, auf die Welt, in der wir leben.«[43]

Gesichert ist: Im Dezember 1962 ist die Ausgabe der *Cahiers*, wesentlich gestaltet von Truffaut, ganz dem Thema »Nouvelle Vague« gewidmet (mit einem Bild aus Jacques Roziers ADIEU PHILIPPINE auf dem Titel, das Yveline Céry und Stefania Sabatini im Bikini zeigt). In Interviews kommen Chabrol, Godard und Truffaut ausführlich zu Wort, dazu werden 162 neue französische Filmemacher vorgestellt, denen alle die Qualitäten der Neuen Welle attestiert werden. Diese Ausgabe, die die Gruppe zwar bis ins Beliebige erweitert, biete, so Richard Neupert, dennoch ein »Modell, wie die Nouvelle Vague in der Folge beschrieben, definiert und zusammengefasst wurde.«[44] Dieses Modell bezeichnet einen Kern, der einem ästhetischen Programm verpflichtet ist, um den andere wie Satelliten kreisen.

Die Nouvellisten im einzelnen
Also noch einmal: Was ist die Nouvelle Vague? Und wie sind die unterschiedlichen, aber doch so verwandten Kinematographien im einzelnen zu sehen?

Truffauts Filme sind in hohem Maße autobiographisch (Rainer Gansera hat ihn porträtiert). Es scheint so, als habe er – in immer neuer

Variation – nur von sich selbst erzählt: von den kleinen Niederlagen, die ihn erst überleben und dann zu einem der meistgeschätzten Filmemacher werden ließen.

So konventionell die Sujets von heute aus wirken, auch weil für Truffaut die Story nie das Wichtigste war, sondern die Art und Weise, in der sie behandelt wird (»Die Wahl der Szenen, die ein Sujet illustrieren, ist wichtiger als das Sujet selbst«), so obsessiv variierte er wieder und wieder bestimmte Motive: den lustvollen Genuss der Männer an den Schönheiten der Frau; Situationen, die Probleme stellen, die der Reflexion bedürfen. Auf die Frage, worin er selbst das Thema oder Motiv sehe, das seinen Filmen gemeinsam ist, erwiderte Truffaut oft und gerne: Er erzähle immer nur von Menschen, »die sich ganz übel reingeritten haben.«[45]

Chabrols frühe Filme (Thomas Klein und Marcus Stiglegger haben sie charakterisiert), beeinflusst von Renoir, Rossellini und Hitchcock gleichermaßen, zielen nicht darauf, »den Zuschauer zu irritieren«, sondern darauf, »ihn zu stören; alles so zu machen, dass der Zuschauer das, was er für die Wahrheit hält, in Frage stellt.«[46]

Godards Filme sind in ihrem innersten Kern essayistisch (Bernd Kiefer hat sie interpretiert). Sie bestehen überwiegend aus Dissonanzen, Brüchen, Lücken. Das Alltägliche wird nicht imitiert. Die Abbildung wird als Teil, als Aspekt einer Reihe vorgeführt, die der Fantasie der Komposition unterliegt. Bei Godard bleibt nichts selbstverständlich. Sein Kino verführt zu nichts, es verstört. Je weniger das Sicht- und Hörbare als kontinuierlich, einheitlich, gegeben zu erfahren ist, desto nachhaltiger wirkt diese Verstörung. So wird selbst das Wahrscheinlichste wieder unwahrscheinlich. Allein aus dem Kino ist zu entnehmen, »dass Wildheit und Zärtlichkeit immer gemeinsame Sache machen ... dass die Technik Schwester der Emotion ist ... und die Notwendigkeit die der Freiheit ... um es zu lernen ... und nie zu vergessen, denn die Filme sind das Gedächtnis.«[47]

Rohmers Filme sind in hohem Maße »Instrument(e) der Erkenntnis« (Thomas Klein hat sie beschrieben). »Filmkunst verfügt in gewisser Hinsicht von vornherein über Wahrheit und setzt sich Schönheit als höchstes Ziel. Eine Schönheit, die, und das ist entscheidend, nicht ihr selbst entstammt, sondern der Natur.«[48]

Rivettes Filme erzählen keine abgeschlossenen Geschichten (Karlheinz Oplustil hat ihn porträtiert). Er entwickelt und dramatisiert Episoden, die sich fügen zu grandiosen Phantasmagorien über Menschen

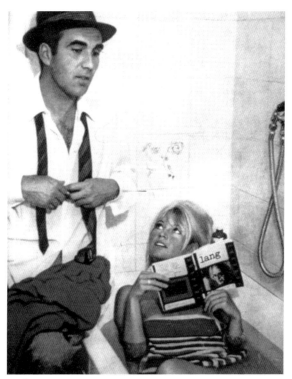

LE MÉPRIS

unserer Zeit – über ihre kleinen Hoffnungen, ihre heimlichen Träume, ihre alltäglichen Niederlagen. In besonderer Weise ist er stets auf Verzauberung aus. Seine Mise en scène kreiert filmische Magie, die ausgeht von rätselhaften Helden in geheimnisvollen Spielen, die durch konkrete Schauplätze aber in einen realen Zusammenhang gebracht werden. Film, so erklärt er, das seien für ihn »Leute, die gehen, sich küssen, trinken, sich prügeln, Menschen, die vor unseren Augen handeln und uns zwingen, sie in ihrem Handeln zu begleiten.«[49]

Schließlich die Regisseure um den Kern: Resnais und Malle, Varda[50] und Demy. Resnais etwa, dessen Filme oft Mobiles ähneln, bei denen – auch wenn die Elemente im einzelnen noch so disparat sein mögen – kreisende Bewegungen in fest gefügte Ordnungen kommen (Marcus

Stiglegger hat sie interpretiert). Diese kreisenden Bewegungen, die sich aus den Brüchen, Reibungen, Gegensätzen in den Filmen selbst ergeben, sind es auch, die uns Zuschauer einbinden. Deshalb sind wir Zuschauer bei Resnais so wichtig, wie es die Schauspieler oder der Schauplatz oder der Dekor sind.

All diese Filme, diese ganz anderen, neuen Entwürfe fürs Kino stehen, wie der Neorealismus und der Film Noir, für eine Ästhetik der Moderne, weil sich in ihnen das Bild gegen die Erzählung autonomisiert. Es gibt allerdings Filmhistoriker, die dies anders sehen. James Monaco etwa meint, »Godard, Truffaut und ihre Freunde in den Sechzigern waren gleichzeitig die letzte Welle des Modernismus und die erste Welle des Postmodernismus.«[51] Wo aber wäre die Grenze zwischen Moderne und Postmoderne zu sehen? Die Postmoderne, wie immer man sie definieren mag, gibt die Vorstellung von einer Realität vollkommen auf: Alles ist Spiel, alles Zitat, alles Pastiche. Die Moderne hingegen zielt auf Erkenntnis der Realität, auch wenn die ästhetischen Mittel dazu nicht mehr die des Realismus sein können. Die Realität ist als Totalität nicht mehr zu gestalten. Kunst der Moderne gibt uns stets nur Teile, nur Fragmente der Realität, gar Klischees, die wir als Zuschauer – etwa im Moment des Sehens eines Films – mit unserer Erfahrung zusammenzusetzen haben. Nur: die Nouvelle Vague setzt zwar einen filmhistorisch versierten Zuschauer voraus, aber nicht – wie das Kino der Postmoderne – einen, dessen Erfahrungen durchgängig medial geprägt ist. Deshalb geht es bei Godard, trotz aller Kunst der Entwendung und des Collagierens, immer um die großen, die alten Themen, die großen Erfahrungen: um Liebe und Tod.

Kamera-Stile

Mit Eifer und Fantasie warfen die jungen Kino-Rebellen alles Alte, Herkömmliche, Traditionelle auf den Müll. Doch sie wollten nicht nur neue Figuren in neuen Geschichten, sondern auch einen ganz anderen visuellen Stil. Dafür suchten sie rasch auch neue Leute an der Kamera. Die beiden wichtigsten: Nestor Almendros und seine Bilder für Rohmer und Truffaut und Raoul Coutard mit seinen Bildern für Demy, Godard und Truffaut (Karl Prümm hat Coutards Arbeit analysiert).

Almendros und Coutard, das sind die beiden Kameravirtuosen der Moderne: Almendros, der Magier der Entdeckung, und Coutard, der Stratege der Untersuchung. Der eine zaubert mit seinen Kontrasten eine doppelte Strenge ins filmische Erzählen. Der andere analysiert in seinen Bildern den sichtbaren Zustand der Welt, bietet eher Lektüre als Schauspiel. Almendros verzichtet auf Tricks und Glamour, wagt eher karge Protokolle denn opulente Dramen. Er hält Kunstgriffe der Kamera für falschen Zauber, Beleuchtungsorgien bloß für einen Vorwand, die eigene Gage in die Höhe zu treiben. Sein Interesse gilt der Komposition, nicht der Kontur. So experimentiert er immer wieder mit dem natürlichen Licht, das der Dunkelheit trotzt. Fenster im Hintergrund, Stehlampen, Kerzen. Einfache Lichtquellen sollen genügen, um auch die Dinge am Rande zu akzentuieren. Wenn nötig, lässt er seine Bilder so dunkel, dass man darin sogar das Gras wachsen hört.

Nestor Almendros habe, so Eric Rohmer, ein besonderes Gespür dafür besessen, »Figuren und Landschaften miteinander zu verbinden.« Das stelle ihn in eine Tradition mit den Malern, »die ihre Gegenstände in Licht tauchen, statt sie voneinander zu isolieren«, Maler wie Rembrandt oder Turner oder Cézanne. Auch Almendros habe seine Motive »in Licht gebadet«.[52]

Almendros' Arbeit zeichne aus, so Rohmer weiter, »dass er nicht sucht nach dem, was ›hübsch‹ ist.« Bei ihm könne »aus etwas Hässlichem (...) die filmische Schönheit hervortreten.« In seinen Bildern wirkten »die Personen ziemlich hart«, doch »genau diese Härte« sei es dann, »die den Liebreiz betont.«[53]

Auf der gleichen Seite, aber mit anderen Nuancen: Raoul Coutard. Bei ihm ist es mit der lukullischen Konsumption von Filmen vorbei. An deren Stelle treten Bilder und Bilderfolgen, die ein Denken mit Bildern ermöglichen: ein Moment der Aktivierung der Zuschauer. Mit Coutards Filmen tut sich ein neuer Blick auf die Welt auf, der nicht aufbaut auf Variation des Vorhandenen, sondern auf Verschiebung des Gewohnten – ganz offen bei Demy und Godard, ein wenig verborgener bei Truffaut. Es sind Filme, die uns das Sehen neu lehren, weil sie immer auch klarstellen, dass die Realität, die sie zeigen, nicht vorgegeben, sondern gemacht ist – mit Neben-, Unter- und Parallelwelten. Filme, die, wie Frieda Grafe Mitte der Sechziger formulierte, »nicht Wirklichkeit« zeigen, sondern »Aspekte der Wirklichkeit«[54] und dadurch »das Fiktive als Kategorie unserer Existenz« ausweisen.[55]

ET DIEU CRÉA LA FEMME

Anfang und Ende

Begreift man die Nouvelle Vague als Epochalstil, ist die Frage ihrer Dauer zu beantworten. Klar ist der Beginn: die Vorläufer von Roger Leenhardt (LES DERNIÈRES VACANCES, 1948) und Jean-Pierre Melville (LE SILENCE DE LA MER, 1948), Alexandre Astruc (LES MAUVAISES RENCONTRES, 1955), Agnès Varda (LA POINTE COURTE, 1955) und Roger Vadim (ET DIEU CRÉA LA FEMME, 1956), dann die ersten Kurzfilme 1957/1958 und die ersten abendfüllenden Filme zwischen 1958 und 1960. Klar sind auch, jedenfalls für viele, die Höhepunkte (nach den Kino-Debüts): LES COUSINS von Claude Chabrol (1958), HIROSHIMA MON AMOUR von Alain Resnais (1959), ZAZIE DANS LE METRO von Louis Malle (1960), JULES ET JIM von François Truffaut (1961), CLÉO DE 5 À 7 von Agnès Varda (1962), PIERROT LE FOU (1964) und WEEK-END von Jean-Luc Godard (1967), LA COLLECTIONNEUSE von Eric Rohmer (1967), BAISERS VOLÉS von François Truffaut (1968), OUT 1: NOLI ME TANGERE von Jacques Rivette (1971).

Wann aber endet dieser Epochalstil? Schon Mitte der Sechziger, 1964, wie viele Filmhistoriker meinen, mit Truffauts LA PEAU DOUCE und

Zur Definition der Nouvelle Vague | 25

Godards UNE FEMME MARIÉE? 1968, als Godard sich politisch radikalisiert und all seine frühen Filme verwirft? Oder Anfang der Siebziger mit Truffauts LA NUIT AMERICAINE (1973) und dem Briefwechsel zwischen Godard und Truffaut[57], in dem sich beide bezichtigen, »Lügner« zu sein und die alten Ideale längst verraten zu haben?[58] Oder mit Godards essayistischer Elegie NOUVELLE VAGUE von 1990?

Oder hat sie nie aufgehört und dauert bis heute, bei Jean-Luc Godard und Jacques Rivette und Eric Rohmer?

1 Bei Frieda Grafe ist im einzelnen erläutert, wie die Positionen sich unterscheiden – zwischen Truffaut, Godard, Rohmer und Rivette. F.G.: Eine Rückwärtsbewegung mit einer gewissen Tendenz nach vorn. In: F.G.: Nur das Kino. 40 Jahre mit der Nouvelle Vague. Schriften. 3. Band. Berlin 2003. S. 19-21
2 Eric Rohmer, zit. nach Frieda Grafe: a.a.O. S. 19
3 vgl. dazu die Ausführungen von Josef Rauscher in diesem Buch: S. 205-207
4 Frieda Grafe: Zwanzig Jahre später. Was die Nouvelle Vague war. In: F.G.: a.a.O. S. 106
5 Jean-Luc Godard: Einführung in eine wahre Geschichte des Kinos. München/Wien 1981. S. 289
6 Eric Rohmer: Brief an einen Kritiker. In: E.R.: Der Geschmack des Schönen. Frankfurt am Main 2000. S. 152
7 Der Begriff »tradition de qualité« wurde geprägt von Jean-Pierre Barrot (vgl. dazu Antoine de Baeque/Serge Toubiana: François Truffaut. Biographie. Köln 1999. S. 126.)
8 Jacques Rivette: Wir sind nicht mehr unschuldig. In: J.R.: Schriften fürs Kino. CiCiM 24/25. München 1989. S. 9
9 François Truffaut: Eine gewisse Tendenz im französischen Film. In: F.T.: Die Lust am Sehen. Frankfurt am Main 1999. S. 304
10 François Truffaut: Eine gewisse Tendenz im französischen Film. In: F.T.: a.a.O. S. 308
11 Jean-Luc Godard: Godard/Kritiker. Ausgewählte Kritiken und Aufsätze (1950-1970). München 1971. S. 146
12 Eric Rohmer: Meine Zeit als Kritiker. In: E.R.: a.a.O. S. 31
13 Eric Rohmer: Brief an einen Kritiker. In: E.R.: a.a.O. S. 152
14 Eric Rohmer: Glaube und Berg. In: E.R.: a.a.O. S. 220
15 Frieda Grafe: Die Kunst des Epigonen. In: F.G.: a.a.O. S. 49
16 Alexandre Astruc: Die Geburt einer neuen Avantgarde: die Kamera als Federhalter. In: Theodor Kotulla (Hg.): Der Film. Band 2. München 1964. S. 112/114
17 François Truffaut: André Bazin, Literat des Kinos. In: André Bazin: Was ist Film? Berlin 2004. S. 18
18 André Bazin: Ontologie des photographischen Bildes. In: A.B.: a.a.O. S. 39
19 Andre Bazin: Die Entwicklung der Filmsprache. In: A.B.: a.a.O. S. 104
20 Eric Rohmer: Meine Zeit als Kritiker. In: E.R.: a.a.O. S. 23/24
21 Frieda Grafe: Zwanzig Jahre später. In: F.G.: a.a.O. S. 106
22 Claude Chabrol/Eric Rohmer: Hitchcock. Paris 1957. (engl. New York 1979)
23 François Truffaut: Le Cinéma selon Hitchcock. Paris 1966
24 Jacques Rivette: Die Kunst der Fuge. In: J.R.: a.a.O. S. 45
25 François Truffaut: BONJOUR TRISTESSE. In: F.T.: Die Filme meines Lebens. Frankfurt am Main 1997. S. 193
26 Jean-Luc Godard: Jenseits der Sterne. In: J.-L-G.: Kritiker. a.a.O. S. 73/74
27 Frieda Grafe: Die Kunst des Epigonen. In: F.G.: a.a.O. S. 45
28 Jean-Luc Godard: zit. nach Frieda Grafe: a.a.O. S. 43

29 Michel Marie: The French New Wave. Malden, Oxford 2003. S. 5f
30 François Truffaut: ET DIEU CRÉA LA FEMME. In: F.T.: a.a.O. S. 416
31 Frieda Grafe: a.a.O. S. 43/44
32 vgl. dazu Norbert Grob zum Cinéma des auteurs in diesem Buch: S. 48-59
33 Vgl. dazu Michel Marie: a.a.O. S. 47
34 David Bordwell/Kristin Thompson: Film History. New York 1994. S. 524
35 Gilles Deleuze: Das Bewegungs-Bild. Kino 1. Frankfurt am Main 1989. S. 286
36 Gilles Deleuze: a.a.O. S. 285
37 Frieda Grafe: Zwanzig Jahre später. In: F.G.: a.a.O. S. 109
38 Frieda Grafe: a.a.O. S. 114
39 Frieda Grafe: Wenn der Hahn kräht. In: F.G.: a.a.O. S. 169
40 Frieda Grafe: Zwanzig Jahre später. In: F.G.: a.a.O. S. 114
41 Serge Daney: Die Nouvelle Vague überleben. In: S. D.: Von der Welt ins Bild. Berlin 2000. S. 33
42 Pierre Lachenay: L'ÉCUME de la vague. In: Cahiers du cinema 09/1959
43 Enno Patalas: SCHREI WENN DU KANNST. In: Filmkritik 09/1959. S. 241-244
44 Richard Neupert: A History of the French New Wave Cinema. University of Wisconsin Press 2002. S. XVIII
45 François Truffaut: zit. nach Frieda Grafe: a.a.O. S. 44
46 Peter W. Jansen: Sympathy *For* the Devil. In: Filmbulletin Heft 230. 01/2001. S. 16

47 Jean-Luc Godard: Lernt François. In: J.-L.G.: a.a.O. S. 164
48 Eric Rohmer: Der Geschmack des Schönen. In: E.R.: a.a.O. S. 145
49 Jacques Rivette: THE SOUTHERNER. In: J.R.: a.a.O. S. 18
50 vgl. dazu Miriam Fuchs in diesem Buch. S. 186-190
51 James Monaco: The New Wave. New York 2004. S. 339
52 Rui Nogueira: Gespräch mit Eric Rohmer: Über die »moralischen Geschichten«. In: Schaubühne am Lehniner Platz (Hg.): Das Trio in Es-dur. Berlin 1988/89. S. 21/22
53 Eric Rohmer: Über Bücher, Musik, die Arbeit mit Schauspielern, Fotografie und den Widerspruch zwischen Reden und Handeln. In: Filmkritik 01/1976. S. 21
54 Frieda Grafe: Premiers Rencontres. In: F.G.: a.a.O. S. 29
55 Frieda Grafe: BANDE À PART. In: F.G./ Enno Patalas: Im Off. München 1974. S. 14
56 Nicoris Ligouris/Sabine Eckhard: Ein Gespräch mit Raoul Coutard. In: CiCiM 22/23. Juni 1988. S. 89
57 Vgl. François Truffaut: Briefe 1945-1984, Köln 1990. S. 458-466
58 Serge Daney schreibt 1984, Jacques Rivette habe zu dem Streit zwischen Truffaut und Godard »mit gesundem Menschenverstand« bemerkt, »das Erstaunliche sei nicht, dass Truffaut und Godard sich zerstritten, sondern dass sie dazu zwanzig Jahre gebraucht hätten.« (S.D.: a.a.O. S. 32.)

Hans Helmut Prinzler

Wie die Nouvelle Vague nach Berlin kam
Eine kleine Festival-Chronologie

Die großen Festivals – Cannes, Berlin, Venedig – geben seit den fünfziger Jahren Auskunft über Veränderungen und Entwicklungen in der Filmkunst der wichtigsten Länder. Das wird nicht immer von den Jurys erkannt und in Preisen ausgedrückt, aber die Filmkritik ist dafür sensibel. Ein Aufbruch, vielleicht eine »Neue Welle«, kündigt sich in Frankreich 1958 an: zuerst mit dem Film LE BEAU SERGE (Die Enttäuschten) von Claude Chabrol. Er wird beim Festival in Locarno uraufgeführt. Chabrol erhält den Regiepreis. In Berlin ist zu dieser Zeit noch kein frischer Wind aus Frankreich zu spüren.

Vorspiel: 1958
Im Wettbewerb der Berlinale laufen zwei französische Filme: LA LOI C'EST LA LOI (Gesetz ist Gesetz) von Christian-Jacques mit Totó und Fernandel und LE MIROIR À DEUX FACES (Der Tag und die Nacht) von André Cayatte mit Michèle Morgan. Eine Komödie und ein Drama von zwei bewährten Profis. Jean Marais ist Mitglied der Jury, die Beiträge aus Frankreich bleiben ohne Resonanz. Jury-Präsident Frank Capra und seine zehn Kollegen geben den »Goldenen Berliner Bären« an Ingmar Bergmans SMULTRONSTÄLLET (Wilde Erdbeeren). Bergman ist da vierzig Jahre alt.

1959
Im Mai gewinnt François Truffaut (27 Jahre alt) in Cannes den Regiepreis für LES 400 COUPS (Sie küßten und sie schlugen ihn). Alain Resnais' Film HIROSHIMA MON AMOUR läuft außer Konkurrenz, wird aber mit dem Preis

der FIPRESCI bedacht. Für die Berlinale hält der Journalist Alexandre Alexandre im Auftrag des Festivalleiters Alfred Bauer in Paris nach interessanten französischen Filmen Ausschau. Die Entscheidung fällt für einen »neuen« und einen »alten« Film: für LES COUSINS (Schrei, wenn du kannst) von Claude Chabrol und ARCHIMÈDE LE CLOCHARD (Im Kittchen ist kein Zimmer frei) von Gilles Grangier mit Jean Gabin. Für jeden der beiden Filme findet die Jury (Präsident: Robert Aldrich) den angemessenen Preis. LES COUSINS erhält den »Goldenen Berliner Bären« als bester Film des Festivals, Jean Gabin bekommt einen Silbernen Bären als bester Hauptdarsteller. Chabrol ist drei Tage vor der Festivalpremiere seines Films 29 Jahre alt geworden.

1960

Die zehnte Berlinale. Frankreich ist in diesem Jahr sogar mit drei Filmen im Wettbewerb vertreten: À BOUT DE SOUFFLE (Außer Atem) von Jean-Luc Godard. LES YEUX DE L'AMOUR (Liebesspiele) von Philipe de Broca und PICKPOCKET von Frankreichs großem Individualisten Robert Bresson. Bressons Film, der aus Details und Momenten besteht, findet wenig Anklang. Die Komödie von de Broca wird geliebt, weil sie gegen die sonst dominierende Tristesse der Nouvelle Vague opponiert. Godards Film mit Jean-Paul Belmondo und Jean Seberg ist schnell in aller Munde, aber die Reaktionen sind zum Teil sehr ablehnend: Was für eine simple Story! Was für falsche Schnitte! Und vor allem: was für eine Moral! Fürsprecher halten dagegen: Godard »hat eine Mauer der Konvention durchstoßen«. (Friedrich Luft). Beim »Goldenen Berliner Bären« entscheidet sich die Jury (Präsident: Harald Lloyd) für pure Konvention: EL LAZARILLO DEL TORMES (Der Schelm von Salamanca) aus Spanien. Aber die Nouvelle Vague wird trotzdem nicht vergessen: ein Sonderpreis für die beste Filmkomödie (Lloyd macht es möglich) geht an LES YEUX DE L'AMOUR, und Jean-Luc Godard erhält einen Silbernen Bären für die beste Regieleistung. Godard ist 29 Jahre alt.

1961

Nur zwei französische Filme sind im Wettbewerb, weil die Zahl der Filme insgesamt begrenzt worden ist: UNE FEMME EST UNE FEMME (Eine Frau ist eine Frau) von Jean-Luc Godard und AMÉLIE OU LE TEMPS D' AIMER von Michel Drach. Godards Film mit Anna Karina und Jean-Paul Belmondo

– in Farbe und CinemaScope – ist eine Überraschung und wird sofort geliebt. »Die Idee eines Musicals.« (Godard). Drachs AMÉLIE mit Marie-José Nat verschwindet schnell aus der Erinnerung. Für die Jury (Präsident: James Quinn, ihr gehören auch die beiden Rays an, der Inder Satyajit und der Amerikaner Nicholas) gibt es für den »Goldenen Berliner Bären« nur eine Wahl: den italienischen Film LA NOTTE von Michelangelo Antonioni. Aber bei der »besten weiblichen schauspielerischen Leistung« ist am Ende Anna Karina die Gewinnerin. Während der Preisverleihung gibt es Freudentränen. – Besucher aus »Ostberlin und der Ostzone« können zum letzten Mal Sondervorführungen der Berlinale im »Corso« am Gesundbrunnen besuchen. Sie zahlen 2 Ostmark Eintritt. Auch die beiden französischen Filme stehen auf dem Programm. Sechs Wochen später wird die Berliner Mauer gebaut.

1962

Ein schöner Eröffnungsfilm: L'AMOUR À VINGT ANS (Liebe mit Zwanzig), fünf Episoden aus Italien, Japan, Frankreich, Polen und der Bundesrepublik Deutschland, gedreht von Renzo Rossellini, Shintaro Ishihara, François Truffaut, Andrzej Wajda und Marcel Ophüls. Die Konzeption stammt von Truffaut. Und dessen Episode handelt von seinem Serienhelden Antoine Doinel. Der Film läuft außer Konkurrenz. Frankreich ist im Wettbewerb nur schwach vertreten: mit der unterhaltsamen Fluchtgeschichte LE CAPORAL ÉPINGLÉ (Der Korporal in der Schlinge) von Jean Renoir und der kleinen Satire LA POUPÉE (Die Puppe) von Jacques Baratier. Die Jury (Präsident: King Vidor) gibt den »Goldenen Berliner Bären« nach Großbritannien, an John Schlesingers A KIND OF LOVING. Vier Monate vor dem Berliner Festival haben westdeutsche Filmemacher ihren Anspruch auf eine eigene Nouvelle Vague angemeldet, in Oberhausen, mit einem Manifest. Auf die dazugehörigen Filme muss man noch etwas warten.

1963

Zwei Filme vertreten Frankreich im Wettbewerb: L' IMMORTELLE (Die Unsterbliche), der erste Film von Alain Robbe-Grillet, eine sehr verrätselte Variante des Nouveau roman fürs Kino, und die Groteske DEO GRATIAS von Jean-Pierre Mocky mit Bouvril. Das Beste, was aus Frankreich kommt, ist ein Jury-Mitglied: der große Jean-Pierre Melville. Aber die Jury hat wenig Wahlmöglichkeiten, weil die Qualität der Filme zu wünschen übrig lässt. Sie teilt schließlich den »Goldenen Berliner Bären« zwischen dem japanischen Film BUSHIDO ZANKOKU MONOGATARI (Schwur der Gehorsamkeit) und dem italienischen IL DIAVOLO (Amore in Stockholm). Als deutsche Variante zur Nouvelle Vague ruft der Produzent Artur Brauner die »Riskante Welle« aus. Er versteht darunter Filme wie MENSCH UND BESTIE (Regie: Edwin Zbonek), den am Ende aber nur der Produzent selbst für gelungen hält.

1964

Wieder kommen zwei Filme aus Frankreich, die wenig mit der Nouvelle Vague zu tun haben: LA DIFFICULTÉ D'ÊTRE von Bernard Toublanc-Michel und AVEC DES SI … (Die Fahndung) von Claude Lelouch. Aber unter den vielen mittelmäßigen Filmen des Festivals fallen sie nicht einmal unangenehm auf. Die Jury (Präsident: Anthony Mann) vergibt den »Goldenen Berliner Bären« an den türkischen Film SUSUZ YAZ (Trockener Sommer) von Ismail Metin, was niemand so richtig versteht, und übersieht Filme von Susumu Hani, Satyajit Ray und Sidney Lumet. Für den türkischen Film soll sich vor allem das französische Jury-Mitglied Jacques Doniol-Valcroze stark gemacht haben. Ulrich Gregor sieht darin »eine Verhöhnung des Publikums und der Kritik«. (Spandauer Volksblatt).

1965

Die Nouvelle Vague kommt nach Berlin zurück. Der Eröffnungsfilm PARIS VU PAR… von Claude Chabrol, Jean Douchet, Jean-Luc Godard, Eric Rohmer und Jean Rouch erlebt seine Welturaufführung, allerdings außer Konkurrenz. Im Wettbewerb sind: THOMAS L' IMPOSTEUR (Thomas der Betrüger), eine eigenwillige Cocteau-Verfilmung von Georges Franju, vor allem aber ALPHAVILLE (Lemmy Caution gegen Alpha 60) von Jean-Luc Godard und LE BONHEUR (Das Glück) von Agnes Varda. Karena Niehoff, Jurymitglied (an der Seite von Alexander Kluge) schreibt nach der Berlinale etwas indiskret, worüber man sich gestritten hat: »LE BONHEUR oder ALPHAVILLE den Goldenen Bären? Das waren die zwei inbrünstig verteidigten Lager.« (Tagesspiegel, 10.7.1965).

Den Großen Preis der 15. Berlinale erhält ALPHAVILLE, LE BONHEUR bekommt den Sonderpreis der Jury. Ein französischer Triumph.

1966

Zum vierten Mal ist ein Film von Jean-Luc Godard im Wettbewerb: MASCULIN FÉMININ. Interviews mit den »Kindern von Marx und Coca Cola«. Wieder hat Godard einen neuen Ansatz: Er will nicht mehr politische Filme machen, sondern Filme politisch machen. Die Festivalbesucher finden das ziemlich anstrengend, aber Godard hat in Berlin auch viele Sympathisanten. Auch der zweite französische Beitrag, LES COEURS VERTS (Grüne Herzen) von Edouard Luntz, ist ein Zeitbild der Jugend im Paris der sechziger Jahre. Allerdings etwas konventioneller als bei Godard. In der »Informationsschau« bewundern viele Zuschauer einen französischen Film, der sich bewusst von der Nouvelle Vague absetzt: UN HOMME ET UNE FEMME (Ein Mann und eine Frau) von Claude Lelouch. Und die westdeutsche Nouvelle Vague meldet sich vorsichtig zu Wort: mit SCHONZEIT FÜR FÜCHSE von Peter Schamoni. Die interessanteren jungen deutschen Filme, DER JUNGE TÖRLESS von Volker Schlöndorff und ABSCHIED VON GESTERN von Alexander Kluge, laufen in diesem Jahr in Cannes und Venedig.

1967

Godard ist diesmal nur in der »Filmschau der Länder« plaziert: MADE IN USA. Anna Karina auf der Suche nach ihrem ermordeten Freund und im Labyrinth des amerikanischen Gangsterkinos. Personen tragen Namen wie Richard Widmark und Donald Siegel. Der Film ist Sam Fuller und Nicholas Ray gewidmet. Im Wettbewerb: LE VIEIL HOMME ET L' ENFANT (Der alte Mann und das Kind) von Claude Berri mit Michel Simon und LA COLLECTIONNEUSE (Die Sammlerin) von Eric Rohmer. Rohmer ist mit seiner vierten »Moralischen Geschichte« zum ersten Mal im Berliner Festival. Die Jury (Präsident: Thorold Dickinson) dankt ihm das mit einem Silbernen Bären als Sonderpreis. Uwe Nettelbeck: »Dieser Film sieht sich an wie ein Film von einem anderen Stern.« Michel Simon wird zum besten Darsteller erklärt.

1968

Am 17. Mai ist das Festival in Cannes abgebrochen worden, nachdem sich die Filmemacher mit streikenden Arbeitern und Studenten solidarisiert hatten. Angeführt von Truffaut und Godard waren sie in den Grande Salle des Festivals gezogen, und der Festivalchef erklärte den Wettbewerb für abgeschafft. In Berlin befürchtet man den Nachahmungseffekt. Aber es gibt keine Proteste der Filmemacher, sondern gelegentlich solche der Zuschauer. Godard ist wieder im Wettbewerb: WEEK-END. Eine Wochenendreise, wie man sie sich verstörender kaum ausmalen kann. Brennende Autos, Leichen, Vergewaltigung, Kannibalismus. Texte von Rousseau, Musik von Mozart und ohrenbetäubender Lärm. Der Schlusstitel heißt: »Ende der Geschichte. Ende des Kinos.« Im Zoo-Palast sehen viele Zuschauer nicht mehr das Ende. Sie gehen protestierend. Godards Film spaltet. Die Jury lässt ihn außer Acht. Die beiden anderen französischen Filme sind erfolgreicher: L'HOMME QUI MENT (Der Mann, der lügt) von Alain Robbe-Grillet und LES BICHES (Zwei Freundinnen) von Claude Chabrol. Jean-Luis Trintignant wird bester Darsteller für den Film von Robbe-Grillet, Stéphan Audran beste Darstellerin für den Film von Chabrol. Für die deutsche Nouvelle Vague wird die Berlinale zum besonderen Prüfstand. Einerseits sind junge deutsche Filme im Wettbewerb: LEBENSZEICHEN von Werner Herzog, DIE CHRONIK DER ANNA MAGDALENA BACH von Jean-Marie Straub. Andererseits gibt es eine Veranstaltung in der Technischen Universität, die aus dem Ruder läuft. Alexander Kluge, Edgar Reitz, Johannes Schaaf, Christian Rischert und der Filmkritiker Enno Patalas werden dort von Studenten (vor allem der Deutschen Film- und Fernsehakademie) mit Eiern beworfen. So kindisch kann die Revolution manchmal sein.

Nachspiel: 1969/70

1969 ist Jean-Luc Godard noch einmal im Wettbewerb der Berlinale: LE GAI SAVOIR (Die fröhliche Wissenschaft). Ein zweiter Godard-Film, ONE PLUS ONE, ist in der Informationsschau zu sehen. Noch einmal verläuft das Festival friedlich. Es gibt aber keinen Preis für Godard. 1970 stehen die Internationalen Filmfestspiele Berlin dann doch zur Disposition. Es sind die 20. Es gibt Krach über einen deutschen Film: O.K. von Michael Verhoeven. Er handelt vom Vietnamkrieg und spaltet die Jury. Der Wettbewerb wird abgebrochen. In diesem Jahr ist Jean-Luc Godard nicht in Berlin. Und die Nouvelle Vague ist da ohnehin schon ein Stück Filmgeschichte.

Rainer Gansera

Der Mann mit der Seele eines Kindes
François Truffaut

Der große Coup mit LES 400 COUPS (Sie küßten und sie schlugen ihn). Der Augenblick des Triumphes. Am 27. April 1959 begeben sich François Truffaut und Jean-Pierre Léaud zu einem Pariser Smoking-Verleih, um in angemessenem Outfit der Uraufführung ihres LES 400 COUPS beim Festival von Cannes beiwohnen zu können. Die Erwartungen des 28jährigen Filmemachers sind hoffnungsfroh, halten sich aber in Grenzen. Immerhin hat das Festival ihm ein Jahr zuvor die Akkreditierung verweigert. Weil er es ein »altes, abgewracktes Festivalschlachtschiff« geschimpft hatte. Umso überwältigender ist nun der Erfolg seines Films.

Truffauts Spielfilmdebüt wird mit der Goldenen Palme ausgezeichnet, als Beginn einer Renaissance des französischen Kinos gepriesen, wird zum Durchbruch einer neuen, jungen Generation von Filmemachern. Das Spott-Label »Nouvelle Vague« wird zum Qualitätssiegel.

Tumultarisch feiert man am 4. Mai 1959 in Cannes auch den 14-jährigen Hauptdarsteller des Films, Jean-Pierre Léaud, der auf den Schultern begeisterter Zuschauer aus dem Festival-Palais getragen wird. Truffaut steht bleich, schmächtig, nervös daneben, nimmt ungläubig staunend die Glückwünsche entgegen und weicht Jean Cocteau, dem Freund und Gönner, der dem Festival als Ehrenpräsident vorsteht, nicht von der Seite.

Jean-Luc Godard erinnert sich an diese Szenerie des Triumphes. Er schreibt 1988, vier Jahre nach Truffauts Tod: »Unter Hochrufen ging ein seltsames Trio die Croissette entlang: ein alter Vogel mit großen, schon grauen Schwingen, ein junger Voyou, dem Schwarz eines Buches von

Jean Genet oder Maurice Sachs entstiegen, bleich und steif, der einen noch jüngeren Knaben an der Hand führte (...) Cocteau, Truffaut, Léaud. (...) Es war eine gute Zeit. Und der zukünftige Ruhm hatte unser Glück noch nicht mit einem Trauerflor umgeben.«[1]

Im Gruppenbild der Nouvelle Vague war Truffaut als Kritiker der Streitbarste und als Filmemacher der Populärste. Truffaut: der junge Wilde, Rivette: der Mysteriöse, Rohmer: Graue Eminenz und Grandseigneur, Godard: Neuerer und Experimentator, Chabrol: der antibourgeoise Bourgeois. Truffaut formulierte in den Cahiers du cinéma (»die beste Filmzeitschrift der Welt«) und in der Wochenzeitung Arts, deren Filmredaktion er leitet, die heftigsten Attacken gegen die sogenannte »Tradition der Qualität«. Seine berühmte, 1954 in den Cahiers erschienene Polemik »Eine gewisse Tendenz im französischen Film«[2], in der er das traditionelle Kino des »psychologischen Realismus« von Duvivier, Delannoy, Autant-Lara zu Grabe trug, schlug wie eine Bombe ein und machte ihn – zumindest in der etablierten Filmbranche – zum meistgehassten Kritiker seiner Generation. Er spitzte parolenhaft zu, was Nouvelle Vague-Konsens war: dass einem kleinen amerikanischen Detektivfilm wie Robert Aldrichs KISS ME DEADLY (Rattennest, 1955) immer der Vorzug zu geben sei vor einem »anspruchsvollen« französischen Film à la SYMPHONIE PASTORALE (Und es ward Licht, Jean Delannoy, 1946). Er setzte sich am nachhaltigsten für vergessene oder vernachlässigte Filmemacher wie Rossellini, Hitchcock oder Abel Gance ein: »Und wenn Sie nicht sehen, worin das Genie von Abel Gance besteht, dann haben Sie und ich nicht dieselbe Vorstellung vom Kino, wobei meine selbstverständlich die richtige ist!«

Er scheute sich nicht, geheiligte Institutionen frontal anzugreifen und verspottete die Filmfestspiele von Cannes als Hort der Mittelmäßigkeit und Bastion eines französischen »Qualitätskinos«, das sich dadurch auszeichne, kraftlose, literarisch aufgeputzte Drehbücher in vorsintflutlichen Ateliers mit überalterten Stars in Szene zu setzen. Er folgte dem Drängen Rivettes, doch endlich ans Filmemachen zu gehen, am schwungvollsten und verschaffte der Nouvelle Vague mit dem Erfolg von LES 400 COUPS weltweit Ansehen. Danach half er den Freunden: hatte die Ausgangsidee zu Godards À BOUT DE SOUFFLE (Außer Atem, 1959), koproduzierte 1960 Rivettes PARIS NOUS APPARTIENT (Paris gehört uns), ermöglichte 1962 Claude de Givray, der später als Drehbuchautor für ihn arbeitete, das Remake von Jean Renoirs TIRE-AU-FLANC (Der Drückeberger, 1928).

LES 400 COUPS

Doch mit der Zeit zerfiel das Nouvelle Vague-Gruppenbild. Jeder ging seinen eigenen Weg, und nach Truffauts dreizehntem Spielfilm, LA NUIT AMÉRICAINE (Die amerikanische Nacht, 1973) – diesem Film im Film, der sich als Hommage ans klassische Melo entfaltet – kam es zum großen, öffentlich ausgetragenen Bruderzwist zwischen Godard und Truffaut. Heuchelei und Verrat warfen sich die beiden gegenseitig in einer Heftigkeit vor, dass die Fetzen flogen. Godards Vorwurf sprach aus, was damals zahlreiche Cinéphile dachten: »Truffaut ist genau das geworden, was er so sehr verabscheute!«[3]

Ist dieser Vorwurf stichhaltig? Nicht wirklich. Truffauts Œuvre aus 21 Spiel- und 4 Kurzfilmen zeigt sich als außerordentlich vielgestaltige, facettenreiche Landschaft und lässt sich nicht auf die Formel bringen: Er begann groß und landete genau in den ausgefahrenen Gleisen jenes französischen »Qualitätskinos«, das er als Kritiker so vehement bekämpfte. Wie bei keinem anderen seiner Nouvelle-Vague-Kombattanten ist dieses Œuvre autobiographischer Spiegel und projektiver Selbstentwurf. Truffaut hat sich auf eigenwilligste Weise mit dem Kino entdeckt, erfun-

LES 400 COUPS

den und erschaffen. Als einer, der labyrinthische Obsessionen lebt und erforscht. Die besessene Liebe zum Kino führt ihn hinein in seine Amour-Fou-Geschichten, die in den verschiedensten Tonlagen: tragisch oder komödiantisch oder enthusiastisch aufflatternd, erzählt werden. Alle seine Filme sind von einem jugendlichen Elan der Kinobegeisterung durchweht.

Prägender als alles andere: die bittere Kindheit und Jugend. Uneheliche, geheimgehaltene Geburt. François: ein ungewolltes Kind, das nur knapp einer Abtreibung entkam, das über längere Perioden bei der Großmutter aufwuchs, immer wieder schwer erkrankte, Einsamkeitsverzweiflungen durchlebte und seinen Familiennamen vom Stiefvater erhielt. Seinen leiblichen Vater lernte Truffaut nie kennen, obwohl er ihm nachforschte, sogar die Adresse herausfand, aber er wagte es nie, ihm gegenüber zu treten. Lebenslang empfand er den Schmerz, ein unerwünschtes Kind gewesen zu sein, lebenslang rang er mit dem Bild der abweisenden Mutter.

In seinem Büro standen auf dem Kaminsims Fotografien von einigen seiner Ersatzväter: Bazin, Renoir, und an der Bücherwand war ein ganzes

BAISERS VOLÉS

Regal Schriften gewidmet, die von schwierigen Müttern handeln, darunter Georges Simenons »Intime Memoiren«. Seine Produktionsfirma nannte er *Les Films du Carosse*, eine Hommage an Jean Renoirs LE CAROSSE D'OR (Die goldene Karosse, 1953): die umherziehende Theatertruppe als Lebensgemeinschaft, in der Waisenkinder Zuflucht finden, eine Frau und drei Liebhaber, Kunst und Leben als einander gegenüberstehende Spiegel, die sich ihre Bilder endlos zuspielen.

LES 400 COUPS enthält zahlreiche, kaum verschlüsselte autobiographische Momente. Der dreizehnjährige Held, Antoine Doinel, ist das ungewollte Kind einer Mutter, die ihm jede Liebe und Zuwendung verweigert. Die hübsche, kokette Mama hasst den Jungen nicht, sie ignoriert ihn. Der Stiefvater bemüht sich redlich um Antoine, kommt ihm aber nicht nahe. Als Ehemann hat er nichts zu melden, wird nach Strich und Faden betrogen. Antoine wird zusammen mit seinem Freund zum Ausreißer und Schulschwänzer, entflieht in die autodidaktisch erschlossene Welt der Literatur, errichtet einen Balzac-Altar, der an den Kerzen Feuer fängt und in Flammen aufgeht. Vor allem aber flüchtet er ins Kino, träumt sich dort in eine Welt, in der er vielleicht einen Platz finden könnte, und landet im Erziehungsheim. All das spiegelt Truffauts Kindheit und Jugend beinahe dokumentarisch.

1947 nahm Truffauts Leben eine entscheidende Wendung. Der 15-jährige geriet unter die Fittiche von André und Janine Bazin, die ihn aus dem Erziehungsheim holten, ihm zwei Jahre lang ein Zuhause gaben und 1950 für seine Entlassung aus dem Militärgefängnis sorgten, wo er wegen Desertion einsaß. Die Bedeutung Bazins als Truffauts Schutzengel, Ersatzvater und Mentor lässt sich kaum überschätzen.

André Bazin war Frankreichs Star-Filmkritiker in den Jahren unmittelbar nach dem Zweiten Weltkrieg. Seine subtilen Stilanalysen zu Chaplin, Welles, Bresson, Renoir und dem italienischen Neorealismus waren bahnbrechend und verschafften dem Kino einen gleichrangigen Platz neben den traditionellen Künsten. Bazin demonstrierte, dass auch ein Filmkritiker an den kulturellen Debatten der Zeit teilnehmen kann. Was Meister-Denker jener Jahre – Malraux, Teilhard de Chardin, Sartre – zu sagen hatten, konnte er für seine Kritiken und Kino-Essays fruchtbar machen. Eine charismatische Gestalt. Für Truffaut: väterlich-gütiger Freund, weiser Lehrmeister, eine intellektuelle Herausforderung. Im November 1958, erst 40 Jahre alt, verstarb Bazin nach langer Krankheit an Leukämie, gerade in dem Augenblick, als Truffaut mit den Dreharbeiten zu LES 400 COUPS begann. Truffaut widmete ihm den Film. Immer erinnerte er sich an ihn mit größter Dankbarkeit und Zuneigung: »Er war der Mensch, den ich am meisten geliebt habe«.

Bazin führte den 15 Jahre jüngeren, kinosüchtigen François in die innersten Zirkel der Pariser Cinéphilie ein, ermutigte ihn zum Schreiben. Schnell fand Truffaut zu seinem eigenen, eigenwilligen Schreibstil, der mit knappen Sätzen und pointierten Formulierungen, wie Rohmer bemerkte, Stendhal viel näher war als dem verehrten Balzac. Aus seiner Kino-Passion machte er ein Flammenschwert, mit dem er gegen die Filmkunst-Angestellten, Pseudo-Genies und Pedanten der »Tradition der Qualität« zu Felde zog und seine Helden verteidigte: »Mein Vergnügen fing oft da an, wo das meiner Kollegen aufhörte: bei Renoirs Stilbrüchen, bei Orson Welles' Exzessen, bei Pagnols und Guitrys Schlampereien, bei Cocteaus Anachronismen, bei Bressons Nacktheit.«[4]

Er formulierte die Parolen, die noch heute gern zitiert werden:»Filmemachen, das heißt schöne Frauen schöne Dinge machen zu lassen!«, und entwarf *sein* Kino: ein Kino der persönlichen Autorschaft, der intimen Bekenntnisse, der autobiographischen Resonanzen und der Suche nach der »Wahrhaftigkeit der Gesten und Gefühle«. Er projizierte sich in dieses Kino wie in eine »Familie, zu der man gern gehören möchte«.

Interessant ist, wie Truffaut versuchte, ins Universum der geliebten Filmemacher eine gewisse Ordnung zu bringen. Er sortierte sie nach polaren, aber komplementären Oppositionen, unterschied zum Beispiel die »Kopfarbeiter« von den »Instinktiven«, die »sesshaften Filmer« von den »Reisefilmern«, die »Kompositeure« von den »Improvisierfreudigen«. Er stellte den Filmemachern, für die das Kino eine »Schaukunst« ist (Hitchcock, Lubitsch, Renoir) jene gegenüber, für die es ein »individuelles Abenteuer« bedeutet (Bresson, Rossellini, Tati). Jean Renoir war für ihn der Filmemacher, »der das Leben liebte«, Alfred Hitchcock der, »der das Kino liebte«. Diese Logik der Oppositionen findet sich auch in der Dramaturgie seiner Filme, vor allem aber in der Abfolge seines Œuvres. Alternanzen, Oppositionen auf allen Ebenen: inhaltlich, stilistisch, in der Tonlage. Auf einen kleinen, konzentrierten, durchkomponierten Film in Schwarz-Weiß folgt ein chorisch ausschweifender, Improvisationen Raum gebender Farbfilm; auf einen »sesshaften« Kostümfilm nach einer Romanvorlage antwortet ein »Reisefilm« nach eigenem Drehbuch, und so fort.

Eine wilde, sehr persönliche, manchmal bis ins Idiosynkratische gehende Logik ist da am Werk. Wie kann man sie deuten? Vielleicht so: Wenn Truffauts zentraler Lebensimpuls und das Kernthema seines Werkes die obsessive Passion ist, dann gilt es, diesem lodernden Chaos mit dieser Logik eine lebbare und aussagbare Struktur zu geben. Durch diese Logik der Oppositionen wird die Passion geformt, gezähmt, in Gestaltungsmuster übersetzt.

Auf der Suche nach den markanten, nachhaltig sich einprägenden Bildern und Motiven in Truffauts Werk, muss als erstes genannt werden: Kinder und Kindheit, thematisiert in LES 400 COUPS, L'ENFANT SAUVAGE (Der Wolfsjunge, 1970), und L'ARGENT DE POCHE (Taschengeld, 1976). Entscheidend: der unsentimentale, neugierig forschende Blick auf die Kindheit, der sich in den Blicken der Kinder spiegelt. Am eindringlichsten im Schlussbild von LES 400 COUPS, wo Antoine auf das Meer zu läuft, getrieben von aufschäumender Freiheitseuphorie, plötzlich aber wendet er sich um und richtet einen fragenden, bohrend-skeptischen Blick in die

DOMICILE CONJUGAL

Kamera. Bei Truffaut gibt es keine Kindheitsfolklore, keine großen, sympathieheischenden, unschuldigen Kinderaugen. Er schildert nüchtern die Dramen des Alleingelassenseins. Die historisch verbürgte Geschichte des Findelkindes aus dem Wald bei Aveyron, die Truffaut in L'ENFANT SAUVAGE, seinem schönsten Film, erzählt, will nicht zeigen, wie ein Naturkind durch den Prozess seiner Zivilisierung verbogen und gedrillt wird. Die Fürsorge des Professors Itard (den Truffaut selbst spielt) eröffnet diesem ausgesetzten, verstoßenen Kind eine Chance der Menschwerdung.

Das fünffach gestaffelte Doinel-Porträt. Die Geschichte seines filmischen Alter Egos Antoine Doinel erzählt Truffaut als Fortsetzungsroman in weiteren vier Filmen: ANTOINE ET COLETTE (Antoine und Colette, 1962), BAISERS VOLÉS (Geraubte Küsse, 1968), DOMICILE CONJUGAL (Tisch und Bett, 1970), L'AMOUR EN FUITE (Liebe auf der Flucht, 1979). Antoine sucht Unterschlupf bei der Familie seiner Geliebten, heiratet, wird Vater, hat allerlei Affären, lässt Ehen zerbrechen, driftet durchs Leben und bleibt immer der Junge, der nicht erwachsen werden will. Er bleibt gebannt in die Sehnsucht nach einer Kindheits-Geborgenheit, die er nie hatte. Als Steven Spielberg bei seinem CLOSE ENCOUNTER OF THE THIRD KIND (Unheimliche Begegnung der dritten Art, 1979) Truffaut für die Rolle des französischen Wissenschaftlers engagierte, sagte er: »Ich brauchte einen Mann mit der Seele eines Kindes«.

Paare, die tragisch scheitern: LA PEAU DOUCE (Die süße Haut, 1964), LA FEMME D'À CÔTÉ (Die Frau nebenan, 1981). Motto: »Nicht mit dir, nicht ohne dich«. Die Ehe ist keine Lösung, der Ehebruch (die Leidenschaft) aber auch nicht. Zwei Filme, in denen Truffaut seinen Merksatz: »Jede Liebesszene muss wie eine Mordszene aussehen, jede Mordszene wie eine Liebesszene!« bis zur letzten Konsequenz treibt. Bei Renoir lernte Truffaut, Fenster und Türen als natürliche Elemente der Theatralisierung zu nutzen. Der Blick durch Fenster oder durch geöffnete Türen hebt das Geschehen hervor, intensiviert es. In LA FEMME D'À CÔTÉ entflammt so die Liebe. Gérard Depardieu zu Fanny Ardant: »Ich habe dich im Inneren des Hauses gesehen, eingerahmt durchs Fenster, du warst dabei, Brote für die Kinder zu schneiden, und genau deswegen war ich sofort verliebt in dich«.

»Ich werde versuchen, dich zu beschreiben als wärest du ein Foto oder ein Gemälde«, sagt Jean-Paul Belmondo zu Catherine Deneuve in LA SIRÈNE DU MISSISSIPPI (Das Geheimnis der falschen Braut, 1969). Da geht es um Verrat, Rache, Hochzeitsfotos und eine mysteriöse Braut, ganz ähnlich wie in LA MARIÉE ÉTAIT EN NOIR (Die Braut trug schwarz, 1967). Die Frauen sind von einer Aura der Kälte und Entrücktheit umgeben, als wären sie schon verstorben. Kälte und Eros.

Verdunkelte Räume, Kerzenlicht, eine Obsession, die ganz in sich kreist und der Wirklichkeit ihres Objekts gar nicht mehr begegnet: L'HISTOIRE D'ADÈLE H. (Die Geschichte der Adele H., 1975) und LA CHAMBRE VERTE (Das grüne Zimmer, 1978). Zum Kontrast: die taktile, physische Liebe, die im Beziehungsdreieck wie eine Liturgie zelebriert wird. Zwei Männer und eine Frau: JULES ET JIM (1961), zwei Frauen und ein Mann: LES DEUX ANGLAISES ET LE CONTINENT (Zwei Mädchen aus Wales und die Liebe zum Kontinent, 1971). Beide Filme nach Romanvorlagen von Henri-Pierre Roché.

Truffaut zelebriert den Schmerz, die Liebe, die Obsession – aber er dreht auch drei Filme, in denen spielerische Leichtigkeit gefeiert wird. Das Spiel mit dem Krimi-Genre, Rollenspiele, dazu jede Menge Verfolgungsjagden und Chansons. In TIREZ SUR LE PIANISTE (Schießen Sie auf den Pianisten, 1960) gibt es einen sehr lässigen Charles Aznavour und Gedankenblasen wie in Comics. Ähnliches in UNE BELLE FILLE COMME MOI (Ein schönes Mädchen wie ich, 1972), wo die dreiste Strafgefangene den braven, bebrillten Soziologen ordentlich an der Nase herumführt. Und in VIVEMENT DIMANCHE! (Auf Liebe und Tod, 1983) ist Fanny Ardant eine verliebte Sekretärin, die Detektivin spielen darf, was einen Auftritt im Rotlichtmilieu als äußerst kokette Prostituierte beinhaltet.

Wie Antoine Doinels Altar für Balzac muss bei Truffaut vieles in Flammen aufgehen: »Ohne Flammen keine Schönheit«, vor allem die Bücher in FAHRENHEIT 451 (1966) und die Frauenherzen, von deren Eroberung der Schriftsteller in L'HOMME QUI AIMAIT LES FEMMES (Der Mann, der die Frauen liebte, 1977) peinlichst genau Rechenschaft gibt. Der Wahrnehmungs-Horizont des Mannes wird von Frauen-Beinen abgeschritten, der Anblick der Beine versetzt ihn in einen Zustand der Dauerentflammtheit.

Film im Film, Theater im Film. Wie sich Kunst und Leben ineinander spiegeln und verschachteln, führt Truffaut in zwei Filmen ausdrücklich vor: LE DERNIER MÉTRO (Die letzte Metro, 1980) und LA NUIT AMÉRICAINE. Anrufung eines Kinos der großen melodramatischen Gefühle, das zum Sterben verurteilt ist, das man aber wie eine schöne Erinnerung wieder aufleben lassen kann.

»Ich muss schnell machen, das Leben ist kurz«. Legendär ist Truffauts Unruhe, Nervosität, Hast. Wie seine Helden machte er immer den Eindruck, auf dem Sprung zu sein, im Übergang vom Gehen zum Laufen. Etwas wäre einzuholen, was sich nicht einholen lässt: eine begangene Dummheit, eine unerreichbare Liebe, eine gescheiterte Ehe, eine verlorene Kindheit. Er war wohl stolz darauf, sich seine Bildung autodidaktisch verschafft zu haben, also immer den eigenen Entdeckungen und Passionen gefolgt zu sein, aber für einen großen Filmemacher hielt er sich nicht. Vor jedem neuen Film musste er einen großen Berg von Selbstzweifeln abtragen. So erzählen es seine langjährigen Mitarbeiter aus der *Films du Carosse*-Familie. Suzanne Schiffman: »Bei ihm gab es nicht die geringste Spur von Selbstbewunderung.«[5] Schon gar nicht hielt er sich für einen ästhetischen Neuerer oder Avantgardisten. Hitchcock, mit dem er das große Interviewbuch machte, bewunderte er als einen Neuerer, dem es zugleich gelang, ein großes Publikum zu gewinnen: »Ein Film wie PSYCHO, der Zuschauermassen in der ganzen Welt angelockt hat, ist kühner und aufsässiger als all die kleinen Avantgardefilme, die junge

LA PEAU DOUCE

Künstler auf 16 Millimeter drehen und die von der Zensur verboten werden.«[6]

Truffaut wollte Geschichten erzählen und damit sein Universum erschaffen. Mit all seinen Schrullen und Eigenheiten. Er konnte und wollte keine Sportler oder Soldaten auf die Leinwand bringen. Nichts von dem, was man üblicherweise Held nennt. Seine Männer-Figuren sind gebrochen, hilflos, naiv, tollpatschig und immer jungenhaft. Seine Frauen-Figuren sind immer stark und das große Mysterium. Sein Œuvre ist sein Leben. Die Sammlung seiner Filmkritiken und Essays, »Die Filme meines Lebens«, ist ein begeisterndes Buch, ein wunderbarer Katechismus der Cinéphilie.

Als Produzent konnte Truffaut mit sich zufrieden sein. Alle seine *Films du Carosse*-Produktionen spielten mindestens ihre Herstellungskosten ein, waren hin und wieder auch veritable Erfolge: JULES ET JIM, L'ENFANT SAUVAGE, LA NUIT AMÉRICAINE, LE DERNIER MÉTRO. Am 21. Oktober 1984 starb er an den Folgen der Operation eines Gehirntumors. Posthum erschien 1988 die Sammlung seiner Briefe. Dort kann (und sollte) man im Detail des persönlichen Briefwechsels die Vorwürfe nachlesen, die sich Truffaut und Godard im Mai 1973 um die Ohren schlugen. Im Vorwort schreibt Godard:»Warum habe ich mich mit François gestritten? Das hat nichts zu tun mit Genet oder Fassbinder. Etwas anderes. Glücklicherweise namenlos Gebliebenes. Idiotisches. Gebliebene. Glücklicherweise, während alles andere zum Zeichen wurde, zum sterblichen Dekor, Algerien, Vietnam, Hollywood und unsere Freundschaft, unsere Liebe zum Realen. Gesang der Zeichen und Schwanengesang. Was uns zusammenhalten ließ wie Zähne und Lippen – wenn wir unsere billigen Zigarren kauften, an der Place Pigalle aus dem Bikini oder der Artistic kommend. (...), bevor wir meine Patentante beklauten für die Vorstellungen des nächsten Tages – was uns stärker aneinanderkettete als der falsche Kuss aus NOTORIOUS, war die Leinwand, und einzig die Leinwand«.

1 Jean-Luc Godard im Vorwort zu: François Truffaut: Briefe 1945–1984. Köln 1990. S. 7
2 François Truffaut: Die Lust am Sehen. Frankfurt am Main 1999. S. 259ff
3 Jean-Luc Godard: Einführung in eine wahre Geschichte des Kinos. München 1981. S. 95
4 François Truffaut: Die Filme meines Lebens. Frankfurt am Main 1997. S. 15
5 Arbeiten mit François Truffaut. CiCiM-Sonderheft des Institut Français de Munich. September 1992 Herausgegeben von Georges Sturm und Heiner Gassen. S. 18
6 François Truffaut: Mr. Hitchcock, wie haben Sie das gemacht? München 1973. S. 18

Jean-Pierre Léaud

1959 wurde er in Truffauts LES 400 COUPS im Alter von 14 Jahren zum Star der Filmfestspiele in Cannes. Er verkörperte die Rolle des zwölfjährigen Antoine Doinel, als ginge es um sein Leben. Unentwegt wird er da mit einer Welt konfrontiert, die ihn nicht verstehen will. Von ungeliebten Eltern und autoritären Lehrern zum Schwererziehbaren abgestempelt, bleiben ihm die Fiktionen Balzacs und die des Kinos. Das harte Leben macht ihn zum kleinen Rebellen, dem die Lüge als Notwehr dient. Dann blickt er seine Opfer an, als könne er kein Wässerchen trüben.

Dieser Blick von unten nach oben, aus dunklen, unschuldigen Augen, der wird seinen Erwachsenen-Rollen eine liebenswerte Unschuld verleihen. In Anzüge gekleidet, die Haare zum Seitenscheitel gelegt, wirkt er gepflegt und zuvorkommend, brav und schüchtern: der perfekte Schwiegersohn. Dahinter verbergen sich jedoch Wut und Unzufriedenheit. Mal zieht er sich schmollend in sich selbst zurück, mal bricht die Wut hervor, dann schimpft er wild gestikulierend los, zwischendurch immer geschäftig seine Haare aus der Stirn streifend. Oft kränkt er Menschen, die ihn lieben. Vor allem die Frauen, die sich ihm seiner Sensibilität und Schüchternheit wegen verbunden fühlen. Die Frauen indes sind sein großes Problem. Im Umgang mit ihnen ist er mal scheu wie ein Reh, mal auf tollpatschige Weise draufgängerisch. Er liebt sie alle, sie sind aber ein Rätsel und deswegen vermag er sich nicht für eine zu entscheiden. Unvergesslich, weil exemplarisch, wenn er in BAISERS VOLÉS (1968), vor dem Spiegel steht und zunächst seinen Namen, dann die von Christine Darbon und Fabienne Tabard zigfach wiederholt. Die Suche nach seiner Identität ist stets eine tragikomische Suche nach seiner Männlichkeit. Das gilt für Doinel, aber auch für Alphonse in Truffauts LA NUIT AMÉRICAINE (1973) und Alexandre in Eustaches LA MAMAN ET LA PUTAIN (1973).

Mitte der 60er Jahre begann er, sich von Doinel und Truffaut, dem er so viel zu verdanken hatte, zu emanzipieren. Bei Godard, in MASCULIN FÉMININ, MADE IN USA (1966) und LA CHINOISE (1967) werden seine Figuren abstrakter, stehen seine jungen Männer eher exemplarisch für die Jugendkultur. Die Schüchternheit, gepaart mit latenter Unzufriedenheit, die sich gerne entlädt, bleibt indes charakteristisch. Ein Darsteller, der sich durch Variabilität auszeichnet, war er nie. Aber ein Schauspieler, der allein schon durch seine Präsenz wie kaum ein anderer dem Geist der Nouvelle Vague Gestalt verlieh.

Thomas Klein

Norbert Grob

Mit der Kamera »Ich« sagen
Le Cinéma des auteurs

»An erster Stelle der Regisseur! Es ist (aber) nicht
damit getan, für die Sätze eines Drehbuchsautors (...)
einen geeigneten Bildausschnitt zu finden.«
(François Truffaut)

Sicherlich war dies eine der großen Provokationen: das Verständnis, es sei der persönliche Blick des Filmemachers, der (unabhängig von Thema und Buch) die jeweilige Geschichte auf intime Art stilisiert und so den persönlichen Ausdruck seiner Vorstellungen von der Welt und vom Filmemachen realisiert – mit einem eigenen Blick auf Figuren, einer betont subjektiven visuellen Fantasie, einer ganz eigenen Ordnung der Figuren im Raum, einem individuellen Rhythmus.

I.

Es waren ein paar junge Wilde der französischen Filmkritik (die späteren Regisseure der Nouvelle Vague), die in den fünfziger Jahren das Kino ganz neu erkundeten. Ihnen war es wichtig, dass ein »gelungener Film« immer auch »eine Vorstellung von der Welt und eine Vorstellung vom Kino«[1] vermittele, gleichgültig, ob in künstlerischer Freiheit entstanden oder unter den kommerziellen Bedingungen Hollywoods. Sie verteidigten Jean Renoir und Roberto Rossellini, Howard Hawks und Alfred Hitchcock, und sie entdeckten ganz neu: Samuel Fuller, Anthony Mann, Otto Preminger, Nicholas Ray.

Diese jungen Wilden aus Frankreich klagten als erste ein, dass in Filmen eine subjektive Haltung durchschimmern müsse, eine moralische oder philosophische, eine politische oder ideologische, und dass diese Haltung als persönlicher Ausdruck des Filmemachers zu sehen sei. Er möge, so Jean-Luc Godard Ende der fünfziger Jahre, »nur Filme, die ihren Autoren gleichen.«[2] Allerdings vermieden er und seine Freunde dabei strikt, jeden Regisseur automatisch als Autor zu verklären. Sie wollten lediglich erreichen, »dass ein Film von Hitchcock, zum Beispiel, genauso wichtig ist wie ein Buch von Aragon.«[3]

Sie unterschieden deshalb zwischen zwei Positionen unter den Filmemachern: zwischen dem *réalisateur*, der, wenn er auch mit Intelligenz, Fantasie und Inspiration inszeniert, stets nur die vorgegebene Geschichte eines Drehbuchautoren umsetze, und dem *auteur*, der, wenn er auch mit Flecken und Fehlern, voller Manien und Schwächen arbeitet, stets bekenne, wie er zur Welt, zu den Menschen und seiner Arbeit steht. Ihrem Verständnis von Kino der Autoren lag deswegen von vorneherein eine cinéastische Perspektive zugrunde, es war für sie eine Frage neuer »Ideen der *mise en scène*«, neuer »Ideen der Kadrage oder Abfolge der Einstellungen«[4]. Diesem Verständnis nach findet die Persönlichkeit des *auteur* nur Ausdruck in der Art und Weise, wie er die eigene Weltsicht im Visuellen, den eigenen Standpunkt jenseits des Literarischen oder Malerischen oder Theatralischen, wie er die Figuren in Raum und Zeit konstituiert. »Was zählt, ist der Ton oder der Akzent, die Nuance, wie immer man es nennen mag – d.h. der Standpunkt eines Menschen (…) und die Haltung dieses Menschen zu dem, was er filmt, und folglich zur Welt und allen Dingen, was sich ausdrücken kann in der Wahl der Situationen, der Konstruktion der Intrige, den Dialogen, dem Spiel der Darsteller oder ganz einfach der Technik.«[5]

Die Kategorie des *auteur* zielt auf die sehr persönliche Leistung eines Filmemachers, der – unabhängig von Thema und Buch, aber in enger Kooperation mit seinen Mitarbeiten – die jeweilige Geschichte auf seine ganz eigene Weise in Szene setzt, so, wie allein er es vermag, der die Rede seines Films also in der ersten Person konjugiert, d.h. sich stets die Freiheit nimmt, in seinem Film »ICH« zu sagen und so stets in der Ich-Form gestaltet, »selbst wenn er keine Zeile des Drehbuchs geschrieben, den Schauspielern keine Anweisungen gegeben und keine einzige Kameraposition festgelegt hat.«[6]

Wichtig dabei: *auteur* und *réalisateur* sind distinktive, keine wertende Kategorien. Sie zählen nicht auf der Ebene von Qualität, sondern nur auf der Ebene von Haltung, Tonart, Klangfarbe. Auch gelungene Filme der *réalisateurs* können beeindrucken und erstaunen – ob des sicheren Strichs ihrer Gestaltung. Doch gelungene Filme der *auteurs* vermögen darüberhinaus zu berühren – oft schon wegen der enormen Zärtlichkeit, mit der sie sich ihren Figuren nähern oder das Unbeholfene nahe bringen, auch wegen ihrer »kleinen Schönheiten«[7], die erst »die große Kunst« ausmachen. Auch, weil so oft ein »neuer und abweichender Klang«[8] in ihnen hervortritt. Rivette dazu: »Es gibt einen ›Ausdruck‹, und, wenn der Film gelungen ist, ist dieser Ausdruck ein Ganzes (…). Die *politique des auteurs* (würde) zu einer Fehlentwicklung (führen), wenn man sie auf Leute wie Minnelli oder zehn andere amerikanische Regisseure ausdehnt, weil Minnelli offensichtlich ein talentierter *director* ist, aber niemals ein *auteur* war oder je sein wird. Wenn man über Minnelli spricht, spricht man zuerst über das Drehbuch, weil er sein Talent immer etwas anderem unterwirft. Wenn man dagegen über Fritz Lang spricht, spricht man zuerst über Fritz Lang, dann über das Drehbuch (…).«[9]

Worum es also im *Cinéma des auteurs* einzig und allein geht, ist der einzigartige, originelle, jede Konvention sprengende Blick auf die Welt und die Menschen, der zugleich eine persönliche Einstellung gegenüber der Welt und den Menschen ausdrückt. Ein visionärer Blick, der eine inszenierte Realität zum Sprechen bringt, indem er die üblichen, eingefahrenen Formen ins Furiose, Fanatische, Obsessive, manchmal auch einfach ins Subjektive transformiert – unterstützt und zugespitzt durch die Kunst der Inszenierung, die Kunst der räumlichen Konstruktion und des körperlichen Ausdrucks.

Für die Arbeit der Nouvelle Vague-Regisseure war überaus wichtig, den *point of view* betont subjektiv anzulegen, und der Mise en scène, der Anordnung ihrer Figuren im Raum, höchste Aufmerksamkeit zu widmen. Das ließ sie sensibel bleiben für die Geheimnisse zwischen den Bildern, auch in den Filmen anderer. Hitchcock z.B. war einer ihrer Favoriten. In seinen Filmen erkannten sie eine »Handschrift (*écriture*)«, die, wie Truffaut erklärte, darin bestehe, »in den Mittelpunkt die Person zu stellen, durch deren Augen die Dinge gesehen werden (und durch die hindurch wir, das Publikum, sie begreifen).«[10]

Jacques Rivette

In Rivettes Filmen z.B. ist die *écriture* zu einem »Kino der ›Transkription aufs Filmmaterial‹« verdichtet, zur »Fixierung eines Universums und seiner konkreten Realitäten, ohne persönliches Eingreifen der todbringenden, ausdörrenden Mechanik hinderlicher Instrumente«, wie er es selbst 1950 gefordert hatte. »Das Universum soll von sich aus leben; die Kamera soll nur mehr Zeuge sein.«[11]

Einfache Akte sind es, die Rivettes Filmen ihre besondere Note geben: der Gang, die Blicke, die Gesten, mit geradezu abenteuerlicher Präzision inszeniert. Selbstverständlich hat er die Realität der Menschen und ihrer Gesellschaft im Blick. Selbstverständlich nutzt er literarische, theatralische, filmische Mythen als Verdichtung von Fiktion und Perspektive. Und doch sind seine Filme frei von tiefgründiger Ambition, sie bieten keine feste Ordnung, die leitet und die am Ende zu stabilisieren wäre, sondern bleiben irritierende Phantasiespiele.

Für die Präsentation originärer Schauwerte des Kinos ließ er sich Zeit, oft über drei Stunden für einen Film. Er wollte seinen Zuschauern auch Erfahrung vermitteln. Er möge »die Idee der geraden Linie nicht, wo man, wenn man am Anfang steht, das Ganze schon bis zum Ende überblicken kann«, gestand er einmal. Er möge eher »Kurven, sanfte Biegungen, brüske Wendungen. Manchmal glaubt man, man gehe nach links, plötzlich taucht etwas auf, das einen nach rechts zu gehen zwingt. Man denkt sich, man sei in einer lustigen Sequenz und hopp ist man in einer dramatischen. Man glaubt, etwas wird geschehen, aber nein, plötzlich taucht die Person auf, die man in diesem Moment niemals erwartet hätte.«[12]

Erzählt werden keine abgeschlossenen Geschichten, sondern Episoden entwickelt und dramatisiert, die sich fügen zu grandiosen Phantasmagorien über Menschen unserer Zeit – über ihre kleinen Hoffnungen, ihre heimlichen Träume, ihre alltäglichen Niederlagen. In besonderer Weise ist Rivette stets auf Verzauberung aus. Seine Mise en scène kreiert filmische Magie, die ausgeht von rätselhaften Helden in geheimnisvollen Spielen, durch konkrete Schauplätze aber in einen realen Zusammenhang gebracht. Eine doppelte Vision entsteht, ein unterirdischer Strom, der das Sichtbare in einen eigenartigen Schwebezustand versetzt.

Die üblichen Regeln des filmischen Erzählens sind bei Rivette aufgehoben, deshalb auch ihre große Nähe zum Traum. Alles spielt sich ab im Rahmen des Unfassbaren, im Grenzbereich essentieller Unschuld. »Es bleibt immer ein Geheimnis hinter dem Geheimnis.«[13]

Rivette zufolge sollte jeder Kinofilm ein »Abenteuer« sein – »für die, die ihn machen, und später für die, die ihn sehen.«[14] Abenteuer der Inszenierung auf der einen, Abenteuer der Fantasie auf der anderen Seite. Er selber war stets bereit, sich auszusetzen, seine Vorstellungen zu öffnen – stets auf der Suche nach jenem »Band zwischen etwas Äußerlichem und etwas ganz Verborgenem, das eine unvorhergesehene Geste entschleiert, ohne es zu erklären.«[15]

II.

Dem Versuch, Autorenfilme abstrakt zu definieren, haben die französischen Kritiker der fünfziger und frühen sechziger Jahre stets widerstanden. Ihnen war bewusst, dass der besondere *touch* der großen Autoren des Kinos »gewiss nicht auf eine Formel zu bringen« ist.[16] So haben sie an den Filmen ihrer Favoriten immer aufs Neue das Besondere, Ungewöhnliche und Geheimnisvolle erforscht: das Graziöse und Sublime, das Provisorische, Linkische und Atonale, das Nervöse, Fiebrige, Paroxystische, mit stets anderem Ansatz, mit stets anderen Begriffen.

Deshalb sollte auch der Historiker nicht vorgeben, eindeutiger sein zu können als die so leidenschaftlichen Cinéasten, die klar waren und doch auch geheimnisvoll, deutlich und doch auch rätselhaft.

»Die Kunst des Zeichners« bestehe darin, konstatierte Rivette einst, »zu wissen, welche Pinselstriche essentiell sind, welche akzentuiert oder eliminiert werden müssen, welche bisweilen ganz neu erfunden werden müssen, um ein verworrenes Geflecht zu ersetzen; die Kunst des *metteur en scène* besteht darin, zu wissen, was bei einem Schauspiel oder einem Ereignis die Elemente sind, die unverzichtbar sind fürs Gleichgewicht der Figur, das heißt der Szene, wie sie an ihrem endgültigen Platz im Film festgeschrieben ist.«[17] Vielleicht ist dies die allgemeingültigste Definition von Autorenfilm: dass ein Autor weiß, welche Akzente er zu setzen hat, die eine alltägliche Handlung in ein visionäres Geschehnis verwandeln, weil nur er es *so und nicht anders* zu sehen, also auch nur *so und nicht anders* in Szene zu setzen vermag.

III.

Eine junge Frau, alleine durch die zahllosen Zimmer ihres verlassenen Hauses wandernd; nahezu vier Minuten lang. Sie schaut sich um, greift da und dort nach einer Vase, einer Schachfigur, scheint so die Dinge selbst zum Reden zu bringen – und auch ihre innerste Verzweiflung. Ihr müder, trauriger Gang, der all ihre Sehnsucht ausdrückt nach dem, was sie selbst zerstört hat, das Verständnis ihres Vaters, die Liebe ihres Mannes, wird zur Vision einer hoffnungslosen Einsamkeit – in Otto Premingers ANGEL FACE (Engelsgesicht) von 1953. Für Rivette wird hier die »Macht des Kinos« deutlich: »den (gewollten) Zufall einzufangen, das (erfundene) Un-Wesentliche aufzuschreiben: durch die Nähe und die Schärfe des Blicks (...). Man könnte auch sagen, es gibt kein Thema und keine Durchführung mehr, weder Gelegenheit noch Entdeckung, sondern nur noch die nackte, aus ihrer Evidenz heraus aufwühlende Gegenwärtigkeit des Kinos, die bis ins Herz hinein fühlbar wird.«[18]

Ein Mann, der Frau und Kinder verlässt, Wohnung und Geld, und eine Frau, die ihn mitnimmt in ihre Wohnung und ihr kompliziertes Leben. Die Geschichte eines Mannes, der »mit 120 Sachen in den Abgrund rast«, und die Geschichte einer Frau, die »einen Mann liebt, der mit 120 Sachen in den Abgrund rast« – in Jean-Luc Godards PIERROT LE FOU (Elf Uhr nachts) von 1965. Eine Reise im Zickzack. Jede Bewegung findet ihre Gegenbewegung, jedes Spiel sein Widerspiel, jede Aktion ihre Reaktion. Die Welt bei Godard ist abgegriffen, tausendmal schon interpretiert und verstanden, tausendmal schon interpretiert und missverstanden. Nur Godards Sicht auf die Welt ist voller Abenteuer. Sein Kino, zusammengesetzt aus Dissonanzen, Brüchen, Lücken, verführt zu nichts, es verstört. So wird das Allerwahrscheinlichste wieder unwahrscheinlich.

Eine Frau zwischen zwei Männern in einem Auto auf regennasser Straße: mal küsst sie den einen, mal den anderen. So machen sie sich gegenseitig Mut. Kurz darauf brechen sie in einen Musikladen ein, sie wollen für ihre Band neue Instrumente besorgen, fürs Bezahlen fehlt ihnen das Geld. Doch sie werden entdeckt und bedroht, setzen sich zur Wehr und töten; eine Erfahrung, die sie völlig verändert. Wo gerade alles noch gemeinsam möglich schien, ist plötzlich jeder auf sich selbst gestellt. Im Vertrauen wird der Argwohn, in der Zuneigung die Eifersucht spürbar – in Olivier Assayas' DESORDRE (Lebenswut) von 1987. Ein Film des beiläufigen Blicks, in dem die wahren Dinge des Lebens im Hintergrund bleiben; von ihnen wird erzählt, ohne dass von ihnen geredet wird. So blickt man auf die Leinwand wie durch ein Fenster: als sähe man das Leben selbst – die Widrigkeit der alltäglichen Details wie auch die weiten Linien der Zeit.

Drei Szenen: drei unterschiedliche Standpunkte – radikal introspektiv der erste, subversiv karnevalesk der zweite, ungewöhnlich beiläufig der dritte. Was diese Szenen aber eint, ist (als Resultat des Magischen, das die Kamera aufs Ungewöhnlichste erschafft) der einzigartige, originelle Blick der Autoren auf die Welt, der zugleich einen Standpunkt gegenüber dieser Welt formuliert. Ein Blick, der ein Arrangement neu zum Sprechen bringt, indem er einen vorgegebenen Augenblick mit neuer Schärfe versieht.

Woran etwa erkennt man einen Film von Godard? Vor allem, selbstverständlich, an seiner »technizistischen« Weltsicht, wie Pasolini das einmal nannte[19]. An seinen Bildkadern, »die den Darsteller zu erfassen versteh(en), ohne ihn zu erdrücken«; an der freien Beweglichkeit seiner

Jean-Luc Godard

Kamera, die sich jenseits der Dramaturgie etabliert. Dann an den wunderlichen Prinzipien seiner Montage, die auf Verknappung aus sind und einen kontrastierenden, oft sogar kontradiktorischen Beigeschmack haben; Schnitt, das ist seine »schönste Sorge«. Schließlich an der besonderen Aufmerksamkeit, die er dem Vorgefundenen widmet, der Natur wie dem Gegenstand, dem Ton wie der Sprache und der Musik.

Ein apathischer Mann auf einer entlegenen Landstraße, er trägt ein weißes T-Shirt. Von hinten kommt ein roter Lastwagen und braust vorbei; daneben ein blaues Sportcoupé. Weiß, rot, blau: die Farben der Tricolore. Der Mann flüchtet vor der Gefahr – unter einen alten, dunklen Baum. Dann, sofort: die dunkle Silhouette des toten Geästs, ganz für sich; und darüber der farblose Himmel. Schwarz und weiß: die Farben

Le Cinéma des auteurs | 55

der Trauer, aber auch die ersten Farben des Kinos. Der Lkw rast weiter. Das Coupé stoppt, stößt zurück, die Frau steigt aus und kümmert sich um den Mann. »Haben Sie Schmerzen?« – »Wer legt schon Wert auf einen gut ausgeführten Tod?« Die beiden bleiben zusammen, für eine Weile, dann ertrinkt er, bei einem Badeausflug, weil die Frau ihm die Hilfe verweigert. Und später, etwa in der Mitte des Films, geht es genau um das Gegenteil: um die Rettung der Frau, weil der Mann, wiedererschienen nach seinem Tod, verjüngt und völlig verändert, nach kurzem Zögern, ihr die Hilfe nicht verweigert – in Jean-Luc Godards NOUVELLE VAGUE von 1990.

You only live once, der Titel eines frühen amerikanischen Films von Fritz Lang, gibt die Bewegung vor für viele von Godards frühen Filmen, von À BOUT DE SOUFFLE (Außer Atem, 1960) über *VIVRE SA VIE* (Die Geschichte der Nana S., 1962) bis zu PIERROT LE FOU: allesamt Reise- und Fluchtfilme, die erst im Tod zur Freiheit führen. In NOUVELLE VAGUE geht er einen Schritt weiter. Er nimmt die Grenze zwischen Leben und Tod als weitere Windung im karnevalesken Spiel um das Essentielle, um das »einzige Paradies, aus dem wir nicht vertrieben werden können«: der Erinnerung. Hier zeigt sich, dass Godard letztlich einzig an Moralität interessiert ist, an der innersten Maxime dem Leben gegenüber, die er in der Spannung von Denken und Reden, von Schauen und Tun darzustellen sucht.

Augen und Ohren aufmachen! Und dann bis zur Grenze sich wagen, wo es nur noch ums Leben geht, um die Dinge dazwischen: den Raum, den Ton, die Farben. Diese Maximen gelten für Godard noch immer. Das Leben allein, in NOUVELLE VAGUE ist das der Raum zwischen Baum und Haus und See und Mensch und Himmel. Es ist der Ton: das Tosen der Wellen, das Rauschen der Blätter, die Stimmen der Menschen, die Klänge der Musik; und es sind die Farben: das Rot der Steine, die das Chalais schmücken; oder das Grün des Schilfs, das sich biegt im Wind; oder das Grau der Wolken; oder das dunkel schimmernde Blau der Wellen des Genfer Sees.

François Truffaut: »Das Kino (ist) immer dann grandios geworden, wenn es ihm gelungen ist, die Wirklichkeit zu übertreffen, indem es sich ihrer bediente, immer dann, wenn es den fremdartigsten Ereignissen oder bizarrsten Wesen Plausibilität verleihen konnte und damit die Elemente einer Mythologie aus Bildern aufbaute.«[20]

Jean-Luc Godard und François Truffaut

IV.

Für das europäische Verständnis von Film waren die Standpunkte der Nouvelle Vague-Regisseure prägend. Plötzlich ging es nicht mehr nur um grandiose Geschichten, gefasst in vollendeten Formen, wo man ein mehr oder weniger gelungenes Drehbuch oder eine mehr oder weniger gelungene Kamera oder einen mehr oder weniger gelungenen Schnitt diskutierten konnte. Plötzlich ging es vor allem um die unbekannte, unerwartete Perspektive dahinter: um die spürbare Gegenwart dessen, der alles zu verantworten hatte. Plötzlich war erkennbar, dass der eigenwillige, persönliche Blick auf eine gewählte Geschichte so wichtig ist wie die Geschichte selbst, die Dichte einer subjektiven Konstruktion der Welt überaus wesentlich als sinngebende Arbeit *in* der Welt.

Gerade durch die Spuren, die oft als Hinweise aufs Fiktive der Filme funktionierten, wird das Gemachte, Inszenierte, Montierte des ganzen als eigene, ästhetische Kategorie erkennbar. »Aufgabe des Films ist es, unser Auge auf die Aspekte der Welt zu lenken, für die wir bislang noch keinen Blick hatten.«[21] Oder, nach Godard: »Der Blick«, den das *Cinéma des auteurs* auf die Dinge wirft, ist in jedem Moment so neu, dass er sie mehr durchdringt als beschwört und dass er erfasst, was in ihnen nach Abstraktion verlangt.«[22]

Einem »Jenseits der Literatur« suchte Rohmer nachzuspüren, um die Filme zu würdigen, »die bewusst oder unbewusst versucht haben, die Grenzen der literarischen Ästhetik zu sprengen«. Dieses »*Jenseits*« erwachse »mit Sicherheit aus der Inszenierung« und trete »nicht in Erscheinung, bevor nicht die Regie ein Betätigungsfeld gefunden hat.«[23] Jeder Autorenfilm bietet das Offene und Entlegene, das Brüchige und Ungewöhnliche. Von ihm ist zu erwarten, dass er nicht nur möglichst aufregend ein interessantes Buch filmisch umsetzt, sondern etwas Sublimes, das jenseits der Schönheit von Buch und Bilder aufschimmert. Dass er versucht, das Geheimnis des Kinos zu umkreisen, indem er das, was gerade verstanden zu sein scheint, durch eine neue Perspektive, eine überraschende Bewegung, eine unerwartete Einstellung wieder neu in Frage stellt. Oder dass er »Rechtfertigungen liefert«, dass er »beweist, indem (er) etwas fixiert,« dass er »darlegt, indem (er) etwas zeigt.«[24]

Ende der fünfziger Jahre hat Rohmer bekannt, zu einem Film von Buñuel, wie sehr er »auf den Moment« gelauert habe, »wo der Strich über die Intention der Hand hinausgeht, die ihn zeichnet.«[25] Mitte der siebziger Jahre hat Truffaut gestanden, sein »Vergnügen« habe »oft da« begonnen, wo das seiner »Kollegen« aufgehört habe: »bei Renoirs Stilbrüchen, bei Oson Welles' Exzessen, bei Pagnols oder Guitrys Schlampereien, bei Cocteaus Anachronismen, bei Bressons Nacktheit.«[26] Jeder Film eines *auteur* zeigt eben »entweder die Freude am Filmemachen oder die Angst vorm Filmemachen«[27]. Deshalb zählt auch das Vergnügen an Stilbrüchen, Exzessen und Schlampereien zur erregenden Schaulust: der Blick fürs Daneben, der Sinn auch fürs Sinnlose (gegen den Makel des Makellosen).

Auch wenn dem Erzählen im Kino keine eigenständige Sprache zugrundeliegt, es gibt Konventionen und Regeln, die dieses Erzählen immer wieder bändigen, formen, stilisieren. Man könnte sagen: je konventioneller und regelhafter ein Film erzählt ist, desto glatter und perfekter ist er auch – und desto kunstloser wirkt er (und desto weniger wird er zum *film d'auteur* zählen). Oder anders herum: Je bewusster diese Konventionen und Regeln genutzt sind, ohne sich ihnen aber zu unterwerfen, desto freier und eigenständiger (und persönlicher und autorenhafter) wird das filmische Erzählen – und desto aufregender, geheimnisvoller, auch irritierender wirkt es, Stilbrüche, Exzesse, Schlampereien eingeschlossen.

Das *Cinéma des auteurs* (und die Lust daran) hat auch damit zu tun, dass man da und dort einen ungewöhnlichen Blick, einen ungewöhnlichen Rahmen, einen ungewöhnlichen Rhythmus entdeckt: dass man zwischen dem, was das Drama im Zentrum stärkt, und dem, was dem sonst eher Unbeachteten Raum gewährt, neue Zusammenhänge herstellt.

1 François Truffaut: Wovon träumen die Kritiker? In: F.T.: Die Filme meines Lebens. Frankfurt am Main 1997. S. 16
2 Jean-Luc Godard: Tours vermasselt. In: Godard/Kritiker. München 1971. S. 111
3 Jean-Luc Godard: Mit LES 400 COUPS vertritt Truffaut Frankreich in Cannes. In: J.-L.G. a.a.O. S. 144
4 Jacques Rivette: Über die Erfindungskraft. In: J.R.: Schriften fürs Kino. CiCiM 24/25. München 1989. S. 50
5 Jacques Rivette: Über die Niedertracht. In: J.R.: a.a.O. S. 149
6 François Truffaut: Ein Regisseur hat nicht das Recht, sich zu beklagen. In: F.T.: Die Lust am Sehen. Frankfurt am Main 1999. S. 17
7 Eric Rohmer: Der Geschmack des Schönen. In: E.R.: Der Geschmack des Schönen. Frankfurt am Main 2000. S. 150
8 Eric Rohmer: Drei Filme einer bestimmten Schule. In: E.R.: a.a.O. S. 118
9 Jacques Rivette, zit. nach Karlheinz Oplustil: Blick ins Königreich. In: N. Grob/M. Reichart: Ray. Berlin 1989. S. 15
10 François Truffaut: Alfred Hitchcock im Jahre 1980. In: F.T.: Lust am Sehen: a.a.O. S. 121
11 Jacques Rivette: Wir sind nicht mehr unschuldig. In: J.R.: a.a.O. S. 10
12 Jacques Rivette in einem Gespräch mit Karlheinz Oplustil, Norbert Grob, Fritz Göttler, Michael Althen und Andreas Kilb:»Die bisherigen Filme waren Skizzen, Entwürfe – der nächste wird immer der erste, wirklich seriöse sein.« In: Filmbulletin (Winterthur) Nr.166. August 1989. S. 40
13 Jacques Rivette: Muss man Harry verbrennen? In: J.R.: Schriften fürs Kino. a.a.O. S. 104
14 Jacques Rivette im Presseheft zu MERRY-GO-ROUND (F 1978)
15 Jacques Rivette: Die Kunst der Fuge. In: J.R.: Schriften fürs Kino. a.a.O. S. 45
16 Eric Rohmer: Lernen aus dem Scheitern. In: E.R.: a.a.O. S. 199
17 Jacques Rivette: Sainte Cécile. In: J.R.: a.a.O. S. 130/131
18 Jacques Rivette nach Fritz Göttler/Claus M. Reimer (Red.): Film noir. KinoKonTexte 2. München 1982. S. 78
19 Pier Paolo Pasolini: Die Sprache des Films. In: Friedrich Knilli: Semiotik des Films. Frankfurt am Main (o.J.). S. 52
20 François Truffaut: Viel Vergnügen! oder Die Lust am Kino. In: F.T.: a.a.O. S. 53
21 Eric Rohmer: Eine Fabel des 20.Jahrhunderts. In: E.R.: a.a.O. S. 261/262
22 Jean-Luc Godard: Verteidigung und Darlegung der klassischen Einstellungsfolge. In: J.-L.G.: a.a.O. S. 23
23 Eric Rohmer: Lernen aus dem Scheitern. In: E.R.: a.a.O. S. 199
24 Jacques Rivette: Die Suche nach dem Absoluten. In: J.R.: Schriften fürs Kino. a.a.O. S. 92
25 Eric Rohmer: Luis Buñuel. In: E.R.: a.a.O. S. 273
26 François Truffaut: Wovon träumen die Kritiker? In: F.T.: Die Filme meines Lebens. a.a.O. S. 15
27 François Truffaut: Wovon träumen die Kritiker? In: F.T.: a.a.O. S.16

Stéphane Audran

Schon ihr erster Auftritt in LES BICHES (1968) von Claude Chabrol macht klar: Sie ist eine Frau mit Stil. Mit würdevoller, erhabener Geste schreitet sie vorbei – hohe Wangenknochen, große, leuchtende, wenn auch etwas katzenhafte Augen, eine Pelzstola um den Hals geschlungen, die rötlichen, glatten Haare hochgesteckt. Auf einer Pariser Seine-Brücke wird sie einer jungen Pflastermalerin und Herumtreiberin begegnen, die sie in ihre großbürgerliche Wohnung nach St. Tropez einlädt. Stéphane Audran spielt mit faszinierend distinguierter Souveränität eine wohlhabende Lesbierin, die das Objekt ihrer Begierde alsbald gegen einen männlichen Konkurrenten verteidigen muss.

Mit einem Hauch bourgeoiser Arroganz etablierte Stéphane Audran einen speziellen Frauentypus: Sie ist die attraktive, elegante, sexuell aktive Mittelständlerin, die sich nach Veränderung ihrer gleichförmigen Welt sehnt und nicht zuletzt deshalb in Betrug, Intrige und gar Verbrechen verwickelt wird. In LA FEMME INFIDÈLE (1969) ist sie eine Ehebrecherin, die aus den engen Grenzen ihres bürgerlichen Ehehaushalts ausbricht und ihren Mann zu einem fatalen Verbrechen provoziert. Mit ihrem bronzefarbenen Teint und ihrem sportlichen Körper verleiht sie den Liebesszenen eine authentische Präsenz. Ihr unerfülltes Begehren verdeutlicht zugleich *ex negativo* den alltäglichen Überdruss einer domestizierten Kleinstadtgesellschaft. In LA RUPTURE (1970) wird sie selbst das Opfer einer Intrige und droht, den Verstand zu verlieren, was sich in delirierenden Klängen und Farben um sie herum entfaltet, während sie selbst fast stoisch bleibt. Wenn von ihr nur ein Bild bliebe, dann wäre es jener finale Moment aus Chabrols Thriller LE BOUCHER (1969): Sie, die laszive Lehrerin einer ländlichen Kleinstadt, steht ihm, dem Schlachter, gegenüber, der gerade einer Mordserie für schuldig befunden wurde und in die Psychiatrie eingeliefert wird. Mit verzweifeltem Blick schaut er sie an, doch ihre Miene bleibt undurchdringlich. Hat sie das Spiel mit der Gefahr genossen, das sie mit ihm verband? Als er in den Aufzug geschoben wird und sich die Türen schließen, blickt sie wie hypnotisiert auf das rot blinkende Lämpchen vor sich. Immer wieder schneidet Chabrol hin und zurück zu ihrem Gesicht. Als es zu blinken aufhört, spiegelt sich unendliche Trauer in ihren großen grünen Augen. Und da weiß sie noch nicht, dass der Mann gerade mit ihrem Namen auf den Lippen verstorben ist.

Marcus Stiglegger

Thomas Klein / Marcus Stiglegger

Der antibourgeoise Bourgeois
Claude Chabrol

Auch er begann als Kritiker in den *Cahiers du cinéma*. Auch er gehörte zum Kreis derjenigen, die sich in der Cinemathèque Filmgeschichte aneigneten. Zusammen mit Eric Rohmer brachte er 1957 das berühmte Buch über Alfred Hitchcock heraus, den sie alle verehrten. Und mit seinen ersten beiden Spielfilmen LE BEAU SERGE (Die Enttäuschten, 1958) und LES COUSINS (Schrei, wenn du kannst, 1958) hat er, darin war sich die Kritik damals schon einig, zwei der wichtigsten Filme der Nouvelle Vague gemacht. Chabrol wird dennoch meist nur in der Frühphase zum engeren Kreis der Bewegung gezählt, weil seine nachfolgenden Filme in eine andere Richtung wiesen. LES BONNES FEMMES (Die Unbefriedigten, 1960) wird gelegentlich noch dazu gerechnet, und für Richard Neupert gilt auch noch LANDRU (Der Frauenmörder von Paris, 1962) als Nouvelle Vague[1], der, wie Godards LE MÉPRIS (Die Verachtung, 1963), von Carlo Ponti und Georges de Beauregard produziert wurde. Mitte der sechziger Jahre entfernte sich Chabrol mit einer Reihe von Agentenfilmen, die die James-Bond-Reihe parodierten, in der Tat weit von der Nouvelle Vague und auch von seinen eigenen avancierten Ursprüngen. Gegen Ende des Jahrzehnts fand er dann die Themen, die zu seiner Obsession werden sollten: die Bourgeoisie und deren Bigotterie, ihre Obsessionen und Abhängigkeiten, die mitunter kulminieren in Mord und grausamer Rache. Filme wie LA FEMME INFIDÈLE (Eine untreue Frau, 1968), QUE LA BÊTE MEURE (Das Biest muss sterben, 1969), LE BOUCHER (Der Schlachter, 1969) und LA RUPTURE (Der Riß, 1970) trugen zum Ruf Chabrols bei, den er bis heute innehat: Meister einer eigenen Spielart des französischen Kriminalfilms zu sein[2].

Das Kriminalistische hat ihn seit jeher interessiert. Er hat über Hitchcock geschrieben und 1955 in den *Cahiers* einen Artikel über die »Evolution du film policier«[3] verfasst. In seinen Filmen dienen ihm die Genremechanismen jedoch lediglich als Folie. Er fügt ihnen eine zusätzliche Dimension bei, indem er einen intensiven Blick auf die alltäglichen Rituale des französischen Bürgertums wirft. Die Entwicklung dieses Stils führte von seinem Debüt LE BEAU SERGE über das zynische Sittengemälde LES COUSINS bis hin zu LES BONNES FEMMES, der in dem finalen Triebmord bereits deutliche Genreelemente aufweist.

LE BEAU SERGE und LES COUSINS können als »tandem«[4] verstanden werden. Der erste Film handelt davon, dass ein Mann aus der Stadt in das Dorf seiner Kindheit zurückkehrt, der zweite davon, dass ein Mann in die Stadt kommt. Auf unterschiedliche Weise formulieren beide Filme eine Dialektik zwischen Stadt- und Landleben. Das Landleben wird dabei mit gesellschaftlichem Scheitern konnotiert. In LE BEAU SERGE trifft der TBC-kranke Städter François auf seinen Jugendfreund, den »schönen Serge«, der einst die studentischen Ambitionen des Freundes geteilt hatte, nun aber eine Existenz als Lastwagenfahrer fristet. Er ist gescheitert. Sein Vater ist Alkoholiker, seine Frau Yvonne schwanger, und deren leichtlebige Schwester Marie fühlt sich zu Serge und François wechselseitig hingezogen. In einer verschneiten Nacht, als Yvonnes Wehen einsetzen, müht sich François unter Lebensgefahr, die beiden entfremdeten Eheleute wieder zusammen zu führen. Die Geburt eines Kindes symbolisiert die Chance auf eine bessere Zukunft.

Chabrol drehte LE BEAU SERGE in Sardent, dem Dorf ca. 150 km südlich von Paris, in dem er zu Kriegszeiten einen Teil seiner Jugend verbracht hatte. Die finstere Bildsprache wie auch die genaue Beobachtung sozialer Realität weckt Erinnerungen an den schonungslosen Stil des italienischen Neorealismus. Die Szene, in der François den betrunkenen Serge in einem Stall findet, gilt als exemplarisch: »Wenn François nachts mit der Taschenlampe in einen Stall leuchtet und wir plötzlich den Kühen ins Auge blicken, – dann wird der Handlungsablauf gleichsam angehalten. Das dokumentarische Detail verselbständigt sich, und wir erleben die poetische Aussagekraft einer Sequenz, die keines Textes bedarf und

LES BONNES FEMMES

die auch unabhängig von der Filmhandlung ihre Wirkung hätte.«[5] LE BEAU SERGE beschreibt eine Welt, in der Verbrechen Teil des Alltags sind, in der jedoch nicht ermittelt wird. Die Protagonisten fügen sich zunächst scheinbar wehrlos ihrem Schicksal, bis die Vereinigung von Serge und Yvonne eine unerwartete Wendung bringt. Ist hier die Hoffnung auf eine Zukunft noch gegeben, so ist sie für Marie gestorben: Das letzte Bild, das wir von ihr sehen, zeigt sie zu Stein erstarrt, zusammen mit dem Mann, der sie kurz zuvor vergewaltigte, als er erfuhr, dass sie nicht seine Tochter ist. Gerade solche Momente zeigen, dass Chabrols Ansatz nie die frühe Verspieltheit seiner Kollegen Godard, Truffaut und Rivette teilt.

Chabrols zweiter Spielfilm LES COUSINS entstand in Paris, wo er 1930 geboren wurde. Hier besucht Charles seinen Vetter Paul, der, wie er, Jura studiert. Der naive Charles unterliegt dem dekadenten Paul auf allen Ebenen: Er verliert die Geliebte Florence an ihn, fällt bei den Prüfungen durch und stirbt am Ende versehentlich durch eine Kugel aus jener Waffe, mit der er Paul selbst nach dem Leben trachtete. Nach eigenen Aussagen wollte Chabrol mit diesem Film das faschistische Potential eines Teils der

LES BONNES FEMMES

Nachkriegsjugend entlarven. Er wollte »zeigen, dass der Faschismus durchaus verführerisch, gleichzeitig aber beunruhigend und gefährlich war.«[6] Am prägnantesten kulminiert dieses Anliegen in der Szene, in der der affektierte Paul mit Kerzenleuchter und Wehrmachtsmütze zu den Klängen Richard Wagners pathetisch ein Gedicht rezitiert. Die Schilderung der zynischen Partyjugend erinnert an Hitchcocks ROPE (Cocktail für eine Leiche, 1948), in dem zwei junge Männer aus purer Langeweile einen Mord begehen. Die Moral von Charles ist in dieser Welt sinnlos. Wie LE BEAU SERGE wurde LES COUSINS für seine Authentizität gepriesen. Für Enno Patalas macht der Film den »Eindruck unbedingter Gegenwärtigkeit«[7]. Nach Truffauts LES 400 COUPS (Sie küßten und sie schlugen ihn, 1958) war LES COUSINS der erfolgreichste Film der frühen Nouvelle Vague, obwohl er aufgrund des zynischen Drehbuchs von Paul Gégauff selbst faschistischer Tendenzen bezichtigt wurde.

Mit À DOUBLE TOUR (Schritte ohne Spur, 1959) drehte Chabrol danach seinen ersten Farbfilm mit Thriller-Handlung, kehrte in LES BONNES FEMMES (1960) aber zu den früheren Ansätzen zurück. Die schönen

Frauen sind Arbeitskolleginnen in einem Elektronikgeschäft. Hier begegnen wir dem *ennui* aus LES COUSINS wieder: Faktisch sieht man die vier jungen Frauen und eine ältere Frau immer nur auf Kundschaft und auf das Ende des Arbeitstages warten. Einmal, wenige Minuten bevor das Geschäft schließt, sagt eine von ihnen:»Wenn jetzt ein Kunde kommt, bring ich ihn um.« Es ist aber vor allem ein Warten darauf, dass etwas in ihrem Leben passiert, dass sie etwa der großen Liebe begegnen. Die jungen Frauen, Jane, Ginette, Rita und Jacqueline, streifen durch die Stadt, gehen in den Zoo, ins Schwimmbad. Dort wird Jacqueline von einem Mann, der sie schon eine Zeit lang verfolgte, endlich angesprochen, nachdem er sie ritterlich von zwei lästigen Verehrern befreit hat. Doch die Hoffnung, die sie in ihn setzt, wird bitter enttäuscht. Während eines Ausflugs ins Grüne entpuppt er sich als Triebtäter und erwürgt sie.

Mehr noch als LES COUSINS ist dies ein Film über Paris. Es ist der für die Nouvelle Vague so typische neue Blick auf diese Stadt. Die Figuren ziehen umher, suchen sich nach Lust und Laune Orte für Vergnügungen. Die Kamera folgt ihnen dabei. Und die Figuren werden in Zusammenhängen gezeigt, die als alltäglich bezeichnet werden können. Andererseits ist bei genauem Hinsehen sehr wohl eine andere Dramaturgie zu erkennen, die auf Chabrols späteres Werk verweist. Mit LES COUSINS und À DOUBLE TOUR hatte sich Chabrol bereits in die Abgründe der Bourgeoise begeben. In LES BONNES FEMMES ist es die Arbeiterklasse, womit Chabrol eher wieder an LE BEAU SERGE anknüpft. Der Frauenmörder ist ein Mann, dessen sozialer Status nicht erkennbar ist. Gleich zu Beginn fügt Chabrol die dramaturgisch wichtigen Figuren schon in Einstellungen zusammen, indem er sie in die Tiefe des Bildes hinein staffelt. Auch der Mörder wird schon sichtbar. Das wirkt zunächst, als wolle Chabrol den Zufall walten lassen: Männer und Frauen begegnen sich. Doch aus den Augen verlieren sie sich nicht. Sie kehren wieder. Und mit dramaturgischer Stringenz wird der Fremde Jacqueline immer näher gebracht, bis die Romanze in der Katastrophe endet.

Obwohl es Chabrol durch den Erfolg seines zweiten Films möglich war, seine eigene Produktionsfirma AJYM zu gründen, welche die Erstlingswerke von Eric Rohmer, Philippe de Broca und Jacques Rivette finanzierte, musste er selbst einige kommerzielle Misserfolge verkraften: LANDRU, seine eigene Lesart des Blaubart-Mythos', erreichte nicht die erwartete Aufmerksamkeit. 1961 meldete auch seine Produktionsfirma

Konkurs an. Dennoch konnte er sich im Laufe der sechziger Jahre mehr noch als Louis Malle als kommerzieller Filmemacher etablieren, schien dabei aber den anfänglich kritischen und experimentellen Gestus der Nouvelle Vague zu verraten. Allenfalls mit dem Dreiecksdrama LES BICHES (Zwei Freundinnen, 1967) gelang es Chabrol, den Geist der sechziger Jahre paradigmatisch einzufangen. Mit diesem Film wandte er sein primäres Interesse von jugendlichen Protagonisten ab und beschäftigte sich nun mit Ehebeziehungen.

Die in den späten sechziger und frühen siebziger Jahren entstandenen Thriller markieren jene Phase, in der Chabrol seine langjährige Zusammenarbeit mit einem festen Mitarbeiterensemble etablierte, neben der Schauspielerin Stéphane Audran namentlich der Komponist Pierre Jansen, Kameramann Jean Rabier, Cutter Jacques Gaillard und Drehbuchautor Paul Gégauff – einige von ihnen begleiteten ihn bis ins Alterswerk der 90er Jahre. So trug Chabrol nicht nur stilistisch, sondern auch in seiner Arbeitsweise der *politique des auteurs* Rechnung.

1 Vgl. Richard Neupert: A History of the French New Wave Cinema. Wisconsin 2002. S. 152
2 James Monaco bezeichnet Chabrols Genre-Filme in Ermangelung eines präziseren Begriffs als »films policiers«. In: J.M.: The New Wave. Truffaut, Godard, Chabrol, Rohmer, Rivette. New York/Sag Harbor. 2004. S. 260
3 *Cahiers du cinéma* Nr. 54. Abgedruckt in englischer Übersetzung in: Jim Hillier (Hg.): Cahiers du Cinéma. The 1950s: Neo-Realism, Hollywood, New Wave. Cambridge/Massachusetts 1985, S. 158-164
4 James Monaco: a.a.O. S. 267
5 Wilfried Wiegand. In: Peter W. Jansen, Wolfram Schütte (Hg.): Claude Chabrol. München/Wien 1975/86 (2. Aufl.). S. 129
6 Zit. nach Wolfgang Schwarzer u.a. (Hg.): Materialien zu Filmen von Claude Chabrol. Duisburg/Frankfurt am Main 1974. S. C 7f. Interview 1962
7 Enno Patalas. In: Filmkritik 09/1959, S. 242

Jean-Claude Brialy

Von Anfang an arbeitete er daran, dass Filmen auch heißt, schöne Männer schöne Dinge tun zu lassen. Schon in Godards TOUS LES GARÇONS S'APPELLENT PATRICK (1959) gibt er, bewaffnet nur mit einer Sonnenbrille, den smarten und eloquenten Verführer. Die Tragik des *tough guy*, die Jean-Paul Belmondo auszeichnet, scheint ihm genau so fremd wie die rührende Unbeholfenheit Jean-Pierre Léauds. Die unangenehmen Situationen, in die sich Léaud der Liebe wegen stürzt, würde Brialy lediglich mit einem süffisanten Lächeln aus der Distanz betrachten. Selbst wenn sich ein Faux-pas abzeichnet, sorgen seine schnellen Reaktionen dafür, dass er gar nicht erst ins Stolpern gerät.

Häufig thematisiert Brialy, der mit der gesamten Fünferbande der Nouvelle Vague zusammengearbeitet hat, in seinen Rollen die Begegnung des urbanen Bonvivant mit anderen Lebensentwürfen. In Claude Chabrols LE BEAU SERGE (1958) wird er als Heimkehrer aus Paris mit der Spießigkeit der Provinz konfrontiert, und in LES COUSINS (1959) erkundet er die zynischen Abgründe eines hedonistischen Dandys, der seinen naiven Cousin vom Land um die große Liebe und den Verstand bringt. In Godards UNE FEMME EST UNE FEMME (1961) kann er sich nicht mit dem Kinderwunsch seiner Freundin, einer professionellen Stripperin, arrangieren, und in Rivettes PARIS NOUS APPARTIENT (1960) befindet sich das *savoir vivre* im vertrauten Straßencafé nur eine Einstellung vom Labyrinth der Paranoia entfernt.

Eine pointierte Variation seiner Rollenbilder gelang Brialy mit Rohmers LE GENOU DE CLAIRE (1970). Als Diplomat, der alleine am Genfer See den letzten Sommer vor seiner Hochzeit genießt, lässt er sich auf das Angebot einer befreundeten Schriftstellerin ein, mit einer benachbarten Teenagerin zu flirten. Dem Charmeur entgleitet jedoch die Situation, als er eine Obsession für Claire entwickelt, die bereits vergebene ältere Schwester seines Studienobjekts. Er will die Geschichte, die er anfangs nur als Freundschaftsdienst sah, selbst kontrollieren, doch nicht mehr als Manipulator, sondern als neugieriger und abwartender Beobachter. Seine »Idee zu einer guten Tat« gipfelt in der sorgfältig kalkulierten Berührung von Claires Knie an einem regnerischen Nachmittag.

Nachdem er sich sowohl als Verführer, wie auch als Verführter bewährt hatte, vollzog Brialy zwei Jahre später den nächsten Schritt und betätigte sich als Regisseur selbst hinter der Kamera.

Andreas Rauscher

Fritz Göttler

Das ganze Leben erfassen
Notate zur Nouvelle Vague

> Ja, ja, sagte Ronquerolles zu Montriveau, als dieser wieder auf Deck erschien, sie war eine Frau, jetzt ist sie nichts mehr. Laß uns eine Eisenkugel an jeden ihrer Füße binden und sie ins Meer versenken; du aber gedenke ihrer nur noch, wie wir eines Buches gedenken, das wir in unserer Kindheit lasen.
> Ja, sagte Montriveau, denn dies alles ist nur noch ein Gedicht. Dann bist du also wieder zur Vernunft gekommen. Habe fortan Leidenschaften; denn wenn es um Liebe geht, dann muß man sie richtig einzuordnen wissen, und nur die letzte Liebe einer Frau vermag die erste Liebe eines Mannes zu stillen.
> (Honoré de Balzac, Die Herzogin von Langeais, 1834)

Die Liebe und die Leidenschaft. Das Leiden oder das Nichts. Die letzte und die erste Liebe. Das Leben und ein Gedicht. Die Kindheit und das Verlangen … Die Nouvelle Vague ist groß geworden durch ihre Bedingungslosigkeit. Ihr Ruhm beruht, auch, auf diesem sagenhaften Entweder-Oder, das sie so lange durchgehalten hat. Ein Kino, das das ganze Leben erfassen soll und sich dabei fröhlich aller möglichen Formeln und Zitate bedient.

Im Blick des Heimkehrers

Einer der stärksten Momente der Nouvelle Vague, aus dem Jahr 1963, das Ende von LE MÉPRIS (Die Verachtung). Ein veritabler Dreh- und Angelpunkt; die eine Geschichte ist zu Ende, eine andere spinnt sich fort. Aber das Kino ist draußen, es scheint in diesem Moment ohne eigene Perspektive, ohne Zukunft. Beim Wiedersehen wirkt der Film wie ein Epitaph für die Nouvelle Vague selbst. Das Gleichgewicht ist verschoben, das die ersten Jahre so faszinierend, so aufregend gemacht hatte, zwischen den Wörtern und den Bildern gibt es nun eine Konfrontation, einen Kampf zwischen den Geschichten und dem Leben.

Es ist ein Stück Film im Film, dieses Ende, wenn die langwierigen, indessen nie wirklich gefährlichen Liebschaften sich verlaufen haben. Zwei der darin verwickelten Personen sind tot, und sie haben in ihrem Tod unsere Sympathie verdient. Die Überlebenden machen sich wieder an die Arbeit, sie müssen ihr Brot verdienen und sich auf dem Markt verkaufen. Ein Film ist abzudrehen, eine Verfilmung der »Odyssee«. Ein »Silence« erfüllt die Luft, sickert in den Dunst über dem weiten Meer, es ist der Moment, so wird uns erklärt, da Odysseus zum ersten Mal nach seiner Irrfahrt die Heimat wiedersieht. Er streckt die Arme aus, in der einen Hand hält er das Schwert. Erhebend ist seine Geste, befremdend und befreiend. Sie hat etwas von einem Gebet und von einem Begehren, einer Besitzergreifung. Sie löst den Bann, mit dem zu Beginn des Films die Zuschauer belegt wurden, als die Kamera auf uns zukam und ihren Blick auf uns richtete.

Das »Silence« hat der Aufnahmeleiter in die Luft gesetzt, als die Aufnahme begann, ein langsames seitliches Travelling. Godard selbst gibt den Aufnahmeleiter, unter der Regie des Dinosauriers Fritz Lang. Es ist sein letzter Film. Das alte Kino verstummt, aber das neue wird nicht mehr sprechen an seiner Stelle.

Wir haben es wiedergefunden, das Meer
Der Blick des Odysseus scheint den Blick des jungen Antoine Doinel zu erwidern am Ende von Truffauts LES 400 COUPS (Sie küßten und sie schlugen ihn, 1959) – er hat vom Meer geträumt, seine Jugend lang, und ist nun ausgerissen aus der Erziehungsanstalt, und der Film friert die Bewegung ein, wenn er den Strand entlangläuft, und weil die Freiheit nicht dauern kann, muss sie festgehalten und konserviert werden. Und das Meer ist in beiden präsent, in der kleinen persönlichen Geschichte einer Jugend, mit der alles angefangen hat, und im Rudiment des homerischen Epos, mit dem alles enden könnte. Selbst bei Rivette ist das Meer präsent, sein Rauschen erfüllt die Probebühne in OUT 1: NOLI ME TANGERE (1971), und langsam, ganz behutsam fängt Michel Lonsdale an, auf einem imaginären Balken über dem Wasser zu balancieren.

Geschichten vom Wasser

Um zum Epos zurückzukommen, nimmt das junge anarchische Kino den Umweg über den bürgerlichen Roman, »Die Verachtung« von Alberto Moravia. Man kann sagen, erklärt Harun Farocki, LE MÉPRIS bietet eine filmische Übersetzung von »Il disprezzo«. In dieser Hinsicht folgt der Film der Geschichte, die er erzählt, in der ja ebenfalls ein Buch in einen Film verwandelt wird. Aber LE MÉPRIS stellt unsere üblichen Vorstellungen, was Übersetzungen anbelangt, in Frage. Eine Übersetzung, das zeigt dieser Film, ist nicht derselbe Text in einer anderen Sprache, sondern etwas völlig Neues.[1]

Eine kleine Springflut ist die Nouvelle Vague gewesen, und man hat sie als filmischen Sturm und Drang in Erinnerung, eine Bewegung mit Vehemenz und Gewalt. Die Geschichten, die da erzählt werden, haben ein Übermaß an Vitalität, Aufbruchsgeschichten, denen man schon nach wenigen Minuten ansah, dass sie in Richtung Tod liefen – das Tempo, mit dem sie erzählt wurden, hatte mit dem Rhythmus, in dem die Geschichten eigentlich sich entwickelten, nichts zu tun. Erzählzeit und erzählte Zeit kamen ständig in Konflikt in den ersten Filmen: À BOUT DE SOUFFLE (Außer Atem, 1960), TIREZ SUR LE PIANISTE (Schießen Sie auf den Pianisten, 1960), LE SIGNE DE LION (Im Zeichen des Löwen, 1959), JULES ET JIM (1962), PARIS NOUS APPARTIENT (Paris gehört uns, 1960), LES BONNES FEMMES (Die Unbefriedigten, 1960), LES GODELUREAUX (Speisekarte der Liebe, 1961). Es ist ein permanentes Stop and Go, mit Zwischentiteln, Monologen, Kommentaren. Die Zeit ist knapp in diesen Filmen, und oft sind die Räume eng, und der frische Wind, der in den Fünfzigern durchs Kino blies, durchs amerikanische zumal, kommt noch nicht an gegen das Gerümpel an Obsessionen und Neurosen, das immer noch in der Gegend herumsteht. Erst mit Filmen wie LE MÉPRIS oder PIERROT LE FOU (Elf Uhr nachts, 1965) oder LA SIRÈNE DU MISSISSIPPI (Das Geheimnis der falschen Braut, 1969) kommt eine Freiheit in die Nouvelle Vague, und zusammen mit ihr eine neue Form von Wahnsinn und Verzweiflung.

Das Credo von Jules

In der Erinnerung scheinen diese Filme manchmal aus lauter Ab- und Aufblenden und schnellen Schwenks zu bestehen, junge Leute, die durch die Straßen eilen, auf der Jagd oder auf der Flucht, und andere dabei mitreißen. Legendär natürlich die Jump Cuts von Godard, aber mindes-

À BOUT DE SOUFFLE

tens ebenso genial ist, wie Chabrol die kleinen Ladenmädchen dazu bringt, die toten Momente ihres Lebens zu einer Geschichte zu machen. Es ging um Liebe, immer wieder, und um die Frage, ist die Liebe eigentlich erzählbar.

In CHARLOTTE ET SON JULES (Charlotte und ihr Typ, 1960), einem der kleinen frühen Godards, entwickelt Belmondo, als Einübung in À BOUT DE SOUFFLE, seinem Mädel gegenüber, was er von den Männern und den Frauen hält, und man kriegt beim Zuhören den Eindruck, die Beziehung zwischen denen wäre eine Art Kino im wirklichen Leben: große Grimassen in einem kleinen Kinosaal. Es ist Godard übrigens, der Belmondo hier die Stimme leiht, ein nörgeliger Notbehelf, aber sicher nicht ohne Hintersinn.

Von Anfang an war das Erzählen selbst thematisiert in diesen Filmen, und über die Nouvelle Vague ist die Reflexion als Element des Erzählens im Kino uns ganz vertraut geworden. Man kann nach einigen Jahren nicht mehr unterscheiden, woher die Erzählmechanismen dieser Filme kommen, die dann schnell Manierismen werden, ob sie persönliche Entscheidungen waren oder der neuen Produktionswirklichkeit geschuldet sind, den knappen Budgets, dem Dreh auf der Straße, dem Widerwillen gegen den Glamour des Filmbetriebs, gegen die Fake-Kultur und ihre falschen Sujets, der Liebe zum amerikanischen B-Kino und der Treue dem Neorealismus gegenüber – dem von Rossellini, den er in seinen Melodramen entwickelte, die verfemt waren bei der bürgerlichen Kritik.

Drei Sekunden für Fuller

Der Rhythmus kam von außen bei den Jungen der Nouvelle Vague, das war schon in der Zeit so, als sie bei den *Cahiers* übers Kino schrieben. Ihre Kritiken haben die Geschichten der Filme deformiert, auf wenige wesentliche Momente komprimiert. Auf drei Sekunden hat Godard Fullers FORTY GUNS (Vierzig Gewehre, 1957) reduziert, so wie er dann in BANDE À PART (Die Außenseiterbande, 1964) seine jungen Leute ein Wettrennen durch den Louvre machen ließ. Das moderne Kinoerzählen wird durch den Taktschlag des Metronoms bestimmt, es regiert das Gesetz der Serie, der Aneinanderreihung. Seine schöne Kritik zu Truffauts LA SIRÈNE DU MISSISSIPPI beendete Wim Wenders im Februar 1970 ganz lakonisch: »Von den 6 Düsenmaschinen, die in der Woche die Insel Réunion anfliegen, sind 4 vom Typ Boeing, 2 vom Typ Douglas, und 1 fliegt in CinemaScope, obwohl sie nur im Normalformat aufgenommen ist.«[2]

Der Übergangscharakter dieser Filme, das ist auch eine Reflexion der Situation der Filmemacher selbst, die hin- und hergerissen wurden zwischen dem Dokumentarischen und dem Fiktiven, zwischen Rebellion und Tradition. Und arbeiten mussten unter der Drohung des Epigonalen. Originalität, die Suche nach neuen Geschichten, war unter diesen Umständen wirklich das allerkleinste Problem.

Die kühnsten neuen Erzählformen, den stärksten Geist der Subversion findet man deshalb an den Rändern der Bewegung, bei den Mitläufern, den Anderen vom linken Seineufer. Die überaus besonnene erzählerische Arithmetik von Resnais, in HIROSHIMA MON AMOUR (1959) und MURIEL (Muriel oder Die Zeit der Wiederkehr, 1963), der absolute Wille zum

À BOUT DE SOUFFLE

Melodram bei Jacques Demy, in LES PARAPLUIES DE CHERBOURG (Die Regenschirme von Cherbourg, 1964) und LES DEMOISELLES DE ROCHEFORT (Die Mädchen von Rochefort, 1967), die erschreckenden Spiele mit der Zeit, die Chris Marker inszeniert, in LA JETÉE (1962), der Fanatismus fürs kleinste Detail bei Agnès Varda. Und dann, mit einer zeitlichen Verschiebung, Jean Eustache, der sich bei den *Cahiers du cinéma* einnistet genau in dem Moment, da die alten *Cahiers*-Schreiber ihre ersten Filme machen, der sich außerhalb des Filmbetriebs platziert und ganz am Rande der Nouvelle Vague, die ihn aufmischen wollte. Er hat dann das, was am Ursprung der Nouvelle Vague steht, so radikal in seinen Filmen durchgespielt wie keiner sonst und dabei gezeigt, wie schnell man damit ans Ende des Erzählens kommt. LA MAMAN ET LA PUTAIN (Die Mama und die Hure, 1973) ist die Quintessenz der Nouvelle Vague und des Mai 68, der Film macht all das, was Truffaut und Rohmer sich nie trauten, und verlässt doch nie die Linie, die die Nouvelle Vague vorgibt. Sein Film, sagt Eustache, erzählt von Liebenden und von der Gesellschaft, die diese Liebe zerstört, so wie es vor ihm Fritz Lang in YOU ONLY LIVE ONCE (Ge-

L'ANNÉE DERNIÈRE À MARIENBAD

MURIEL OU LE TEMPS D'UN RETOUR

hetzt, 1937), Nicholas Ray in THEY LIVE BY NIGHT (Im Schatten der Nacht, 1948) und Godard in À BOUT DE SOUFFLE erzählt haben. Nur Rivette kommt Eustache noch nahe in seiner eigenen Radikalität, mit seinem OUT 1. Man müsste genau studieren, wie weit Eustaches Film noch zur Nouvelle Vague gehört, in welcher Richtung er sie transzendiert und wie er, am Ende, womöglich die ganze Bewegung obsolet gemacht hat.

Man wird sehen

In Rivette hat die Liebe zu Balzac, aus der die Nouvelle Vague so viel Kraft und Originalität bezieht, ihren schönsten Repräsentanten gefunden – zum dritten Mal verfilmt er in OUT 1 einen seiner Romane, »Die Herzogin von Langeais«, das zweite Stück der »Geschichte der Dreizehn«, aber auch seine anderen Filme, die späten zumal, VA SAVOIR (2001) oder HISTOIRE DE JULIEN ET MARIE (2003), sind durch und durch balzacianisch. So wie Balzac mit der »Comédie Humaine« den Roman an seine Grenzen geführt hat, hat die Nouvelle Vague das amerikanische Kino reaktiviert. Als Enkel der Kings of the Bs haben sich Godard und Truffaut stolz gesehen, arm und der ihnen zustehenden Mittel beraubt, aber dennoch Königskinder, und von Edgar G. Ulmer oder Joseph H. Lewis haben sie gelernt, wie man die Imagination der Zuschauer herausfordern kann, um ihnen mit einem Null-Budget die aufregendsten Geschichten zu erzählen. Als Erzähler mussten diese Jungen Diebe der Nacht werden, mussten bei den alten Meistern klauen und haben ihnen damit bewiesen, wie modern sie sind. Die frühen Schwarz-Weiß-Filme setzen nahtlos das Genre der Films noirs fort, die zusammengestückelt waren aus obsessiven Versatzstücken der amerikanischen Nachkriegszeit, und selbst der strahlende MÉPRIS ist immer auch eine Geschichte im Rohbau. Alle Kunst ist Bricolage, ist Bastelei, hat Rivette immer wieder gern Claude Lévi-Strauss zitiert, und dann hinzugefügt: Das gilt vor allem fürs Kino, für die Mise en scène. Die Mise en scène ist ein Kampfbegriff, der immer noch für mehr Irritation sorgt als für argumentative Klarheit, vor allem deshalb, weil er sich mit dem des Erzählens reibt. Die Filme der Nouvelle Vague sind Bricolage im besten Sinne des Wortes, und in diesem Sinne ähneln ihre Filme auf faszinierende Weise dem Werk von Renoir und Hitchcock in den Dreißigern, von Vigo und Cocteau und Buñuel, und dem CITIZEN KANE (1941) natürlich, auf den als Schlüsselfilm und als Motivation keiner verzichten mochte.

Down there

Einer der Gründe, warum man sich immer noch so schwer tut mit der Nouvelle Vague, ist die Abhängigkeit von den ästhetischen Kriterien, die uns weiterhin im Kopf herumspuken, vom Gesetz des post hoc ergo propter hoc. Die Erzähllogik, die wir all unseren Seherfahrungen überstülpen, ist heillos von Zeitlichkeit und kausaler Abfolge geprägt. Was die Nouvelle Vague zuallererst sabotierte, war die temporäre Logik der Produktion – weil sie die Impulse zerstörte und dem Kino die Parameter der klassischen Künste und des traditionellen Kunstbetriebs wieder aufzwang. Ein Sujet wird gefunden, ein Drehbuch entwickelt, Szenen werden eingerichtet, eine Montage wird fabriziert. Und irgendwo auf diesem langen und langsamen Voranschreiten des Produktions- und Erzählprozesses nisten die gefürchteten, verhassten Sachen wie Bedeutungshaftigkeit, Symbolik, Parabelhaftigkeit sich ein.

In seinem schönen David Goodis-Buch erzählt Philippe Garnier von Truffauts Intentionen, nach dem PIANISTE, seiner ersten Goodis-Verfilmung, auch den »Burglar« nochmal zu verfilmen – es hatte eine erste Filmversion in den USA von Paul Wendkos gegeben, 1957, sein erster Kinofilm. Garnier lässt den Regisseur zu Wort kommen, der in einer Fernsehsendung von dem Roman schwärmt: Von dem Jungen, der aus der Erziehungsanstalt ausbricht und bei einem alten Mann Zuflucht sucht. Truffaut zitiert seine Lieblingspassage, der Junge fragt den Alten, wer er sei, und der Alte erwidert lakonisch: Ich steige in die Häuser ein, ich bin Einbrecher. Das ist wirklich schön, schreibt Garnier, aber das schönste ist vielleicht, dass es diese Passage gar nicht gibt, weder im Buch noch im Film, jedenfalls nicht so wie hier formuliert. Sie existiert nur in der Erinnerung eines Lesers.

Diese imaginierte Erinnerung, das ist ein irrer Truffaut-Effekt. Die wahre Erinnerungsarbeit, das ist eine Erfahrung der Nouvelle Vague, kommt ohne Erinnerung aus.[3]

Lola und Johnny

Es ist die Geschwindigkeit der Fünfziger, die die Filme der Nouvelle Vague treibt, man spürt die Fiebrigkeit von Max Ophüls und Nicholas Ray in ihnen, eine Unrast, die sich auf subtile psychologische Motivation und überlegene Schauspielerführung nicht mehr einließ. Die neue Vorstellung von der Mise en scène nimmt man am besten ganz wörtlich. Gemeint ist eine Beziehung von Raum und Zeit, Menschen, die sich in ihrer Bewegung definieren und dabei von der Kamera erfasst werden durch minimale Schwenks und Fahrten. Wie Mise en scène die klassische Idee der Narration zersetzt, das kann man in jeder Szene bei Rivette beobachten. JOHNNY GUITAR (Wenn Frauen hassen, 1954) und LOLA MONTÈS (1955), das war das Traumpaar der Nouvelle Vague, man findet seine Schatten und Echos immer wieder bei Truffaut und Godard. Das war gar kein Western, sondern eine Liebesgeschichte, sagt Deneuve zu Belmondo, als sie in LA SIRÈNE DU MISSISSIPPI aus einer Vorführung von JOHNNY GUITAR kommen. Alles in Liebesgeschichten zu verwandeln, vielleicht war das schon das ganze Geheimnis der Nouvelle Vague.

Implosionen

Eine Ungeduld ist hier zu spüren, die dem langen Warten, der Inkubationszeit in der *Cahiers*-Redaktion geschuldet sein mag. Die Geschichten explodieren, schieben sich ineinander. Das Innen und das Außen, das Heldenhafte und die Schurkerei, die Intimität und die Politik, das Erhabene und das Ordinäre. Es gibt einen Autor des 20. Jahrhunderts, der diesen Wirbel der Perspektiven und Meinungen ganz beispielhaft in seinem Werk zelebriert und durchgehalten hat, und Godard hat ihm immer wieder Tribut gezollt in seinen Texten und später in seinen Filmen, das ist Céline. In seinem Stil findet man das filmische Möbiusband zwischen Wirklichkeit und Imagination ausgeprägt, das das Kino der Nouvelle Vague propagierte. »Wieder sind wir allein. All das ist so träge, so schwer, so traurig ... Bald werde ich alt sein. Und es wird bald zu Ende sein. So viele Leute sind in mein Zimmer gekomen. Sie haben allerhand gesagt. Wichtiges haben sie mir nicht gesagt. Sie sind fortgegangen. Sie sind alt, elend und träge geworden, jeder in einem Winkel der Welt. Gestern um acht Uhr ist Frau Bérenge, die Hausmeisterin, gestorben. Ein starker Sturm erhebt sich in der Nacht. Ganz oben, wo wir sind, zittert das Haus. Sie war eine liebe, nette und treue Freundin ... Ich wünschte, daß der Sturm einen noch viel größeren Krach machte, daß die Dächer einstürzten, daß der Frühling nie wiederkehrte, daß unser Haus verschwände. Frau Bérenge wußte, daß aller Kummer aus den Briefen kommt. Ich weiß nicht mehr, wem ich schreiben soll ... All diese Leute sind so fern ... Sie haben ihre Seele gewechselt, um besser zu verraten, besser zu vergessen, immer von was anderem zu reden ...« (Louis-Ferdinand Céline: »Tod auf Kredit«)

Der Tod der Bücher. Es ist ein Pessimismus, der aus diesen Romanen und Bekenntnissen spricht, aber am Ende war auch die Nouvelle Vague durch und durch pessimistisch motiviert. Die Invektiven gegen das *Cinéma de qualité* sind nur die Spitze eines Eisbergs, sie verraten einen grundlegenden Überdruss an einer Gesellschaft, die politisch, moralisch, ästhetisch abgestorben ist. Schon die ersten Filme der Nouvelle Vague nehmen sich aktuelle politische Themen vor, Godards PETIT SOLDAT (Der kleine Soldat, 1963), Chabrols LES COUSINS (Schrei, wenn du kannst, 1959), Rivettes LA RELIGIEUSE (Die Nonne, 1966). Sogar JULES ET JIM kommt um den Weltkrieg nicht herum, lässt die Freunde in den Krieg ziehen, zeigt die Zerstörung in den Seelen, die der Krieg anrichtet. Bald wird Truffaut von einer anderen faschistischen Gesellschaft träumen, der in Bradburys Roman »Fahrenheit 451«, den er brennend zu verfilmen wünscht. Was für eine wunderbare Entfremdung, ein Buchmensch zu werden und der Seelenlosigkeit der modernen Gesellschaft mit der freiwilligen Reduktion auf ein einziges Buch zu begegnen. Was für ein schaurig-faszinierender Opfertod, wenn die Kamera den Büchern beim Sterben zusieht.

Wir sind gekommen, dich auf den Tod vorzubereiten, sagt Antonin Artaud, in einer Szene in Dreyers JEANNE D'ARC (Die Passion der Jungfrau von Orléans, 1928). Anna Karina sieht sich den Film an in einer Szene in VIVRE SA VIE (Die Geschichte der Nana S., 1962). Es ist auch ihr Tod, von dem hier die Rede ist, ihre Passion, wenn sie auf die Straße gejagt, zur Prostituierten gemacht wird, schließlich im Rinnstein verendet, ein Tod, der noch einmal den von Belmondo in À BOUT DE SOUFFLE durchspielt.

Eine Sehnsucht nach den Anfängen ist in dieser Szene zu spüren, nach dem Stummfilm und seiner einzigartigen Einfachheit. Nach einem Kino, das sich gerade zu artikulieren lernte und mit seinen Techniken, seinen Elementen bedächtig und ein wenig ungeschickt hantierte. Aber all das Rohe, das Archaische, das Ungelenke gewinnt eine eigene Schönheit, eine heute unmögliche Natürlichkeit. Und jeder Schnitt, jede Montage war eine Erfindung, ein Stück Neuland. Wir sind die ersten Filmemacher, denen bewusst ist, dass es Griffith gegeben hat, hat Godard erklärt. In einem seiner schönsten Texte hat er uns den Kopf gewaschen wegen unserer blöden Unterscheidung zwischen Lumière und Méliès – hier Dokument, dort Inszenierung. Der Rekurs aufs Kino der Stummfilmzeit wischt all den bürgerlichen Ballast der Jahrzehnte dazwischen weg, stellt einen paradiesischen Zustand wieder her, in dem Erzählen ein

Handwerk war, genau in dem Sinn, wie es Benjamin immer wieder dargestellt hatte. Wenn Truffaut die Irisblende einsetzt, in L'ENFANT SAUVAGE (Der Wolfsjunge, 1970) oder in den DEUX ANGLAISES (Zwei Mädchen aus Wales und die Liebe zum Kontinent, 1971), das sind Momente der Keuschheit, des inneren Friedens. Es ist die Freiheit von der Erzählung, ihrer Dramaturgie, ihrer Psychologie, die die Nouvelle Vague im Grunde ersehnt, und sie ist in diesem Verlangen vereint mit Leuten wie Mekas und Warhol. SLEEP (1963) oder EMPIRE (1964), das sind die neuen Texte der Lust, ein neues Erzählen, das vom Augenblick lebt.

Roland Barthes hat dieser Sehnsucht ihr theoretisches Fundament gegeben, als er seinen schönen Text vom stumpfen Sinn schrieb, im Juni 1970 in den *Cahiers* (dt. in der *Filmkritik*, November 1974), zum Ende des Jahrzehnts der Nouvelle Vague.»Das Filmische ist, im Film, was nicht beschrieben werden kann, die Repräsentation, die nicht repräsentiert werden kann. Das Filmische beginnt einfach da, wo die Sprache und die artikulierte Meta-Sprache aufhören. (...) Der dritte Sinn, der sich theoretisch fixieren, aber nicht beschreiben läßt, erscheint so als Übergang von der Sprache zum Bezeichnenden und als Begründung des Filmischen selbst.«

1 Kaja Silverman/ Harun Farocki: Von Godard sprechen. Berlin 1998. S. 47
2 Wim Wenders: Réunion – Blanche Neige. In: W.W.: Emotion Pictures. Frankfurt am Main 1986. S. 59
3 Philippe Garnier: Goodis. La vie en noir et blanc. Biographie. Paris 1984. S. 115

Bernadette Lafont

Die Sicht auf ihren entspannt ausgestreckten, nur mit einem Höschen bekleideten Po: Nach einer Rückwärtsfahrt erweist sie sich als voyeuristischer Blick eines Mannes durchs Schlüsselloch. Die provozierende Aufnahme in Claude Chabrols À DOUBLE TOUR (1959) verrät etwas über das Kino und zugleich etwas über Bernadette Lafont: Ihre weiblichen Reize sind unübersehbar, und sie ist sich dessen bewusst. Ihre Freizügigkeit ist ungezwungen und provokativ zugleich. Sie spielt mit den männlichen Perspektiven auf sie, und die Perspektive der Kamera ist eine davon.

Schon in François Truffauts kurzem Spielfilm LES MISTONS (1958) fällt das auf, wo die 20jährige von pubertierenden Jungs verfolgt, beim Rendezvous mit ihrem Freund gestört und beim Tennisspielen beobachtet wird. Ob auf dem Tenniscourt oder auf dem Fahrrad: Sie bewegt sich auf eine hinreißende Art, durchaus kokett, aber zugleich so, als würde ihr niemand zusehen. Unübersehbar, dass Truffaut von seiner Hauptdarstellerin angetan war, vor allem, wenn einer der Jungs ihren Fahrradsattel küsst. Bernadette Lafonts Filmpartner und Freund Gérard Blain hat das eher missfallen.

Claude Chabrols LE BEAU SERGE (1958) war ihr erster großer Film. Sie spielt Marie, ein Biest, das die Männer um den Verstand bringt; weniger die Unschuld, vielmehr die femme fatale vom Lande. Mit ihren großen Augen blickt sie neugierig in ihre kleine Welt. Es ist ihre Frustration darüber, in der Provinz ihr Dasein fristen zu müssen, das sie alles zerstören lässt, selbst das, was ihr lieb ist. Am Ende, in den Armen eines Mannes, der ihr Vater sein könnte, ist alles Leben aus ihrem Gesicht entwichen. Ein bemitleidenswerter Anblick.

Mit Chabrol arbeitete sie noch zweimal, in LES BONNES FEMMES (1960) und LES GODELUREAUX (1961), erst 1972, nach 14 Jahren, wieder mit Truffaut in UNE BELLE FILLE COMME MOI. Erneut erleben wir eine femme fatale der anderen Art, quirlig und etwas verrückt. Die Männer sind ihr verfallen und nicht gewachsen. Selbst der Soziologe, der sie im Gefängnis für seine Doktorarbeit interviewt, unterliegt ihrem vulgären Charme und landet seinerseits im Knast. In Jean Eustaches LA MAMAN ET LA PUTAIN (1973) ist ihr Rollenname wieder Marie. Jean-Pierre Léaud, Françoise Lebrun und sie liegen lange im Bett und reden über Sex und Liebe. Einmal mehr verschmilzt Bernadette Lafont mit ihrer Rolle, ohne dass eine Schauspieltechnik erkennbar wäre. Sie spielt, wie es ein französischer Filmkritiker einmal ausdrückte: als ginge es um ihr Leben.

Thomas Klein

Bernd Kiefer

Verstrickungen
Jean-Luc Godard

»Ich betrachte mich als einen Essayisten, ich mache Essays in Form von Romanen oder Romane in Form von Essays; nur dass ich sie filme, statt sie zu schreiben.«
(Jean-Luc Godard)[1]

»So spielt das Kino mit sich selbst.«
(Jean-Luc Godard)[2]

In Geschichte(n) verstrickt

HISTOIRE(S) DU CINÉMA (1998), Geschichte des Films, des Kinos, und Geschichten über den Film und das Kino, aber auch Geschichte *und* Film, Film *als* Geschichte: das und vieles mehr ist Jean-Luc Godards monumentales Video-Projekt, mit dem er das Jahrhundert des Kinos elegisch Revue passieren lässt und zugleich sich und seinem Oeuvre in ihm einen Platz zuweist. Zu Beginn von Kapitel zwei (a) der HISTOIRE(S), überschrieben mit »Seul le cinéma«, zeigt die Kamera den Filmkritiker Serge Daney, einen jüngeren Weggenossen, wie er mit Godard dessen Projekt situiert und dabei zurückgeht bis zu dessen Anfängen, bis zur Nouvelle Vague. Die Nouvelle Vague war es, die in der Mitte des 20. Jahrhunderts und zugleich in der Mitte der Geschichte des Kinos stand, die eine Geschichte beerbte, die schon reich war, die wusste, was sie akzeptierte oder verwarf. Daney und Godard sehen die Nouvelle Vague als eine

Bewegung, die überhaupt erst Filmgeschichte konstituierte, indem sie, so Daney, beständig versuchte, »ihre eigenen Vorläufer ausfindig zu machen«, und dabei nicht mehr auf den Kanon der Filmkunst sich beschränkte, sondern auch Ignoriertes, Missachtetes und Verachtetes würdigte. Die Nouvelle Vague *erfindet* in dieser Perspektive gleichsam die wahre Filmgeschichte, da sie Kontinuitäten und Diskontinuitäten ihren einzelnen Werken einschreibt; von ihr fällt der Blick zurück und geht zugleich nach vorne. Nun entfaltet Godard in den HISTOIRE(S) die Geschichte des Films jedoch gerade nicht als eine autonome. Sie entwickelt sich in einem beständigen Wechselspiel mit der politischen Geschichte und mit der Literatur, der Malerei, der Musik; und Godard gestaltet ein Palimpsest von Kinobildern und dokumentarischem Material, von Tönen, Klängen, Sprache, Schrift und Bild. Die Geschichte(n) des Kinos sind aufs engste verstrickt mit der Geschichte des 20. Jahrhunderts, dem »Zeitalter der Extreme« (Eric Hobsbawm), verstrickt mit den ästhetischen Avantgarden und mit den Ideologien und Totalitarismen, und immer wieder mit den Kriegen und den Vernichtungslagern, von denen Godard Bilder in seinen Film einmontiert wie Sprengsätze, die jeden Gedanken an einen Fortschritt in der Geschichte zerstören. Es sind die HISTOIRE(S), die noch einmal deutlich machen, dass Godard zwar die Nouvelle Vague als Geburtsstunde der wahren Filmgeschichtsschreibung sieht, dass er aber darin auch ihren Irrtum erkennt. Schon in seiner »Einführung in eine wahre Geschichte des Kinos« schreibt er im Jahr 1980: »Es stimmt, wir haben unsere Filme anfangs zu sehr, ausschließlich – es war etwas sehr begrenztes, die Neue Welle – mit dem Blick auf die Filmgeschichte gemacht. Und das im Grunde schließlich ohne jeden Bezug, total mit der Subjektivität unserer eigenen Wünsche vermischt, die aus unserer Geschichte kam, die wir ausschließlich im Verhältnis zur Filmgeschichte situierten.«[3] In den HISTOIRE(S), vierzig Jahre nach dem Beginn der Nouvelle Vague, korrigiert Godard definitiv diesen Irrtum einer rein ästhetischen Subjektivität. Er entwirft die Konturen einer Filmgeschichte, in der jedes einzelne Werk immer in heillose Geschichten verstrickt ist, auch dann, wenn seine Bildwelt sich fast hermetisch gegen das Zeitalter der Extreme abzuschließen sucht. In diesen verstrickten Geschichten situiert Godard sein Werk auch in Relation zur Nouvelle Vague als eines, dass sich der Verstrickungen bewusst war, gewiss nicht von Anfang an, aber als eines, dass dieses Bewusstsein fortschreitend entfaltet hat, weil es sich öffnete und reagierte auf jene politischen, sozialen und ästhetischen Wellen der Moderne, die in den letzten fünfzig Jahren anschlugen.

Die Moderne filmen / die Moderne denken

»Das moderne Leben zu beschreiben, besteht für mich nicht darin, wie für gewisse Zeitungen, die Gadgets und das Wirtschaftswachstum zu beschreiben, sondern ich beobachte die Mutationen. (...) Ich schaue mir zu beim Filmen, und man hört mich denken. (...) Man kann alles in einem Film unterbringen. Man muß alles in einem Film unterbringen. Wenn man mich fragt, weshalb ich spreche oder sprechen lasse von Vietnam, von Jacques Anquetil [einem Radrennfahrer], von einer Frau, die ihren Mann betrügt, verweise ich den, der mich fragt, auf seine alltägliche Umgebung. Da gibt es das alles. Und alles existiert da nebeneinander.«[4] So Jean-Luc Godard 1967 in einem Text zu seinem Film DEUX OU TROIS CHOSES QUE JE SAIS D'ELLE (Zwei oder drei Dinge, die ich von ihr weiß, 1967). Die wenigen Sätze enthalten *in nuce* Godards Ästhetik als eine Ethik des Filmemachens: Die Moderne wird begriffen als ein gewaltiger Mutationsprozess, und Godard erforscht dessen Auswirkungen auf die *Conditio humana*. Der Stoff ist ihm die alltägliche, gegenwärtige Wirklichkeit in ihrer unendlichen und heterogenen Vielfalt des Nebeneinander, der Simultanität und Bruchstückhaftigkeit. Doch die Realität wird nicht widergespiegelt, sondern observiert, eben erforscht, zitiert, filmisch konstruiert. Der Autor/Regisseur wählt aus, inszeniert, montiert und reflektiert sein Tun; und die Reflexion über die Kombination der Bilder und Töne wird zum integralen Bestandteil des Films, zum Modus seiner Wahrnehmung, der dem Zuschauer seinerseits Reflexion abverlangt. Mit dieser Neubestimmung des Verhältnisses von Realität und Fiktion, von Dokumentarismus und Spielfilm gilt Godard seit seinem Debüt mit À BOUT DE SOUFFLE (Außer Atem, 1960) nicht nur als der innovativste und radikalste Vertreter der Nouvelle Vague. Mitte der sechziger Jahre erklärt der Schriftsteller Louis Aragon: »Die Kunst heute, das ist Jean-Luc Godard«[5], und der Filmhistoriker Richard Roud nennt Godard 1967 den »bedeutendsten Regisseur seiner Generation« und »einen der wichtigsten Künstler unserer Zeit«[6]. Es waren zwischen 1960 und 1967 insgesamt 15 Filme, die Godard das Prestige eintrugen, der Filmemacher zu sein, der »am deutlichsten den Schritt vom traditionell erzählenden Kino der Realitätsabbildung zu einem modernen Kino vollzog, das sich als Instrument zur Erkundung der Wirklichkeit und als Medium der Kommunikation mit dem Zuschauer betrachtet«[7], Werke wie À BOUT DE SOUFFLE, ein noch romanhafter Essay über Liebe, Verbrechen und Tod, LE PETIT SOLDAT (Der kleine Soldat, 1960/63) und LES CARABINIERS (Die Karabinieri, 1963), Filme über die Verwüstungen des Krieges, VIVRE SA VIE (Die Geschichte der Nana S., 1962) und UNE FEMME MARIÉE (Eine verheiratete Frau, 1964), Studien über die Verdinglichung des weiblichen Körpers und der Kommunikation, BANDE À PART (Die Außenseiterbande, 1964) und PIERROT LE FOU (Elf Uhr nachts, 1965), Balladen über das Abenteuer, jetzt zu leben, jetzt jung zu sein, LE MÉPRIS (Die Verachtung, 1963), die Reflexion über das Filmemachen und das Ende des Kinos in seinen industriellen und finanziellen Verstrickungen, und schließlich WEEK-END (1967), die Allegorie über das Ende der modernen bürgerlichen Gesellschaft und Kultur, über das Ende der Moderne überhaupt. In nicht einmal einem Jahrzehnt schuf Godard ein Œuvre, das gerade wegen seiner enthusiastischen »Zeitgenossen- und Zeugenschaft« als »enzyklopädisch« für den »historischen Moment und Ort«[8] bezeichnet werden kann, als nachgerade klassisch für den Moment der Krise der modernen Industriegesellschaft und der Mutation ihrer Lebensformen. Diese Krisis überträgt Godard im *Modus der Instabilität* in die Form seiner Filme. Es sind »offene Kunstwerke« (Umberto Eco), Filme, die ein dramaturgisches Zentrum immer mehr zugunsten des Peripheren, auch des Zufälligen aufgeben in der suchenden, abschweifenden und nichts beweisenden Essay-Struktur, intermediale Werke in der Art, wie nicht allein die Filmgeschichte häufiger Bezugspunkt ist, sondern wie andere Künste, die Literatur, die Malerei und die Musik, wie auch die Bildwelten der Alltagskultur in die offene Textur integriert werden, wie auch Schrift erneut ins Filmbild eingeht. Dabei *zitiert* Godard nicht eigentlich, wie immer wieder geschrieben und ihm auch vorgeworfen wird. Eher müsste man, im Sinne von Guy Debord, Godards situationistischem Zeitgenossen, von einer »Entwendung« als dem »Gegenteil des Zitats« sprechen, da die *Entwendung*, anders als das Zitat, sich nicht einer Autorität versichert, sondern Teil eines kommunikativen Prozesses wird, der nicht beansprucht, »irgendeine Garantie in sich selbst und endgültig zu besitzen.«[9] Godards Filme in den sechziger Jahren sind in dieser Form Kristallisationen ihrer Gegenwart: Sie mutieren ästhetisch bis ins Poröse, um immer genauer Mutationen der Conditio humana zu erforschen.

Seit fast fünfzig Jahren ist Godards Kino auch ein *Kino wider das Kino*, wider seine den Bestand des Alten erhaltende Kraft, und daher nährt sich sein Ruhm, der längst mythisch wurde. Ende der sechziger, Anfang der siebziger Jahre versuchte Godard bereits, sich als der Star Godard, der Star der Nouvelle Vague, selbst auszulöschen. Er experimentierte in der »Gruppe Dziga Vertov« mit Film als einer Diskursform der Ideologieproduktion, die zu dekonstruieren war, dann mit der neuen Video-Technik, die eine Arbeit jenseits der Filmindustrie ermöglichte. Und Godard korrigierte sich permanent, richtete sein Filmen, Denken und Erforschen der Moderne und ihrer Mutationen stets neu aus. Mit SAUVE QUIT PEUT (LA VIE) (Rette sich, wer kann [das Leben], 1980) kehrte er in die Kinos zurück, mit PRÉNOM CARMEN (Vorname Carmen, 1983) sogar erfolgreich. In NOUVELLE VAGUE (1990), mit dem Star Alain Delon, der nie eine Beziehung zur Nouvelle Vague hatte, bezieht sich Godard auf die Anfänge, denn der Film ist eine Summe seines Werks. In einer völlig offenen Form vielfältigster Bild-, Literatur- und Musik-*Entwendungen* erforscht Godard die Dramen der Moderne und zeigt *Denk-Bilder* der Mutationen: der Unmöglichkeit der Liebe, wenn die Liebenden nicht wissen, wer sie selbst sind, der auf die Körper durchgreifenden Macht des Geldes und der Ohnmacht der Kunst, der Metamorphosen der Gestalten und der Psyche, der Schönheit der Natur und ihrer Unerfahrbarkeit für den Menschen. In NOUVELLE VAGUE offenbart sich durch den Rückbezug auf die Anfänge in Godards Ästhetik und Ethik zugleich deren Kern. Sein Oeuvre birgt seit der Nouvelle Vague eine kleine, eine unsystematische politische Anthropologie. Sie besteht im Beharren auf dem Potential der Wünsche primär körperlicher Wesen nach sinnlichem Glück *gegen* die Wirklichkeit, wie sie ist, selbst und gerade dann, wenn ihnen ihre Körper und ihre Wünsche enteignet werden, wenn ihnen industriell gefertigte Wunschbilder das Eigentliche nehmen und das Uneigentliche als wesentlich vorgaukeln. Gegen jede Verhärtung bringt Godard die Dinge, Sachverhalte, Situationen, Gesten und Worte immer wieder ins Schaukeln und Schwanken, geht er aus aufs *Verhältnis zwischen den Dingen und Situationen, zwischen dem Bild und der Wirklichkeit, zwischen dem Reden und dem Schweigen*. Dafür muss er Platz schaffen, muss er räumen. Godards filmischer *Ikonoklasmus* hat in dieser Anthropologie seinen Grund. Er ist keineswegs der Romantiker, als der er vielfach bezeichnet wurde. Als filmischer Essayist hat er sein Vorbild nicht in Friedrich Schlegel – der

NOUVELLE VAGUE

wurde letztlich katholisch – sondern in Michel de Montaigne, in dessen Überzeugung, dass Subjektivität und beständige Skepsis Erkenntnis tragen, auch im Zeichen des Saturn: der Melancholie.

Der Wunsch, Tabula rasa zu machen mit der Kultur, er ist, neben und mit dem beständigen Interesse an einer ästhetischen politischen Anthropologie, das zweite Interesse Godards: der *Ikonoklasmus*, das Bilderstürmerische. Godard will Platz schaffen für neue, für andere Bilder, die er aber nur im Durchgang durch die alten Bilder finden kann. Deshalb bewahrt er auch und kodiert Bilder und literarische und musikalische Mythen wie den der Carmen von Mérimée und Bizet in PRÉNOM CARMEN um, denn sie bergen ein Wunschpotential, das noch nicht erfüllt ist, dessen Ansprüche noch nicht abgegolten sind. Godard, der Revolutionär der Bilder, ist seit der Nouvelle Vague, wie Serge Daney schreibt, auch ein radikaler *Reformist*: »Die Utopie besteht nicht darin, etwas anderes zu machen, sondern es anders zu machen. Um diesen Preis trägt sie ihre Früchte.«[10]

Das Kino, das mit sich selbst spielt
Jean-Luc Godard wird 1930 in Paris als Sohn einer wohlhabenden bürgerlichen Familie mit schweizer Ursprüngen geboren, seit 1940 ist er französischer und schweizer Staatsbürger. Er studiert Ethnologie in Paris, hört Vorlesungen bei Claude Lévi-Strauss, interessiert sich aber auch für Mathematik und bildende Kunst. Seine wahre Leidenschaft jedoch ist das Kino. Er dreht selbst mehrere Kurzfilme, darunter CHARLOTTE ET VÉRONIQUE, OU TOUS LES GARÇONS S' APPELLENT PATRICK (1957, aufgeführt 1959) und CHARLOTTE ET SON JULES (1958, aufgeführt 1961): beide auf 35mm und erste Etüden über ein neues Lebensgefühl, dessen filmische Darstellung der Kritiker Godard beim französischen Kino lange eingeklagt hatte: »Wir können euch nicht verzeihen, daß ihr nie Mädchen gefilmt habt, so wie wir sie mögen, Jungen, denen wir täglich begegnen (...), kurz, die Dinge so wie sie sind.«[11] TOUS LES GARÇONS, nach einem Skript von Eric Rohmer, beobachtet einen jungen Filou auf der Suche nach einem Flirt, und er beobachtet junge Frauen dabei, dem kokett auszuweichen, und sei es durchs Vorzeigen eines Bandes der Hegelschen »Ästhetik«. Bücher tauchen ohnehin ständig auf; ein erstes Indiz für jene Bibliomanie, die alle Filme Godards durchzieht wie die von Truffaut. Aber die Jugend bewegt sich schon in TOUS LES GARÇONS auch zwischen Picasso-Plakaten und James Dean-Postern, schließt, schon lange vor der Postmoderne, ganz selbstverständlich im Alltag die Kluft zwischen Hochmoderne und populärer Kultur, und die Straßen von Paris filmt Godard ohnehin so, als wäre er mit Baudelaire auf der Suche nach *une passante*. CHARLOTTE ET SON JULES fängt die Atmosphäre eines heißen Sommer-Nachmittags ein, an dem eine junge Frau ihrem Freund den Laufpass geben will. Der redet in seinem Zimmer wild gestikulierend unaufhörlich auf sie ein, wird immer beleidigender, verächtlicher. Sie schweigt lange, dann macht sie sich über ihn lustig; er fleht sie plötzlich an zu bleiben, sie greift sich ihre Zahnbürste und entschwindet im Cabrio ihres neuen Liebhabers. Eine Miniatur, die ebenfalls vorausweist auf Kommendes: auf die Instabilität der Gefühle, die Unmöglichkeit der Liebe in Godards Filmen, auch auf die gelegentliche Misogynie, die nicht immer konterkariert wird dadurch, dass bei Godard die Frauen den Männern für das Geheimnis der Schönheit stehen, das sie, trotz aller Anstrengung und Qual, nicht zu enträtseln vermögen. Beide Kurzfilme sind Studien im Einfangen von Augenblicken, Bewegungen der Figuren, Gesten, von Worten

und Schweigen – durchdrungen von einem Willen, das Jetzt des Lebens, seine absolute Modernität zu erfassen. Für Godard soll das Kino den Zeitgeist atmen, das Leben im Rhythmus der Zeit zeigen und die unmittelbaren Gegebenheiten des Bewusstseins der Moderne: des sich stetig wandelnden Lebens in einer immer dynamischer werdenden Gesellschaft, in der sich überkommene Lebens- und Bewusstseinsformen rapide auflösen und neue noch nicht gefunden sind. Schon 1952 fordert Godard vom Kino, dass es die »Situation des modernen Menschen« zu gestalten habe, dass es sich in die »Gegenwart (...) einmischt«, »um ihr den Stil zu geben, der ihr fehlt«[12], und 1957 definiert er in einem Text über Jean Renoir in den *Cahiers* für sich das Kino: »Kunst und gleichzeitig Theorie der Kunst. Die Schönheit und gleichzeitig das Geheimnis der Schönheit. Das Kino und gleichzeitig die Erklärung des Kinos.«[13] Das war und ist für Godard der Impuls der Nouvelle Vague, und von deren Vertretern blieb keiner so wie er diesem Innovations-Schub der Zeit um 1960 verbunden.

In À BOUT DE SOUFFLE (1960), gewidmet den Monogram Pictures, einer amerikanischen Produktionsgesellschaft, die sich auf B-Filme spezialisiert hatte, spürt Godard dem Zeitgeist auf den Straßen von Paris nach: dem der Atemlosigkeit des sich überstürzenden Lebens. Eine neue Welle der Modernität bricht ins Kino ein: der abrupte Wechsel von einem Stakkato von Impressionen zu Momenten der Ruhe, die nie dauert. Ein gejagter Polizistenmörder, Michel Poiccard, und eine amerikanische Studentin, Patricia Franchini, treffen sich in der Metropole so eruptiv, wie Godard Elemente des Gangsterfilms mit denen der Romanze kollidieren lässt und den Illusions-Charakter seines Filmes kenntlich macht: Poiccard wendet sich direkt an den Zuschauer, Jump Cuts (die Godard allerdings nie zum Stil kultivierte) brechen das Raum- und Zeitkontinuum auf, und lange Plansequenzen (die Kamera führt Raoul Coutard, der von Godard in den sechziger Jahren bevorzugte Mitarbeiter, oft von Hand) isolieren Momente im Fluss stürmischen Lebens, der für Poiccard in den Tod führt. Godard, der nach einem Skript von Truffaut improvisieren ließ, setzt ganz auf die Spontaneität, auf ein Leben im Moment, auf Gefühle und Wünsche nach einem Ausbruch aus der Wirklichkeit. Dabei lädt er die Textur des Films mit Entwendungen aus der Kunst-, Musik- und Filmgeschichte auf, spielt vage auf die politische Situation an, den Algerien-Konflikt, und zeigt immer wieder ein Paris, in dem alles möglich scheint, aber noch nichts Neues möglich ist. Mit Jean-Paul Belmondo hat Godard

À BOUT DE SOUFFLE

À BOUT DE SOUFFLE

einen Protagonisten, der sich der eigenen Identität höchst unsicher ist, der nicht nur mit Pseudonymen lebt, sondern der sein Leben geradezu als Kopie von Film-Vorbildern zubringt. Schon zu Beginn des Films taucht er hinter einer Zeitung auf, wo er offenbar die Comic-Seite studierte. Er ist genau das, was man sieht: ein Mann mit Hut und ewig glimmender Zigarette, der wie Bogart sein möchte und sich am Ende noch im Sterben selbst die Augen schließt. Mit Jean Seberg holt Godard den Star Otto Premingers als sprichwörtlich gewordene *American in Paris* auf die Straßen und in die engen Zimmer der Stadt. Sie ist ein wandelndes Rätsel. Sie ist schön, und wie alle Schönheit bei Godard ist sie unfassbar. Was sie eigentlich in Paris will, ist unerfindlich, weil sie vieles sucht: das Studium an der Sorbonne, einen Job beim Film, bei einer Zeitung, oder einfach nur: nichts. Ihr langes Gespräch mit Belmondo über die Liebe, über Männer und Frauen, während dessen beide sich waschen, im Bett liegen, aufstehen, rauchen, herumalbern und immer wieder in Großaufnahmen isoliert werden, dreht sich im Spiel des Lebens nur um das Spiel, nicht um das Leben, selbst dann, als sie behauptet, schwanger zu sein. Godard ironisiert das uneigentliche Leben so wie den uneigentlichen Tod, den Filmtod, der auch nur gespielt wird. Was Gilles Deleuze in seiner Philosophie des Kinos 1983 als die Merkmale des modernen Films nach 1945 herausstellt[14], es scheint, als wäre es allein À BOUT DE SOUFFLE abgelesen. Da ist die *dispersive* Situation der Handlung, die wirkt wie eine Reihung von Short Stories, da sind die *absichtlich schwachen Verbindungen* der heterogenen Handlungselemente mit der Macht des *Zufalls*, da ist *die Form der »balade«*, der urbanen Wanderung ohne jede aktivistische Struktur, da ist die *Bewusstwerdung der Klischees*, die der Film spielerisch vorführt, und da ist schließlich die *Denunziation des Komplotts* in der Kriminalhandlung, die bis zur Belanglosigkeit unentwirrbar ist.

Doch woher kommt sie genau, diese Modernität in À BOUT DE SOUFFLE, die zu einem Signum der Nouvelle Vague wurde? Sucht man nach zeitgenössischen Entsprechungen, drängen sich die Theorie-Splitter auf, die die Situationisten um Guy Debord ab 1955 publizierten, vor allem ihre *Theorie des Spiels* als permanentes Experimentieren mit Versatzstücken der Kunst und der Alltagswirklichkeit, ihre *Theorie der Entwendung* von Partikeln aus unterschiedlichsten Zusammenhängen und deren Einstellung in eine neue flüssige, offene Kommunikation, vor allem die *Theorie der dérive*, der Abdrift, des Herumschweifens als einem Modus des Erforschens nicht nur von Städten, sondern auch von Gedanken, des Umherschweifens zwischen Ideen und zwischen Bildern[15]. Godard jedenfalls denkt und filmt so ab 1960. Immer essayistischer, spielerischer konstruiert er Situationen und hebt sie auch wieder auf; immer stärker entwendet er Worte und Schriften, Gedanken und Bilder und Töne und verflüssigt sie in seinen neuen Arrangements, und für seine Protagonisten gilt bis in die letzten Filme immer wieder, dass sie umherschweifen zwischen Welten, gar zwischen Leben und Tod, wie in NOUVELLE VAGUE. Man hat für Godard viele intellektuelle Einflüsse aufgewiesen: natürlich den von Bazin, aber auch den Montaignes, Rousseaus, der Romantik, den Hegels, des Existentialismus', den Merleau-Pontys, des Marxismus', des Maoismus' und so fort. Godards Modernismus hat aber vieles gemeinsam mit dem der Situationisten, die fast schon vergessen sind, weil sie sich so in den Alltag der Moderne versenkten, dass sie selbst in ihm abdrifteten.

Die Mutationen erforschen

Schon LE PETIT SOLDAT, 1960 gedreht und aus politischen Gründen erst 1963 vom französischen Staat zur Aufführung freigegeben, zeigt bereits konkret, im Verweis auf den Algerien-Krieg und seine Folgen, welche Mächte das Leben und die Identitäten prägen und auch zerstören. Dabei bezieht Godard die Medien Fotografie und Film selbst in die Reflexion über strukturelle Gewalt ein. Film ist nicht, wie es im Film heißt, »24mal die Wahrheit pro Sekunde«, sondern immer das Konstrukt einer Wirklichkeit und einer Wahrheit, die Lüge sein kann; Wirklichkeit und Wahrheit sind bei Godard (wohl inspiriert von Brecht) stets Effekte der Konstruktion. Was die beiden in irgendeinen Krieg ziehenden Niemande, die alles sein wollen, was die Mächtigen ihnen versprechen, in LES CARABINIERS (1963) erbeuten, sind nur Postkarten, schöne Bilder, Klischees der Welt, die ihnen nie gehören wird. Godards forschende Aufmerksamkeit richtet sich immer stärker auf solche Welt-Bilder, damit auf den Konstrukt-Charakter des Mediums Film selbst. UNE FEMME EST UNE FEMME (Eine Frau ist eine Frau, 1961) beginnt mit dem Insert: »Es war einmal«, wie Buñuel und Dalís surrealistische Provokation UN CHIEN ANDALOU (Ein andalusischer Hund, 1928), und mit den Klängen einer Orchesterprobe im Off, als liefe es auf große Oper hinaus; dann spricht Anna Karina aus dem Off die magischen Worte: »Light, camera, action!« Godard variiert eine erotische Dreier-Konstellation von Anna Karina, Jean-Claude Brialy und Jean-Paul

Belmondo im Stil der Lubitsch-Komödien als einsichtiges Spiel mit dem *design for living*, dem Konstrukt-Charakter des Lebens, in flächigem Techniscope und Eastmancolor und mit Musical-Einlagen, etwa zum Thema Empfängnisverhütung. Die Farben Rot und Blau dominieren diesen exorbitanten Farb-Film derart, dass sie alle Restbestände von Alltäglichkeit absorbieren, wodurch die Emotionen der Protagonisten (Anna Karina will endlich ein Kind, egal von welchem Mann, Brialy und Belmondo wollen eher nicht) vollends künstlich werden. Das Ganze – ein Spiel mit modernen Lebenssituationen in zum Teil langen Plansequenzen, mit erläuternder Schrift im Bild und zudem noch bitter kommentiert von einem Chanson von Charles Aznavour, in dessen Refrain es, schmerzlich an die geliebte Frau adressiert, heißt:»Du lässt Dich gehen, Du lässt Dich gehen« – führt die neue Libertinage der *Swinging Sixties* schon ad absurdum, bevor die überhaupt so recht begonnen haben. Die *dérive*, die Abdrift, das Ausbrechen aus bürgerlichen Konventionen in der intendierten *ménage à trois*, hat zum Ziel die Etablierung einer bürgerlichen Kleinfamilie mit Mutter, Kind und Vater. Die Abdrift wird zur Kreisbewegung, so, wie Brialy auf seinem Rennrad im Wohnzimmer im Kreis fährt. Godard spielt ein perfides Spiel mit den Genre-Versatzstücken: Er führt sie vor und verfugt sie bei aller Offenheit der Konstruktion doch so dicht, dass die Wünsche seiner Figuren sich in ihnen verfangen. Aus der Komödie und dem Musical wird unversehens ein Melodram, in dem keiner wirklich gewinnt. BANDE À PART experimentiert erneut mit Genre-Elementen, denen des Gangsterfilms, der Komödie und des Musicals, wobei nicht allein die Handlung, sondern auch die Charaktere bloße Effekte dieses Experimentierens mit Genres zu sein scheinen, was ein ironischer Off-Kommentar noch verstärkt. Berühmt jedoch ist und bleibt Godards schönste Konstruktion einer Situation im Sinne der Situationisten. Ein Außenseiter-Trio macht die schnellste *dérive* durch den Louvre: In 9 Minuten und 43 Sekunden rasen die drei, alles ignorierend, durch die Kunstgeschichte. Godard ist nicht so ignorant wie seine Protagonisten. Für ihn bilden die Filmgeschichte, die Geschichte der Kunst und der Literatur ein Archiv, aus dem er Bilder, Klänge, Worte und Schriftzüge und die mit ihnen verbundenen Gefühle und Wünsche abrufen kann, doch in einer zunehmend von industrialisierten Medien determinierten Wirklichkeit werden mit den Bildern, Klängen und Worten auch die Wünsche samt den Körpern, die sie hegen, zu Waren, mit denen gehandelt wird, und auch die sinnliche Wahrnehmung wandelt sich allmählich. Sie wird schneller durch immer schnellere Stimuli, auf die sie zu reagieren hat. Sehen wird zum abschweifenden »Sehen in der Bilderwelt« (John Berger). Godard geht anfangs der 1960er Jahre dazu über, nicht mehr nur Zeichen zu entwenden, sondern sie selbst genauer zu erforschen. Dazu hat ihn wohl die Lektüre von Roland Barthes' »Mythologies« (1957; deutsch: »Mythen des Alltags«, 1964) angeregt, die Erweiterung der Semiologie zur Ideologie- und Kulturkritik der Mythen des Alltags, in denen sich Geschichte als naturwüchsig gibt. Der Einfluss dieses Buches von Barthes auf die Nouvelle Vague, vor allem auf Godard und Truffaut, wird von Colin MacCabe besonders betont.[16] Godard jedenfalls wird zum »ersten semiologischen Filmemacher«[17], der, um mit Barthes zu sprechen, das Reale nicht darstellt, sondern es zeichenhaft bedeutet. VIVRE SA VIE (1962) und UNE FEMME MARIÉE (1964) sind filmische Essays über das Phänomen der Entindividualisierung durch Prostitution oder vollkommene Adaption an die Ideale der Konsumgesellschaft. Godard treibt die Zeichen, treibt Bild, Ton, Kommentar und Schrift ineinander und gegeneinander wie die sozialen Kräfte, von denen er erzählt, indem er sie bei der Arbeit zeigt: der Arbeit der Desintegration, der Auflösung von Individuen. VIVRE SA VIE beginnt mit einem Insert als Motto, einem Satz Montaignes: »Man muß sich den anderen hingeben und sich selbst treu bleiben.« Das wäre das Ideal nicht allein der Liebe, und vielleicht ist es gar die schwache *Utopie des wahren Lebens*, die Godards gesamtes Werk grundiert; doch das Schicksal der Hure Nana ist nicht mehr das symbolische der Nana Zolas und längst nicht mehr die mythische PASSION DE JEANNE D'ARC (Die Passion der Jungfrau von Orléans, 1928) von Dreyer, die sich Nana weinend im Kino ansieht. Es ist jetzt alltäglich, profan. Noch bevor sie beginnt, ihr Leben zu leben, ist Nana das Ende vorbestimmt, ist ihr das eigene Leben genommen. Godard gliedert ihren Weg in den gewaltsamen Tod bei einer Schießerei unter Zuhältern in zwölf Episoden, die Nanas Herumschweifen in Paris als verzweifelte *Versuche zu leben* zeigen. Aus dem Off kommentiert eine Stimme das Geschehen durch einen sachlichen Diskurs über die Prostitution: über Gesetze, Verordnungen und Preise. Immer wieder zeigt die Kamera Nana in Großaufnahmen, nähert sich an, zieht sich zurück, als wolle sie in diesem Gesicht erforschen, was in der Frau vorgehen mag. Aber, wie Susan Sontag in ihrem huldigenden Essay über den Film schreibt, gibt es hier kein »psychologisches Innenleben«[18] zu entdecken, sondern nur Zeichen, die zwischen einer Rede und dem Schweigen oszillieren. UNE FEMME MARIÉE bringt die Gegenwart, in der es für niemanden mehr etwas zu hoffen gibt, mit der Vergangenheit in Konjunktion, mit den Verbrechen des Nationalsozialismus. Das Wort Auschwitz ist Charlotte kein Begriff mehr. Sie lebt geschichtslos und selbstvergessen im reinen Moment, inmitten der Zeichen des Konsumparadieses, in dem scheinhaft Wunschbild und Realität so identisch sind, dass sie mit ihrem Ehemann und ihrem Liebhaber nur noch ein Theater der Liebe aufführt. Aller Ernst ist Spiel, ein Spiel um nichts, das Spiel von Körpern, die Godard gerade beim Sex derart fragmentiert zeigt, dass sie selbst zum Element der filmischen Collage werden, in die Schrift-Inserts aus Zeitungen und Reklameschilder so integriert werden wie Beethovens Streich-Quartette und Schlager der Zeit. Godard bedeutet filmisch, wie diese Zeichen mythisch wuchern, mutieren, und wie sie die Realität und die Geschichte allmählich zum Verschwinden bringen. Die Welt ist in der »Gesellschaft des Spektakels« (Guy Debord) aus den Fugen, und Godard kippt denn auch demonstrativ einmal die Kamera um 90 Grad. – Den Regisseur von METROPOLIS (1927), Fritz Lang, lässt Godard in LE MÉPRIS (Die Verachtung, 1963) mit einem amerikanischen Produzenten um seine Verfilmung der »Odyssee« kämpfen, und so groß wie dieser Film im Film war auch Godards Film angelegt. Nach einem Roman Alberto Moravias, produziert mit großem Budget von Carlo Ponti und Joseph E. Levine, vor allem mit dem Star Brigitte Bardot in der Hauptrolle, sollte der Revolutionär Godard der Filmindustrie endlich auch einen kommerziellen Erfolg bescheren, doch von den ersten Bildern und Tönen an ist Godards Verweigerungsgestus spürbar. Das Spiel *Film im Film* wird zur Reflexion über die Zwänge in der Filmindustrie, über die Divergenz von Kunst und Geld, von Leben/Lieben und Kunst, von Schein und Sein. Was im Roman oft plakativ ist, wird von Godard radikal entpsychologisiert. Eine Ehe scheitert, ein Filmprojekt scheitert, die Ehe am Mangel an Gefühlen, der Film am Mangel an Geld. Dass beides zusammenhängt, die Gefühle und das Geld, ist das Wesen der Filmindustrie, die Wunschbilder, Traumbilder liefert, die gekauft werden sollen. Die Produkte der Traumfabrik zeigen jedoch nur die Gefühle, nie das Geld. Godard hingegen zeigt das Geld, wie es sich der Gefühle bemächtigt, indem permanent von ihm die Rede ist; er zeigt es, wie es die Bilder, die er macht (Coutard filmte im Breitwandformat), infiltriert. Szenen mit der nackten Bardot, die er auf Geheiß der Produzenten

PIERROT LE FOU

nachdrehen musste, verfremdet Godard bis zur Abstraktion ihres Körpers; in einzelnen Einstellungen opponiert die Kamera gegen das Gebot der Zurschaustellung bis zum Verschwinden lassen von Figuren in der italienischen Landschaft und im Schatten. LE MÉPRIS beschreibt eine Leere, ein Vakuum zwischen den Menschen und in den Menschen: in der Tat eine moderne Odyssee, eine Irrfahrt des Zueinander, des Miteinander, einen Schiffbruch der Moderne, der mit dem Tod endet. PIERROT LE FOU (Elf Uhr nachts, 1965) ist der Versuch eines Ausbruchs aus der Welt des Scheins zum Sein, der nicht dort endet, sondern ebenfalls im Tod, in einer Explosion des mit Dynamit umwickelten Kopfes von Ferdinand Griffon, der sich von Marianne Renoir in ein Abenteuer des Lebens stürzen lässt, in ein Road Movie, eine Slapstick- oder Screwball-Komödie, eine Romanze, eine Kriminalgeschichte, in ein Abenteuer, das Godard im Erzählen die beiden auch erzählen lässt. Sie erfinden ihr Leben neu, mit dem, was als Rest im Schiffbruch der Moderne bleibt und in immer neuen Wellen angespült wird. Sie erfinden ihr Leben als einen Film in Kapiteln und geraten dabei, und damit auch der Film, durcheinander, von einem Genre ins nächste, von einer Farbe in eine andere, von einer Identität in eine andere. Sie *driften*, vielleicht »bis ans Ende der Nacht«, wie es einmal heißt. Alles, die ganze Welt, das ganze Leben, der ganze Film ist Zeichen: Entwendung und Wiederholung. Die Geschichte(n) von Ferdinand und Marianne sind, wie sie selbst, Kopien: Kopien der Literatur und der Malerei; was sie tun, ist schon getan, was sie sagen, ist meist schon gesagt, geschrieben worden, von Rimbaud bis Céline. Sie spielen Adam und Eva und den Krieg in Vietnam und wissen doch: »Das wirkliche Leben ist woanders!« Wo es ist, bleibt völlig unklar, nur: So, wie das Leben jetzt ist, darf es nicht bleiben. Dabei entfaltet Godard, der Semiologe, in seinem *Deuten von Zeichen der Modernität* gelegentlich einen geradezu schwarzen politischen Humor, etwa wenn Kamera und Montage das ESSO-Signet auf einer Werbe-Tafel auf SS reduzieren. Der Film, erneut *ein Versuch zu leben*, das wahre Leben im falschen aufzuspüren, hat das postmoderne Kino von Jean-Jacques Beineix, Luc Besson und Léos Carax bis David Lynch, Oliver Stone und Quentin Tarantino vermutlich so geprägt wie kein anderer. Doch er ist absolut modern im Sinne Baudelaires, im Sinne Rimbauds und T. S. Eliots: absolut modern in seiner zeichenhaften, versatzstückartigen *Konstruktion einer Gegenwart*, die nur noch als *Kaleidoskop von Fragmenten* erlebt wird.

Vor der Revolution

Nach PIERROT LE FOU entfalten die Filme Godards immer stärker den politischen Subtext, den schon LE PETIT SOLDAT besitzt. Sie beschreiben Zustände, erforschen Mutationen in der Moderne – und sie visieren, zunächst noch tastend, suchend, auch einen politischen Ausweg an. »Dieser Film könnte auch heißen: Die Kinder von Marx und Coca Cola, verstehe wer will«, so ein Schriftzug in MASCULIN FÉMININ (Masculin – Feminin oder: Die Kinder von Marx und Coca-Cola, 1966), und er handelt von der Liebe in den Zeiten von James Bond und Vietnam, von der Oberflächlichkeit der Konsumwelt und der Unfähigkeit, sich für ein Ziel ernsthaft zu engagieren. Wie ein *Ethnologe in der Großstadt* (Godard war beeindruckt von den Filmen Jean Rouchs) beobachtet Godard den sozialen Habitus dieser großen jugendlichen Kinder, die nicht erwachsen werden wollen und können und integriert kaleidoskopisch Elemente ihrer disparaten Wirklichkeit in den Film: Inserts, Film-Schnippsel, Entwendungen aus der Literatur, Wahlkampfreden, Chansons. Mit Jean-Pierre Léaud als Paul hat Godard einen neuen Darsteller und Protagonisten gefunden, der nicht mehr, wie wohl Belmondo, als alter ego fungiert, sondern als menschlicher Seismograph, als Forschungsinstrument zur Inspektion der Wirklichkeit, die sich aber keiner einheitlichen Perspektive mehr fügt. Mit MADE IN USA (1966) folgt ein Film, der erstmals direkt »das Publikum *attackiert*«[19] in der Verweigerung, das ausgestreute Material auch nur andeutungsweise zu ordnen. Alles ist Entwendung, oft beliebiges Fundstück, eine Narration nicht entfernt erkennbar. DEUX OU TROIS CHOSE QUE JE SAIS D'ELLE (Zwei oder drei Dinge, die ich von ihr weiß, 1967) erzählt fragmentarisch-essayistisch über Paris und über vierundzwanzig Stunden im Leben einer Ehefrau und Mutter, die als Gelegenheitsprostituierte arbeitet, und Godard selbst spricht im Off einen Kommentar, der den Film als soziologisches Experiment im Sinne Brechts erscheinen lässt, allerdings mit höchst ungewissem, offenem Ende, immer bezweifelnd, ob die gewählten Bilder und Töne die richtigen sind, ob es richtige überhaupt gibt. Immer stärker treibt Godard nun eine semiologische, eine erkenntnistheoretische Skepsis in seine Filme, die ihre Textur von innen aufbricht, um den Widersprüchen in der Realität Gestalt, Stil zu geben. LA CHINOISE (Die Chinesin, 1967), beeinflusst vom Maoismus, versucht das als *Polit-Rollenspiel* einer Gruppe junger Intellektueller, Angehöriger der »garde rouge«, die Mao und die chinesische Kulturevolution zu Bezugspunkten ihres Lebens machen. Mit LA CHINOISE hat Godard sich endgültig von der Welt seiner ersten Filme und wohl auch endgültig von der Nouvelle Vague als einer Formation entfernt. Er will, aber vielleicht ist es Ironie, »undeutliche Ideen mit klaren Bildern konfrontieren«, wie es eine Schrift an einer Wand meldet; er will als *auteur* keinen Film mehr *vollenden*, sondern einen *Film als Film zeigen*, der dabei ist, *sich selbst zu machen*: als *work in progress* und prinzipiell nicht zu vollenden, weil die sozialen Prozesse, die gefilmt werden, noch kein Ende gefunden haben. WEEK-END (1967) ist dann einer der radikalsten Angriffe auf die Kultur, die es als Film gibt: eine Allegorie des Untergangs der bürgerlichen Welt, die sich selbst zerstört durch völlige Verrohung. Ein bourgeoises Ehepaar bricht im Auto auf, um einen Mord zu begehen und gerät in eine Apokalypse. Die immens mobile, aggressive Moderne, in der schon um Parkplätze mit Waffen gekämpft wird, degeneriert zunächst symbolisch in einem durch einen Unfall verursachten Autostau (den die Kamera in einer berühmt gewordenen Sequenz minutenlang parallel abfährt, wobei

LA CHINOISE

sie interessanterweise nicht durch menschliches Leid, sondern nur durch das surreale Erscheinen eines Lamas im Käfig auf einem Lastwagen kurz irritiert wird und dem gefangenen Tier einen längeren Blick gewährt), dann in der Zerstörung ihrer eigenen Mythen, ihrer eigenen Kultur und Literatur, inklusive des Mythos von 1789. Alles wird zu Schrott und Abfall: die Autos, die Philosophie, die Musik und die Poesie, schließlich sogar die menschlichen Körper, die von Kannibalen zerfleischt werden. Im Untergang lässt Godard die Zeiten und Räume ineinander stürzen zu einer surrealen Phantasmagorie, in der alles noch einmal, jetzt als Farce wiederkehrt: das Befreiungspathos der Französischen Revolution wie das der Psychoanalyse (die gerade in Frankreich durch Jacques Lacan zu einer theoretischen Renaissance kam), und alles ist von der Bourgeoisie völlig trivialisiert worden. Ans Ende der Geschichte(n), ins *posthistoire* führt der Film und ans Ende des Kinos als Teil bürgerlicher Kultur. Für Godard kann offenbar die Schreckensherrschaft der Bourgeoisie, die auch vor der Natur nicht halt macht, nur durch mehr Schrecken überwunden werden, doch ob die Revolutionäre in den USA und in Afrika, die Godard in der Gestalt zweier Müllmänner ihre Programme direkt in die Kamera sprechen lässt, aus dem Müll des Kapitalismus' und Kolonialismus' die neue, befreite Gesellschaft aufbauen können, bleibt offen. WEEK-END endet mit dem Insert: »Ende des Kinos« und ist der Wendepunkt in Godards Karriere, in deren zweiter Phase er das bürgerliche Kino zerstören, den kapitalistisch und kolonialistisch deformierten Blick befreien und zu einer neuen Praxis der Produktion filmischer Zeichen gelangen will, zu einer Praxis, die – und hier berührt sich Godards Intention mit der zeitgenössischer französischer Philosophcn wie Jacques Derrida, Michel Foucault und Gilles Deleuze – die etablierten Repräsentations-Paradigmen der Wirklichkeit unterminieren, dekonstruieren will, um politisch zu intervenieren.

Nouvelle Vague (nach) der Nouvelle Vague

Ein Sprung, über dreiundzwanzig Jahre Filmarbeit Godards hinweg. NOUVELLE VAGUE (1990), das große Spätwerk, ist ein Film der Metamorphosen, nicht allein der Metamorphosen der Nouvelle Vague, auf die Godard, sich stets erneuernd, sich ironisch bezieht. NOUVELLE VAGUE besteht ausschließlich aus Entwendungen, Anspielungen; der Film existiert nur in Partikeln. Er ist vollends in Geschichte(n) verstrickt, in Bilder, Geräusche und Musik. Man ist versucht, an Walter Benjamins im »Passagen«-Werk praktizierte Kunst der Text-Montage zu denken, in der Heterogenstes aus vielen Zeitschichten im »Jetzt der Erkennbarkeit« (Benjamin) blitzartig in eine spannende Konstellation tritt. Godards Film-Bilder sind wieder, so Norbert Grob, wie in den frühen Filmen der 1960er Jahre »gegen alles Hierarchische gewappnet. Sie zeigen das Wirkliche als etwas Indirektes, Vermitteltes, Abgeleitetes. Es sind immer auch Bilder von Bildern.«[20] Eine Frau trifft einen Mann; die beiden verlieben sich, lieben sich vielleicht. Der Mann ertrinkt und kehrt als er selbst, als sein Bruder oder als ein ganz Anderer wieder. »Ich ist ein anderer« (Rimbaud), dieser Kernsatz der modernen Poetik, ist das Prinzip des Films als Spiel mit Wandlungen von Identitäten, das die Kamerabewegungen, die Farbdramaturgie und die Montage mit einer ungeheuren Eleganz vollziehen. Die Bilder der Natur, der Landschaft um den Genfer See, die Bilder von Gesten, etwa sich nähernden Händen, sie werden zu Rätseln einer Schönheit, die den Menschen fremd und gleichgültig gegenübersteht. NOUVELLE VAGUE – lässt »der Titel ironisch auf eine Wandlung hoffen, die sich dann nur als kleiner Amplitudenausschlag im Rhythmus der Dinge herausstellt?«[21]. Im Rhythmus der Bilder und Töne? Was sich über den Menschen und über seine Wünsche noch aussagen lässt, das kann Godard offenbar nur noch im Rück(be)zug auf die Archive der Bilder und Töne ermitteln. NOUVELLE VAGUE und HISTOIRE(S) DU CINÉMA, Godards essayistisches Projekt über das 20. Jahrhundert als in Geschichte(n) verstricktes Jahrhundert des Kinos, sind deshalb große Elegien der Moderne.

1 Jean-Luc Godard in: Tom Milne (Hg.): Godard on Godard. New York 1986. S. 171. Deutsche Übersetzung von mir, B. K.
2 Jean-Luc Godard in: Tom Milne: a.a.O. S. 21. Deutsche Übersetzung von mir, B. K.
3 Jean-Luc Godard: Einführung in eine wahre Geschichte des Kinos. Frankfurt am Main 1984. S. 80
4 Jean-Luc Godard: Godard/Kritiker. Ausgewählte Kritiken und Aufsätze über Film (1950-1970). München 1971. S. 176/77.
5 Louis Aragon in: Ulrich Gregor: Geschichte des Films ab 1960. München 1978. S. 26
6 Richard Roud: Jean-Luc Godard. London 1970. S. 7
7 Ulrich Gregor: Geschichte des Films ab 1960. S. 26
8 Wolfram Schütte: »Aber sind eben diese Worte & Bilder notwendigerweise die richtigen?« Notizen zu einem Porträt. In: Peter W. Jansen/W.S. (Hg.): Jean-Luc Godard. Reihe Film 19. München/Wien 1979. S. 25
9 Guy Debord: Die Gesellschaft des Spektakels. Berlin 1996. S. 176. Es ist interessant, dass es offenbar zwischen Godard und Debords Situationisten nie zu einer Begegnung kam, obgleich Godard sehr hellhörig und aufmerksam verfolgte, was sich intellektuell und politisch in Paris in den 1950/1960er Jahren tat. Dennoch gibt es einige Berührungspunkte mit Debord und den Situationisten, vor allem mit deren Theorie der *dérive*, der Abdrift, des Umherschweifens. Ich komme darauf zurück.
10 Serge Daney: Godards Paradox. In: Serge Daney: Von der Welt ins Bild. Augenzeugenberichte eines Cinéphilen. Berlin 2000. S. 133
11 Jean-Luc Godard: Godard/Kritiker. S. 146
12 Jean-Luc Godard: a.a.O. S. 17/19
13 Jean-Luc Godard: a.a.O. S. 70
14 Vgl. Gilles Deleuze: Das Bewegungs-Bild. Kino 1. Frankfurt am Main 1989. S. 281
15 Vgl. dazu: Der Beginn einer Epoche. Texte der Situationisten. Hamburg 1995; darin vor allem Guy Debords kleine Theorie des Umherschweifens. S. 64 - 67
16 Vgl. Colin MacCabe: Godard. A Portrait of the Artist at Seventy. New York 2003. S. 103 und S. 165
17 John Kreidl: Jean-Luc Godard. Twayne Publishers 1980. S. 32
18 Susan Sontag: Godard's *Vivre sa vie*. In: Susan Sontag : Against Interpretation. London 1994. S. 205
19 Wheeler Winston Dixon: The Films of Jean-Luc Godard. Albany 1997. S. 75. Hervorhebung im Text.
20 Norbert Grob: Zwischen dem Gegebenen: das Mögliche. Kino im Potentialis: Jean-Luc Godards *Nouvelle Vague*. In: Fabienne Liptay / Yvonne Wolf (Hg.): Was stimmt denn jetzt? Unzuverlässiges Erzählen in Literatur und Film. München 2005. S. 287
21 Thomas Koebner: Ein Mann und eine Frau. Anmerkungen zu Jean-Luc Godards Film NOUVELLE VAGUE (1990). In: T.K.: Verwandlungen. Schriften zum Film. Vierte Folge. Remscheid 2004

Anna Karina

Sie war die Ikone der Nouvelle Vague. Aus der Pose des Models tritt sie ein in den wirklichkeitsorientierten Film und in Godards Leben.

In LE PETIT SOLDAT (1960) kommentiert der zur Schablone geronnene Satz: »Film, das ist 24mal pro Sekunde die Wahrheit«, das Filmbild Anna Karinas als Fotomodell. Doch sie kritisiert die Gewalt der fotografischen Vereinnahmung, der sie sich aussetzt, und verleiht dabei dem Film minutenlang lebendige Wahrheit. Keine Kamera vermag die Seele zu bannen, auch wenn der kleine Soldat Bruno/Godard dies behauptet. Doch umgekehrt gelingt es Anna Karina, dem Theoriestück für Momente Seele einzuhauchen. Die Foto-Session, in der die Kamera sie inquisitorisch befragt und sie dies umwendet in eine Infragestellung der Kamera, macht einen fragwürdigen Film denkwürdig. Anna Karina, die immer mit Einsatz des ganzen Körpers spielt, ist trotz der unvergesslichen Tanzszenen keine Körperschauspielerin. Von ihrem ersten Erscheinen an bezwang sie die Kamera – und uns – mit ihrem Blick. Die Großaufnahmen ihres Gesichts in VIVRE SA VIE (1962) verdeutlichen dies – unabweisbar.

Wer Anna Karina in diesen Filmen mit Godards Liebesblick sieht, versteht nicht nur, dass ihre Schönheit bezwingend war, er ahnt auch den Hintergrund eines amour fou und ihr Leiden daran. Das Leben ist nicht Film, und das Bild muss lügen, wo es nichts als die Wahrheit zu sagen scheint – was wiederum Godard verzweifeln ließ.

Der Film BANDE À PART (1964) dokumentiert und fingiert Anna Karina als Außenseiterin übernatürlich natürlich und völlig fiktiv. Anna Karina: ein Zitat, das als Original enttarnt wird. Am Schluss der berühmten Tanzszene in BANDE À PART tanzt sie allein – die individualisierte Anmut, die Verkörperung der Idee, die personifizierte Nouvelle Vague.

Sie ist die Frau, die eine Frau ist, die eine Frau spielt, denn UNE FEMME EST UNE FEMME (1961). Wir hätten dies auch ohne Godard nicht vergessen, aber ohne Anna Karina wäre es uns nicht so halluzinatorisch leicht ins Bewusstsein gehoben worden. In gewisser Weise setzt Godard ihr – und sie sich – nach dem Ende der Ehe und nahe dem Ende des amour fou im Film PIERROT LE FOU (1965), der Summe von Godards romantischen Filmen, ein Denkmal. Ihre entrückte Equilibristik im Handeln und ihr die seiltänzerische Bewegung konterkarierender Unendlichkeitsblick halten den Film in der Balance zwischen Theorie und Leben.

Josef Rauscher

Manuela Reichart

Es ging fast immer um die Liebe[1]
Masculin-Féminin in der Nouvelle Vague

»Es ist unmöglich, von morgens bis abends miteinander zu schlafen. Deshalb hat man die Arbeit erfunden.«[2]

Selbstverständlich wollte er keinen Film über die Atombombe, keinen über die Folgen des Grauens drehen, er macht überhaupt niemals einen Film *über* ein Thema, natürlich auch nicht über die Liebe. HIROSHIMA MON AMOUR (1959) sollte eigentlich ein Dokumentarfilm nach einem Drehbuch von Françoise Sagan werden. Die junge Bestseller-Autorin sagte ab, Alain Resnais verpflichtete Marguerite Duras, die – wie immer – von der Wiederholung und dem Vergessen, also von der Liebe erzählte. 1958 filmt Resnais in Japan, die Aufnahmen in Frankreich wurden nach seinen Anweisungen von Sacha Vierny gedreht.»… zwei nackte Schultern. Man sieht nur diese zwei Schultern, sie sind vom Körper ›abgeschnitten‹ in Höhe des Kopfes und der Hüften. Diese beiden Schultern umschlingen einander, es ist als wären sie in Asche getaucht, in Regen, in Tau oder Schweiß – wie immer man will.«[3]

Die Fremdheit, die allein durch das Begehren überwunden wird, der Körper, der den Verstand außer Kraft setzt, die Lust und der Schmerz, die Neugierde und der Abschied, die Träume und die Erinnerung: In diesem Film scheinen alle Liebesmotive versammelt, ein neuer Blick wird auf das ewig gleiche Gefühl gerichtet. Die Stimmen und die Körper sind einer fragmentarischen Bild- und Liebesstruktur unterworfen. Erst langsam setzt sich für die Zuschauer das Liebesmosaik zusammen.»Es ist so etwas wie eine lange Kamerafahrt in den Wolken des Unbewussten, um zu den zwei Personen zu gelangen; ein Mittel, ein sensorielles Klima zu schaffen, das möglicherweise dann erlaubt, dieser Liebesgeschichte einen neuen Akzent, eine andere Resonanz zu geben.«[4] Ein letzter Abend, eine flüchtige Affäre. Die französische Schauspielerin, die in Hiroshima in einem Film über den Frieden mitspielt, hat die Nacht mit der japanischen Zufallsbekanntschaft verbracht. Später wird sie sagen, sie liebe die Männer, und dass sie nicht häufig, aber ab und zu sich auf ein solches Abenteuer einlasse. Sie ist keine Frau unter Einfluss, auch keine, die genommen wird. Sie weiß, was sie will, sie hat gebrochen mit den Moralvorstellungen ihrer Eltern und Großeltern. Und doch fürchtet sie sich vor der Liebe, ist ihr ausgesetzt, wie es alle Frauen vor ihr waren – im Kino und im Leben. Und alle Männer. Von der Liebe erzählen, das heißt immer auch, von einer anderen, einer alten, einer vergangenen Liebe berichten.

In HIROSHIMA MON AMOUR dreht sich alles um die Differenz: Sie erinnert sich, er negiert, wovon sie erzählt. Dass es dabei um die nachgelassenen Bilder des Schreckens geht, um die Behauptung einer lächerlichen touristischen Wahrheit, das ist nur die eine Variante des Verstehens; es gibt eine Wahrheit, die hinter den Sätzen und Bildern vom Museum und vom Krankenhaus zu hören ist: Die Frau sieht, was er nicht sieht. Sie erinnert sich an eine Geschichte, er an eine andere: eine ganz gewöhnliche Paar-Erfahrung. Die Fremdheit nimmt nicht ab, sie nimmt zu mit der Gleichheit der Geschlechter. Nichts sollte nach dem Krieg, nach Hiroshima mehr sein wie vorher, aber das Wesen der Liebe blieb gleich. Zwei fremde Menschen werden für 24 Stunden zu Vertrauten, sie lieben sich, sie verbringen Zeit miteinander, sie hängen dem ewig gleichen Traum von der Dauer an – und wissen doch, dass sie einander vergessen werden, dass die Gesichter ihrer zukünftigen Geliebten auch diese Liebe übermalen werden. Sie sagt »nein«, als er sie um ein weiteres Treffen bittet – und geht mit ihm. Sie ist eine der neuen, der selbstbewusst-modernen, empfindsamen und sinnlichen Frauen, die fortan für das Kino der Nouvelle Vague bestimmend sein werden. Sie erzählt ihm von ihrer großen Liebe während des Krieges. Indem sie von dem deutschen Soldaten spricht, wird diese große erste Liebe zur Geschichte, zum immer wiederkehrenden Muster.

Alain Resnais und Marguerite Duras, die während der Arbeit unablässig über das Skript sprachen, erzählen von der Liebe und vom Krieg, von

HIROSHIMA MON AMOUR

HIROSHIMA MON AMOUR

der Unaufhörlichkeit und der Unmöglichkeit, von der ewigen Ambivalenz. Die Französin sagt: Du tötest mich, und Du tust mir gut. Zwischen diesen beiden Wahrheiten verbringt sie einen Tag mit dem japanischen Mann, aber es könnte auch ein ganzes Leben sein. Es gibt kein glückliches Ende. Auch wenn sie ihr Flugzeug nicht nähme, würde die Leidenschaft nicht dauern.

Im gleichen Jahr wie Resnais dreht Louis Malle LES AMANTS (Die Liebenden, 1958). Das Drehbuch schreibt er mit Louise de Vilmorin, die ein konventionelles Ende vorsieht: Eine junge Ehefrau kehrt nach Liebesprüfungen zu ihrem Mann zurück. Der Regisseur, der in L'ASCENSEUR POUR L'ÉCHAFAUD (Fahrstuhl zum Schafott, 1957) die Ehebrecherin noch bestraft, entscheidet sich jedoch in seinem zweiten Spielfilm spontan gegen das Skript: »Ich endete damit, dass die beiden Liebenden gehen, dass alles schwierig war, sich aber gelohnt hat.«[5]

Aus einer ermüdeten Ehe mit einem wohlhabenden Provinz-Zeitungsverleger rettet sich die Frau in Pariser Vergnügungen. Sie besucht dort regelmäßig eine geschwätzige Freundin, ist fasziniert von den gesellschaftlichen Vergnügungen der Großstadt, hat eine Affäre mit einem attraktiven Polospieler. Der Ehebruch als konventionelles Amüsement. Der Mann ist ein rationaler Provinz-Bourgeois, der Liebhaber ein leichtfüßiger Großstadt-Playboy. Keiner von beiden ist der Liebe wirklich verfallen. Es muss im Leben noch etwas anderes als Langeweile oder Vergnügungssucht geben. Der junge Archäologe, der ihr bei einer Autopanne hilft, ist nicht wie die Anderen. Nach einem Abendessen, zu dem ihr Mann die Freundin und den Geliebten eingeladen hat, wird Jeanne bewusst, wie oberflächlich ihr Leben und ihre Freunde sind. In dieser Nacht erkennt sie plötzlich in dem jungen Intellektuellen den Mann ihres Lebens. »Aus einem Blick kann die Liebe erwachsen.« Sie lässt ihren Mann und das Kind zurück (in der deutschen Verleihfassung fehlten damals die Szenen mit der kleinen Tochter; eine Mutter durfte nicht blind der Leidenschaft folgen), bricht mit dem großbürgerlichen Leben und gibt sich der Liebe anheim.

LES AMANTS schreibt seine Geschichte in das Gesicht einer Schauspielerin. Die Langeweile, die Unsicherheit, die Lust und die Sehnsucht finden ihren Ausdruck in den Zügen der schönen Jeanne Moreau: »Sie hatte Angst, aber sie bereute nichts.«

Die Liebe braucht Gesichter, und immer sind es in den Filmen der Nouvelle Vague die zerbrechlich wirkender, jedoch stark agierender

Frauen. Louis Malle erklärte Mitte der achtziger Jahre: »Gäbe es jetzt einen Bürgerkrieg zwischen Männern und Frauen, ich würde immer zu den Frauen halten. Falls sie mich akzeptieren.«[6] Wenn der Mann Malle im wirklichen Liebeskrieg schon nicht die Seiten wechseln konnte, in seinen Filmen tut er es von Anfang an mit Passion.

Die Liebe in den Gesichtern der Frauen: Emmanuelle Riva in HIROSHIMA MON AMOUR »erschien […] als das erste Bild einer erwachsenen Frau auf der Leinwand«[7]. In Jeanne Moreaus gleichermaßen jungen wie erfahrenen Zügen in L'ASCENSEUR POUR L'ÉCHAFAUD und in LES AMANTS liest man wie auf einer Liebeslandkarte. Die Kamera lässt sich viel Zeit beim Betrachten. François Truffaut wird auf dem Gesicht, dem Mund dieser Schauspielerin später ein ganzes Liebesuniversum aufbauen.

Natürlich ist das nicht neu, die Liebe zu den schönen Frauen, der innige Kamerablick, der die Schauspielerin ins Zentrum rückt: Darauf baut das Kino von Beginn an. Trotzdem sind die Akteurinnen in den frühen Filmen der Nouvelle Vague unterschieden von ihren glamourösen Hollywood-Kolleginnen jener Jahre, den realistischen Italienerinnen, den bravhübschen deutschen Kolleginnen (mit Ausnahme junger Schauspielerinnen wie etwa Karin Baal und Barbara Frey, die in den Filmen von Georg Tressler das Gefühl der Straße auf die Leinwand bringen). Es sind moderne, selbstbewusste Frauen, die um ihre Rolle im Liebeskampf wissen, die realistisch sind und doch die Liebessehnsucht in ihren Zügen tragen, junge erwachsene Frauen wie Bernadette Lafont, Anna Karina, Jean Seberg.

In den Filmen von Eric Rohmer sind es immer wieder neue Gesichter, die unverwechselbar von einer neuen Generation weiblicher Selbstbestimmtheit zeugen. In MA NUIT CHEZ MAUD (Meine Nacht bei Maud, 1969) bleibt vor allem die melancholisch-ironische Titelheldin für immer im Gedächtnis. Françoise Fabian verweigert sich jeder weiblichen Konventionalität, bietet dem Mann ihr Bett an, und als der ihren Körper nicht will, ist sie überhaupt nicht beleidigt. Ihr Gegenpart, die blonde Marie-Christine Barrault, erfüllt jedoch auch nicht das Klischee konventioneller Weiblichkeit. Wenn Jean-Louis Trintignant, der Mann auf der Suche nach der katholischen Frau zum Heiraten, in der Kirche ihren Blick sucht, dann wendet sie sich nicht schüchtern ab, wie man das schon oft gesehen hat, sie kokettiert nicht, spielt nicht mit ihm. Sie schaut ohne Scheu zurück, begegnet ihm offen – und interessiert. Auch sie ist eine dem Mann Ebenbürtige auf der Suche nach dem Liebesglück. Obwohl – wie in allen sechs moralischen Erzählungen – es sich um einen Film in der ersten Person handelt, in dem der »Kommentar das entscheidende Strukturelement«[8] ist, dominiert nicht der männliche Protagonist, im Zentrum stehen die beiden Frauen. Das Eheglück ist am Ende perfekt, wenn auch die Wahl des Mannes zweifelhaft bleibt und der Blick seiner Frau von Wünschen und Geheimnissen erfüllt scheint, die die Vorstellung von der einen, immerwährenden Liebe konterkariert.

Kann die Liebe überhaupt moralisch integer sein? Es geht bei Rohmer um die Frage der Treue: »Treue ist für ihn das wichtigste Problem, egal ob zu einer Frau, einer Idee, einem Dogma oder zur Realität.«[9] In L'AMOUR L'APRÈS-MIDI (Liebe am Nachmittag, 1972) werden wir Zeugen einer permanenten Untreue, obwohl oder gerade weil der Mann der Versuchung widersteht. In der Wirklichkeit hält er stand, aber in seinen Träumen macht er unablässig Schritte vom Weg: »Ich träume, dass ich sie alle besitze, wirklich. Seit einigen Monaten ergehe ich mich, in verlorenen Augenblicken, in einem Traum, der von Tag zu Tag genauer und umfassender wird. Ein kindlicher Traum, und wahrscheinlich beeinflusst durch eine Lektüre meiner Kindheit: ich stelle mir vor, einen kleinen Apparat zu besitzen, den man um den Hals trägt und der eine magnetische Spannung ausstrahlt, imstande, jeden fremden Willen auszulöschen. Ich träume, dass ich seine Kraft auf die Frauen wirken lasse, die an der Terrasse des Cafés vorübergehen […].«[10] Das Abenteuer Liebe als serielle Bestätigung. In der Realität wehrt sich der Träumer gegen die eindeutigen Angebote der Abenteurerin und geht stattdessen mit seiner eigenen Frau ins Bett. Die ist auch kein stilles Ehe-Mäuschen, sondern eine eigenständige, intellektuelle Person, die die Liebe ernst nimmt, aber nicht ins Zentrum ihres Lebens rückt. Andererseits weisen ihre Tränen am Ende vielleicht auch auf Gefühle hin, die keineswegs nur ihrem Mann gelten. Ist die Liebe nicht immer ein Traum? Worauf gründet sich die Treue? Kann man treu sein, obwohl man untreu ist? Kann man sich je sicher sein? Gibt es neue Formen der Liebe und des Beisammenseins? Die jungen französischen Regisseure sind wie alle Liebenden auf der Suche nach dem Unmöglichen. Sie zerlegen die Ingredienzien des Liebes-Traums wie Alain Resnais, behaupten die Kraft des irrationalen Zaubers wie Louis Malle oder setzen auf die Glaubens-Unabdingbarkeit moralischer Märchen wie Eric Rohmer.

Der Liebesfilm der Nouvelle Vague schlechthin bricht dagegen mit all diesen Illusionen, indem er mit allen bekannten Fragen und Motiven spielt. Er erzählt eine leidenschaftliche Geschichte, die im Kino (wie in der Wirklichkeit) eigentlich nicht funktionieren kann: gezeigt werden zwei Männer, »die dieselbe Frau lieben, ohne dass das ›Publikum‹ einer dieser Figuren mehr zugetan wäre als den anderen, da es das Bedürfnis verspürt, sie alle drei gleichermaßen zu lieben.«[11] Im Mittelpunkt von JULES ET JIM (1961) steht eine ungemein moderne Frau, die ein reales Vorbild hat und gleichzeitig in die Literatur eingegangen ist. François Truffaut verfilmt 1961 mit knapp 30 Jahren den Roman eines über 70-jährigen: »Das hat mich wahrscheinlich an dem Buch gereizt, dieses ungeheure Zurückgehen in der Zeit. Jemand, der nach 50 Jahren eine Geschichte erzählt.«[12] Ein großer Traum vom Dauern der Liebe, wenn schon nicht in der Wirklichkeit, dann wenigstens in der Literatur, im Kino, wo der Kampf gegen das Vergessen stets gewonnen werden kann.

Im Roman ist sie eine blonde Traumfrau namens Kathe, im wirklichen Leben hieß sie Helen, war sehr schön und sehr deutsch, im Kino dagegen eine brünette und sehr französische Cathérine. Allein der Mund, das archaische Lächeln einer Göttin, einte wohl alle drei: die Protagonistin im Roman »Jules et Jim« von Henri-Pierre Roché, das reale Vorbild Helen Hessel und Jeanne Moreau. Die beiden Freunde in dieser Dreiecksgeschichte, der kleine rundliche Deutsche und der lange dünne Franzose, teilen bis zur Begegnung mit der unbändigen Frau (die in der Realität 1912 nach Paris kam, um Malerei zu studieren) ihre Geliebten, weil jeder von ihnen »bei derselben Frau etwas anderes (sucht), also gibt es keinen Grund zur Eifersucht«. Aber nun tritt (im Leben, im Roman, im Film) sie in ihr Leben, die lächelt wie die griechische Statue auf der Insel Chalcis. Wenn Oskar Werner als Jules sagt: »Die aber nicht, nicht die«, dann spürt man gleich, dass seine sanfte Liebe für diese Frau nicht reichen wird. Zwischen der Kunst und dem Leben, dem Roman, dem Film und der wahren Liebesgeschichte sind längst alle Fäden gezogen, vor allem seitdem die über tausend Seiten umfassenden Tagebücher von Helen Hessel veröffentlicht wurden. Anders als in der Literatur und im Kino überlebte sie den Ehemann und den Geliebten: Sie starb 1986 mit 96 Jahren. Heute wissen wir fast alles über Jules und Jim und die Frau zwischen ihnen. Sie ist wirklich in die Seine gesprungen, als die beiden Literaten egomanischen Unsinn redeten. Aber im Gedächtnis bleibt für immer, wie Jeanne

JULES ET JIM

Moreau schaut, bevor sie springt, wie sie sich einen Schnurrbart malt, wie sie beim Wettlauf mogelt, wie sie siegesgewiss lächelt. Helen Hessel war von Truffauts Film in besonderer Weise angetan: »Für mich ist dieses Erlebnis doppelt versichernd: Ich habe gelebt, und ein bisschen ungeheuerlich: Ich bin gestorben und lebe weiter«.[13] Roché hatte den Ausgang ihrer Liebesgeschichte geändert, weil er vor allem dem Freund ein Denkmal setzen wollte: Jules überlebt. In Wahrheit starb Franz Hessel 1941.

Als der junge Regisseur den Roman des 1959 gestorbenen Autors verfilmt, kennt niemand mehr Roché, von dem Truffaut schreibt, er sei stets ein Dilettant gewesen, ein großer Frauenliebhaber, vor allem aber ein Neugieriger.

Truffaut, dem Rochés Wiederentdeckung zu danken ist, erzählt im Vorwort zur Neuauflage des Romans »Jules und Jim«, wie die Sekretärin, die die Tagebücher des Autors abtippen sollte, den Auftrag nicht zu Ende führte, weil sie über das Verhalten dieses Don Juan des Zwanzigsten Jahrhunderts zu schockiert gewesen sei: »Hätte ich diese Dame darauf aufmerksam machen sollen, dass Pierre-Henri Roché das Recht, die

Wahrheit zu suchen und die Liebe neu zu erfinden, nicht allein den unverheirateten Männern zugestanden hat und dass seine Figur der Kathe in den letzten Jahren zu einer Heldin der Frauenbewegung geworden ist?«[14]

Ohne Truffauts Film gäbe es das Denkmal nicht. Wenn Jeanne Moreau im Schwarzwaldhaus vom »Tourbillon de la vie« singt: »Je suis une femme fatale«, wenn sie die Brille beiseite legt und im sicheren Glauben an die absolute Kraft der Liebe und der Freiheit mit jedem Mann schläft, den sie will (Helen Hessel schreibt 1920 in ihr Tagebuch: »Ich nehme mir die Männer«), dann war (und ist) hier nicht allein der weibliche Traum von Autonomie und Leidenschaft behauptet, auch jeder Mann möchte von einer Frau wie ihr geliebt werden; und jeder träumt von der großen Männerfreundschaft, deren Liebeslied hier außerdem gesungen wird: »Jim und er hatten sich in zwanzig Jahren kein Leid angetan. Sie hatten Streit immer gütlich aus der Welt geschafft. Gab es das in der Liebe nicht? Jules nahm sich vor, Ausschau zu halten nach einem Paar, das sich gegenseitig achtete wie Jim und er.«

Die Suche nach der immerwährenden Leidenschaft, dem dauernden Glück: Es waren Liebesutopien, die auch die jungen Franzosen umtrieben. Die Hoffnung auf die eine dauernde Liebe, auf die immerwährende Leidenschaft, auf Treue und Grenzüberschreitung. In der Liebe können zum Glück alle Gegensätze sich vereinen. Und im Kino die Träume zur Wirklichkeit werden.

Wenn am Ende von JULES ET JIM Cathérine den Geliebten mit in den Tod nimmt, weil sie keinen normalen Abschied, kein Ende, kein Alter und keine Langeweile erleben und akzeptieren will, dann ist das der große Moment der Absolutheit, aber eben auch das Eingeständnis, das die große Leidenschaft nicht dauern kann. Immerhin sind bis zu diesem Augenblick Jahre vergangen, ein Kind wurde geboren, eines kam nicht auf die Welt, aus jungen Menschen sind Erwachsene geworden.

In Jean Luc Godards À BOUT DE SOUFFLE (Außer Atem, 1959), gedreht nach einem zehnzeiligen Exposé von François Truffaut, kommt der Tod dagegen so schnell, dass das Leben sich in der Liebe nicht beweisen kann. Weil die junge amerikanische Studentin nicht abhängig sein, nicht der Liebe verfallen will, verrät sie den Geliebten. Der wählt zwar den Tod als großen Liebesbeweis, aber damit ist trotzdem jede Liebesutopie am Ende angekommen: Die Liebe geht in Angst und Zweifel unter, bevor sie richtig angefangen hat. Dass das – weniger blutig – in der Wirklichkeit häufig vorkommt, macht die Sache im Kino nicht besser. Andererseits half es dem Regisseur offenbar wenigstens im Alltag der Liebe – wie Truffaut sich erinnert: »Jean-Luc hat ein gewalttätiges Ende gewählt, weil er unglücklicher war als ich. Er war wirklich verzweifelt, als er den Film machte. Er musste unbedingt den Tod filmen, er brauchte dieses Ende.«[15]

1 Vgl. Peter Nau: Erinnerungen an die Nouvelle Vague. In: P.N.: Spätlese. München 1998. S. 32: »Das heißt natürlich auch, daß es in diesen Filmen fast immer um die Liebe und um Liebesgeschichten ging.«
2 Jean Dasté (Dr. Bicard) in Truffauts L'HOMME QUI AIMAIT LES FEMMES (Der Mann, der die Frauen liebte, 1977)
3 Marguerite Duras: Hiroshima mon amour. Frankfurt am Main 1961.
4 Alain Resnais, zit nach Frieda Grafe: Alain Resnais' praktische Filme. In: F.G.: Nur das Kino. Berlin 2003. S. 57
5 Interview mit Louis Malle von Christa Maerker. In: Peter W. Jansen/Wolfram Schütte (Hg.): Louis Malle. München/Wien 1985. S. 41f
6 Louis Malle: a.a.O. S. 51f
7 Frieda Grafe: Zwanzig Jahre später. In: F.G.: a.a.O. S. 109f

8 Frieda Grafe: High Fidelity – Zu den Filmen von Eric Rohmer. In: siehe Anm. 4
9 Frieda Grafe. a.a.O.
10 Eric Rohmer: Meine Nacht bei Maud. Sechs moralische Erzählungen; Ein Filmzyklus – hrsg. v. H.J. Weber. Frankfurt am Main 1987. S. 170f.
11 François Truffaut: Erinnerungen an Henri-Pierre Roché. In: F.T.: JULES UND JIM. Filmprotokoll. München 1981.
12 Interview m. François Truffaut von Peter Michael Ladiges. In: Peter W. Jansen/ Wolfram Schütte (Hg.): François Truffaut. Reihe Film 2. München/Wien 1974.
13 Helen Hessel, zit. nach Barbara Ungeheuer: »Leben ist immer ein Übertreiben«. Die Zeit 13.3.1992.
14 Henri-Pierre Roché: Jules und Jim. Frankfurt am Main. 1983.
15 François Truffaut, zit. nach Peter Nau: a.a.O. S. 32

Jeanne Moreau

In Frankreich scheint die Welt seit den späten Fünfzigern aus den Fugen geraten zu sein. Die Frauen sind lebenshungrig, ungestüm, selbstsüchtig. Widerrede und Gegenbilder haben Hochkonjunktur. Auch die Unschuldigen kennen keine Prinzipien mehr. Eva trägt schwarz.

Das Gefühl der Moderne: das Dissonante, Brüchige, Zerrissene hat eine Frau besonders betont – Jeanne Moreau.

Wie viele Gesichter hat sie entwickelt! Doch selbst in ihren kommerzielleren Arbeiten blieb sie einer Kunst verpflichtet, die verzaubert, ohne mit falschem Schein zu blenden. Manchmal wirkt sie spontan und verführerisch, manchmal mondän und verschlossen. Mal ist sie impulsiv und natürlich, mal boshaft und verrucht. Geheimnisvoll und kompliziert bleibt sie immer. Sie hat etwas Rätselhaftes an sich, das auf einen tieferen Kern verweist, den sie nicht preisgibt. Die Frage, ob sie sich selbst schön finde, verneinte sie früh: »Aber ich habe mich an mich gewöhnt.«

Geboren wurde Jeanne Moreau 1928 in Paris, in einer kleinen Seitenstraße an der Place Blanche. Der Tristesse ihrer alltäglichen Umgebung habe sie, so gestand sie später, mit ständigem Lesen getrotzt. Die Poesie habe ihr ganz andere Welten eröffnet. Wendepunkt ihres Lebens sei schließlich dieser absolute Wunsch gewesen, Schauspielerin zu werden. »Die Leute im Dunkeln, ich im Licht.«

In Louis Malles L'ASCENSEUR POUR L'ÉCHAFAUD (1957) hetzt sie durch die Straßen von Paris, auf der Suche nach ihrem Liebhaber, mit dem sie vereinbart hat, ihren Mann zu töten. In Malles LES AMANTS (1958) langweilt sie sich zwischen ihrem bürgerlichen Ehemann und ihrem eleganten Liebhaber – und steigt dann mit einem Jungen in die Badewanne. In Roger Vadims LES LIAISONS DANGEREUSES (1959) schmiedet sie mit Gérard Philippe eine Intrige nach der anderen, um das Laster über die Tugend triumphieren zu lassen. Dabei hält sie sich nur an ein Prinzip: Sie betrügt ihre jeweiligen Liebhaber nicht, auch nicht mit ihrem Ehemann. Höhepunkt ihrer Tragödien zwischen den Männern ist ihre Cathérine in François Truffauts JULES ET JIM (1962). Da heiratet sie Jules, liebt aber Jim. Und wenn sie, immer auf der Suche nach dem Moment der wahren Empfindung, sich für keinen der beiden entscheiden kann, lässt sie beide stehen und nimmt sich einen dritten. In dem berühmten Rennen über die Eisenbrücke rennt sie los, bevor Jules bis drei gezählt hat. Als Jim ihr dann vorhält, sie habe ja gemogelt, antwortet sie bloß schnippisch: »Aber ich habe doch gewonnen.«

Norbert Grob

Thomas Klein

Über das Augenscheinliche hinaus
Eric Rohmer

Er war der älteste von ihnen, verfasste seine ersten filmtheoretischen Schriften, als er noch an der Schule Literatur lehrte und Truffaut und Godard gerade das Ende ihrer Jugendzeit erlebten. Gemeinsam mit ihnen machte er seine ersten Filme: kurze, über die fünfziger Jahre verteilt, mit LE SIGNE DU LION (Im Zeichen des Löwen) 1959 den ersten abendfüllenden. Erst 1962 kam er in die Kinos. Ein Publikumserfolg war die Geschichte eines Mannes, der aufgrund unglücklicher Umstände auf der Straße landet und, durch Paris streifend, verwahrlost, jedoch nicht. Für Rohmers Freunde von den *Cahiers du cinéma*, die er von 1957 bis 1963 mit herausgab, war sein Film allerdings ein Aushängeschild ihrer Bewegung. Als für Rohmer typisch gilt er bis heute nicht. Was vor allem daran liegt, dass es noch nicht um die Themen geht, die den gebürtigen Jean-Marie Maurice Scherer in den folgenden Jahrzehnten beschäftigen sollte: die Liebe, das Begehren. In einigen seiner Kurzfilme hatte er es schon angedeutet, ausformuliert hat er es zum ersten Mal zwischen 1962 und 1972 in den *Contes moraux* (Moralische Erzählungen), einem sechsteiligen Filmzyklus und damit der eigentümlichen seriellen Form, die Rohmer seitdem kultivieren sollte: Von 1980 bis 1987 folgten *Comédies et proverbes* (Komödien und Sprichwörter) und von 1989 bis 1998 *Contes de quatre saisons* (Erzählungen aus vier Jahreszeiten).

Bei Truffaut wird die Liebe von den Protagonisten aktiv erlebt und erlitten, mit mal heiterem, mal tragischem Verlauf und nicht selten auch mit tragischem Ausgang. Bei Godard finden sich Diskurse über die Liebe, die Protagonisten scheinen sich der Fiktion ihres Handelns und ihrer Gefühle bewusst zu sein, selbst noch im Tod. Rohmers Figuren reflektieren und diskutieren über die Liebe und die damit einhergehenden Optionen des Handelns. Sie vertreten nachdrücklich ihre Positionen, etwa zur richtigen Wahl eines Mannes oder einer Frau, doch sie müssen feststellen, dass ihre Vorstellungen in der Praxis nicht immer umsetzbar sind. Rohmers Œuvre dreht sich um die Liebe und das Begehren im Brennpunkt einer «ethics of choice»[1].

Während Godard, Truffaut und Chabrol mit klassischen Genres experimentierten und damit Hollywood ihre Reverenz erwiesen, hat Rohmer mit seinen Zyklen eigene Wege verfolgt. Die aus zwei *plot lines* bestehende Dramaturgie des klassischen Hollywoodfilms hat er sozusagen um jene gekürzt, die den genrespezifischen Konflikt enthält, um sich ausgiebig mit der zweiten, der »heterosexual romance« zu befassen. Es war Rohmer, der 1957 zusammen mit Chabrol ein Buch über Hitchcock veröffentlichte. Doch in seinen Filmen müsste man lange nach Spuren des Thriller-Meisters suchen. In L'AMOUR L'APRÈS-MIDI (Liebe am Nachmittag, 1972) könnte er davon erzählen, welche dramatischen Auswirkungen ein Seitensprung auf eine Ehe haben kann. Er tut es nicht. Tragisches ereignet sich nie. Selbst im Vergleich mit Truffauts LA PEAU DOUCE (Die süße Haut, 1964) – der Ehemann wird nach seinem Seitensprung von seiner Frau erschossen – fällt die Entdramatisierung auf, für die Rohmers Kino bekannt ist. Rohmer erzählt nicht von spannungsgeladenen Konflikten, die ein Ehebruch mit sich bringt, sondern davon, wie die Möglichkeit eines Seitensprungs in den Gedanken eines Mannes zu reifen beginnt und welche Entscheidung er schließlich trifft.

In seinen Kurzfilmen der fünfziger Jahre befand sich Rohmer, genau wie seine Freunde, noch auf der Suche. Doch einiges verweist schon auf seine späteren Filme. In dem bereits 1951 entstandenen PRÉSENTATION OU CHARLOTTE ET SON STEAK begleitet ein Mann eine Frau nach Hause, wo sie sich eilig ein Steak brät, weil sie noch verabredet ist. Er will sie küssen, sie will essen. Als er (absichtlich?) den Eindruck erweckt, ihm sei kalt, wird sie fürsorglich. Das ist die Gelegenheit. Er küsst sie. Weg muss sie dennoch. Es ist die eigentümliche, fast in die Absurdität übergehende Kombination der Art und Weise, wie die beiden über weibliche Schönheit und darüber, welche Wahl der Mann treffen sollte (in seinem Leben gibt es eine weitere Frau, Clara), sprechen und welches Handeln dies nach sich zöge, die Rohmers *Contes moraux* antizipiert. Unvergesslich etwa der Dialog, als er sie geküsst hat und sie ihren Kopf auf seine Schulter legt: Er: »Wissen Sie nicht, dass ich Sie sehr liebe?« Sie: »Sie lügen.« Er: »Schon möglich. Aber ich werde Ihnen treu sein.«

Bereits 1948 schrieb Rohmer in *Les Temps modernes*: »Die Kunst des Regisseurs besteht nicht darin, uns vergessen zu lassen, was die Figuren sprechen, sondern im Gegenteil, ihre Sätze unvergesslich zu machen«[2]. Die große Bedeutung, die Dialog und – in den *Contes moraux* – die Erzählerstimme in seinen Filmen einnehmen werden, hier ist sie bereits theoretisch angelegt. Rohmers Figuren sind erstaunlich eloquent. Ob als Erzählerstimme oder im Dialog: Sie sprechen in einem Maß über die Beziehungen zwischen Mann und Frau, als gelte es, nichts ungesagt zu lassen. Das ist anstrengend, weil es ungewohnt ist. Wer Rohmers Kino deswegen nicht mag, wird auch keine unvergesslichen Sätze finden. »Figuren existieren, wenn sie anfangen zu reden«, sagte er 1993 in einem Interview mit Jean Douchet.[3] Der Dialog ist der Handlung nicht untergeordnet. Er ist die eine Seite der Handlung. Die andere wirkt komplementär. Zur Tat zu schreiten, fällt Rohmers Figuren schwer, und was sie tun, entspricht nicht immer ihren Äußerungen. Die Möglichkeiten der Wahl zu diskutieren, fällt ihnen mithin leichter, als eine Wahl zu treffen.

»Um die zweifelhafte Macht des Wortes zu brechen oder zu kontrollieren, muss man dessen Bedeutung trügerisch und nicht, wie man geglaubt hat, indifferent werden lassen«[4]. Die Bedeutung der Worte in seinen Filmen ist trügerisch. Rohmers Dialoge sind auch präzise Studien zu Strategien der mündlichen Kommunikation. Das zeigt sich schon in dem 1957 entstandenen Kurzfilm TOUS LES GARÇONS S'APPELLENT PATRICK OU CHARLOTTE ET VÉRONIQUE, zu dem Rohmer das Drehbuch schrieb, während Godard die Regie übernahm. Angelehnt an die französische Situationskomödie des 18. Jahrhunderts spielt Jean-Claude Brialy einen Verführer, der sich nicht mit einer Frau zufrieden gibt. Hierfür belügt er Charlotte und Véronique, die er nacheinander kennen lernt, nach Strich und Faden. Verabreden kann er sich aber erst für den nächsten Tag. Die beiden miteinander befreundeten Frauen schwärmen zu Hause in ihrer Wohnung von ihrer Eroberung, nicht ahnend, dass sie von ein und demselben Patrick reden. Am folgenden Tag sehen sie ihn zufällig mit einer anderen Frau in der Stadt. Er erschleicht sich mit demselben Trick, den er

LE GENOU DE CLAIRE

schon bei ihnen einsetzte, einen Kuss und steigt mit seiner neuen Eroberung in ein Taxi.

Obwohl Patrick alle Register strategischer Lügen zieht, um Charlotte und Véronique zu erobern, trifft er schließlich eine andere Wahl. In LA COLLECTIONNEUSE (Die Sammlerin, 1966), dem dritten Film der *Contes moraux*, ist Adrien überzeugt, die hübsche Haydée wolle ihn in ihre Männersammlung aufnehmen. Als sie sich zum ersten Mal küssen, scheint seine Vermutung bestätigt. Spontan trifft sie dann doch eine andere Entscheidung und schließt sich einem Ausflug anderer Freunde an. Jérome in LE GENOU DE CLAIRE (Claires Knie, 1970) täuscht sich vielleicht, als er Claires Freund mit einer anderen Frau zusammen sieht und daraus schließt, der junge Mann betrüge seine Freundin. Er teilt Claire seine Beobachtung gezielt in der Absicht mit, sie an der Treue ihres Freundes zweifeln zu lassen, um endlich das von ihm so verehrte Knie zu streicheln. Ihre Wahl beeinflusst das aber nicht. Sie bleibt bei ihrem Freund.

Weil er so viel Wert auf den Dialog legt, gilt Rohmer nicht eben als Visionär des Kinos. Doch das moderne Kino zeichnet sich nicht nur durch eine neue Bildsprache aus. Es eröffnet auch dem Dialog neue Dimensionen: die »freie indirekte Rede« (Gilles Deleuze). Rohmer etwa schafft »Bedingungen, die es der direkten Rede gestatten, die Spuren eines indirekten Ursprungs zu wahren und sich nicht an der ersten Person festmachen zu lassen«[5]. Der indirekte Ursprung kann literarisch sein, er kann aber auch eine Idee oder eine Philosophie sein, die sich im Dialog ausdrückt und damit plastisch wird. Bild und Ton bilden für Rohmer eine Einheit, und »diese Einheit ist in einer Weise rein, die allein das Kino vermag.«[6].

Rohmer bevorzugt den Originalton, doch gelegentlich greift er auf die Nachvertonung zurück, wenn er mit Amateurschauspielern arbeitet. Für die Tonaufnahme vor Ort benutzt er stets die modernste Aufnahmetechnik. Sehr seltenen Gebrauch macht er von Musik, in Form experimenteller Klänge in L'AMOUR L'APRÈS-MIDI, meist aber nur dann, wenn die Tonquelle im Bild zu sehen ist, z.b. in MA NUIT CHEZ MAUD (Meine Nacht bei Maud, 1969) und LE SIGNE DU LION ein Plattenspieler. Es ist ein Merkmal puristischen Filmemachens, das später von *Dogma #95* aufgegriffen werden sollte. Für Rohmer ist es keine dogmatische, sondern eine persönliche Angelegenheit: »Wenn ich Worten zuhöre, möchte ich ausschließlich Worte hören. Und wenn ich Musik anhöre, möchte ich nur Musik hören« (im Interview mit Douchet).

Er würde gerne mal einen Film machen, in dem die Kamera unsichtbar bliebe, meinte Rohmer in dem Interview mit den *Cahiers du cinéma*. Viele seiner Filme kommen diesem Ziel sehr nahe. Seine Kameraleute – oft hat er mit Nestor Almendros gearbeitet – schaffen Bilder, die die Anwesenheit des Aufnahmeapparates vergessen lassen. Doch geschieht dies nicht im Sinne eines Illusionskinos. Rohmer macht die Kamera unsichtbar, damit der Zuschauer sich ganz auf die Figuren, auf ihre Mimik, Gestik und ihre Gespräche konzentrieren kann. Bewegen sie sich, bewegt sich auch die Kamera, meist als Schwenk, manchmal als Fahrt. Besteht die Notwendigkeit, dass die Kamera sich den Personen nähert, bevorzugt Rohmer den Zoom. Sitzen die Personen – und das tun sie oft – zeigt Rohmer sie bevorzugt in der Naheinstellung. Er will ihr Gesicht und ihre Hände sichtbar machen. Die Großaufnahme erlaubt dies nicht. Aus demselben Grund meidet er das Breitwandformat. Das übliche 35mm Format mit einem Seitenverhältnis von 4:3 ist ihm am liebsten, weil es das optimale Format für die Nahaufnahme sei.

In seinem ersten Langfilm ist die Kamera noch auffallend beweglich, weil die Bewegung im Raum (der Stadt Paris) eine wichtige Rolle spielt. Dialog und Erzählerstimme haben noch keine Relevanz. Um das Thema der Liebe geht es auch noch nicht. Der Protagonist in LE SIGNE DU LION scheint zur Liebe gar nicht fähig. Unfähig ist er auch als Musiker. Eigentlich ist der Amerikaner Pierre Wesselrin nicht einmal zum Leben geeignet. Doch er hat Glück: Er erbt eine Menge Geld, weil seine Tante stirbt. Wer vom Glück lebt, muss aber mit dem Unglück rechnen: Er wird wieder enterbt. Worauf es mit ihm schnell bergab geht. Die Kontingenz von Ereignissen ist in Rohmers Werk von enormer Bedeutung, doch in kaum einem anderen Film ereilen Zufälle und Schicksalsschläge den Protagonisten mit einer Intensität wie in LE SIGNE DU LION. Deshalb spielt auch die Astrologie eine wichtige Rolle. Wesselrins Sternzeichen ist der Löwe, und die Sommermonate Juli/August sind die Zeit des Löwen. Die Stärke, die den Löwen auszeichnet, besitzt Wesselrin jedoch nicht. So wenig Energie er für seine Musik aufbringt, so wenig stemmt er sich gegen die Verwahrlosung. Er braucht Hilfe von Außen. Am Punkt absoluter Hoffnungslosigkeit angelangt, erhebt sich die Kamera unerwartet zu einer göttlichen Perspektive – und schickt Wesselrin Hilfe. Sein Cousin kommt in einem Verkehrsunfall ums Leben, worauf er wieder der Erbe ist (wovon er aber noch nichts weiß), und ein Clochard wie aus dem Bilderbuch hilft ihm wieder auf die Beine. Freunde suchen und finden ihn.

Als »allegory of the fall of man, of sin, grace, and salvation"[7] hat Crisp LE SIGNE DU LION bezeichnet. Um einen Sympathieträger handelt es sich bei diesem Mann indes nicht. Er ist unattraktiv und großmäulig. So folgt man als Zuschauer seinem Fall nicht mit Anteilnahme, sondern eher mit soziologischem Interesse: Wie er auf der Straße landet, weil er sein Hotelzimmer nicht mehr bezahlen kann. Wie er umherstreift auf der Suche nach finanzieller Hilfe. Wie er zunehmend verwahrlost. Was Rohmer sehr detailliert und mit fast schmerzhafter Konsequenz vorführt: dem nicht mehr zu entfernenden Ölfleck auf der Anzughose zuerst; dann den Hunger, der ihn zum Diebstahl verführt; schließlich die Sohle, die sich vom Schuh löst, wodurch seine äußere Erscheinung endgültig das Stigma der Armut trägt.

LE SIGNE DU LION zeichnet sich durch einen Stil aus, der »ausgehend vom Dokumentarischen zum Paradigmatischen tendiert.«[8] Dokumentarisch ist die Kamera, wenn sie den durch die Stadt streifenden Wesselrin zeigt. Hier registriert sie vor allem. Doch dann gibt es auch das Paradigmatische: »Die an sich belanglosen Dinge, die Wesselrin auf seinem Irrweg durch die Stadt zustoßen, bekommen eine Tragweite, die sie plötzlich aller Alltäglichkeit entkleidet, so dass man sie sieht wie zum ersten Mal«[9]. Wie zum ersten Mal gesehen, erscheint auch Paris. Viele Bewohner sind in Urlaub, haben ihre Stadt vorübergehend den Touristen überlassen. Deshalb findet sich auch niemand, der Wesselrin helfen könnte. »Die Stadt wird zu dem, was sie ist, wenn die Menschen fehlen: eine bloße Agglomeration von Steinen.«[10] Am Ende des Films verflucht Wesselrin die Steine eines Bauwerks als Dreck. Was hat das zu bedeuten, vor dem Hintergrund, dass sein Name ›Pierre‹, also ›Stein‹, ist? Verflucht er sich selbst, weil er als Amerikaner nie Teil dieser Stadt sein wird?

Was Rohmers ersten Spielfilm und sein nachfolgendes Werk vor allem verbindet, ist das Thema des Zufalls. Es sind zufällige Begegnungen, zufällige Beobachtungen, die etwas in Gang bringen. Die aber auch zu Verstrickungen führen, weil sie falsch interpretiert werden, weil ihnen eine Schicksalhaftigkeit oder eine Notwendigkeit unterlegt wird. In den noch auf 16mm gedrehten ersten beiden Teilen seiner *Contes moraux*, LA BOULANGÈRE DE MONCEAU (Die Bäckerin von Monceau, 1962) und LA CARRIÈRE DE SUZANNE (Die Karriere von Suzanne, 1963), begann Rohmer das Motiv des Zufalls mit den Aspekten der »ethics of choice« und der Liebe zu kombinieren. Die rauen Schwarz-Weiß-Bilder erzeugen ein Alltags-Paris, das an LE SIGNE DU LION erinnert, doch ist die Stadt den Personen nicht mehr feindlich gesinnt und avanciert zum Mitakteur im Spiel um Liebe und Begehren. Im 26 Minuten langen LA BOULANGÈRE DE MONCEAU versucht ein junger Mann, sich mit einer Frau namens Sylvie zu verabreden. Während er durch die Straßen ihres Viertels schlendert, um ihr zu begegnen, gewöhnt er sich an, in einer Boulangerie Gebäck zu kaufen. Er beginnt, sich für die Bäckerin zu interessieren. Als er sich mit ihr verabredet hat, trifft er Sylvie wieder. Spontan entscheidet er sich dafür, mit ihr auszugehen, und kurze Zeit später sind die beiden verheiratet. In dem mit 52 Minuten wesentlich längeren LA CARRIÈRE DE SUZANNE lernen Bertrand (der Erzähler) und sein Freund Guillaume in einem Café Suzanne kennen, die sich sofort auf Guillaume einlässt. Bertrand verfolgt missmutig den wechselhaften Werdegang Suzannes als Guillaumes Freundin. Mal stellt er ihre Gewöhnlichkeit heraus, mal erweckt er den Eindruck, seinerseits an ihr interessiert zu sein. Am Ende wird ihm klar, dass Guillaume nicht nur ein furchtbarer Angeber ist, sondern auch ein Schurke, der die allzu bereitwillig Rechnungen übernehmende Suzanne ausnutzt. Und ihm wird bewusst, dass Suzanne eine andere Frau ist, als er vermutete. Im ersten Film trifft der Erzähler, wie er selbst sagt, mit der Wahl einer bestimmten Frau eine moralische Entscheidung. Und die Karriere von Suzanne schätzt der Erzähler am Ende auch anders ein als zuvor. Seine moralische Haltung zu ihrem Handeln hat sich geändert. Vom Zufall handelt vor allem LA BOULANGÈRE DE MONCEAU. Davon, dass man den Zufall nicht herausfordern kann, und auch davon, dass die Gelegenheiten, die der Zufall bietet, zu nutzen sind.

Die Kontingenz von Begegnungen und die Frage nach der moralischen Entscheidung finden sich am deutlichsten in MA NUIT CHEZ MAUD formuliert. Insofern hat James Monaco Recht, wenn er den letzten Schwarz-Weiß-Film Rohmers als »clearly the centerpiece of the series«[11] bezeichnet. Handlungsort ist nicht mehr Paris, sondern die Provinz, Clermont-Ferrand. Es ist Weihnachtszeit. Jean-Louis begegnet überraschend einem alten Studienfreund, was zur Begegnung mit Maude führt; Françoise, die er in der Kirche sieht und sofort als seine zukünftige Frau auserwählt, trifft er zufällig in der Stadt, nachdem er sich von Maude verabschiedet hat, und am Ende kommt es zur scheinbar zufälligsten Begegnung im Werk Rohmers überhaupt. Die Frage nach der Moral, nach einer »Vernunft des Herzens« wird explizit mit dem Ahnherrn dieser französischen Tradition diskutiert: Blaise Pascal. Wie Rohmer selbst mehrfach in Interviews erläutert hat, sind seine Figuren nicht nach gängigen Vorstellungen moralisch, sondern im Sinne Pascals: Sie denken über Geisteszustände und Gefühle nach, sie analysieren und sprechen die eigene Meinung offen aus. Jean-Louis vertritt Maud gegenüber nachdrücklich eine von Pascal abweichende Position. Je länger er das tut, umso faszinierter ist er von ihr, und das, was er spricht, wird durch sein Handeln relativiert. Begehrt er Maud? Er muss eine Wahl treffen – und sie lautet Françoise. Fünf Jahre später sehen sich Jean-Louis und Maud zufällig am Meer wieder. Beide sind verheiratet, er hat ein Kind, das zusammen mit seiner Frau auch zugegen ist. Es ist eine kurze, fast förmlich ablaufende Begegnung. Sie impliziert jedoch eine enorme Spannung. Denn zum ersten Mal begegnen sich auch die beiden Frauen. Im nachfolgenden, abschließenden Gespräch zwischen Jean-Louis und Françoise wird deutlich,

MA NUIT CHEZ MAUD

dass er von seiner Nacht mit Maud nie erzählt hat. Dies tut er auch jetzt nicht. Das eheliche Glück wird zwar nicht getrübt, doch bleibt ein kleiner Riss, eine kleine Lebenslüge bestehen. Vielleicht geht Frieda Grafe etwas zu weit, wenn sie schreibt: »Die *Moralischen Märchen* sind pure Träume, eine durch realistische Bilder ausgedrückte, absolut imaginäre Wirklichkeit.«[12]. Die *conte* wird eigentlich erst durch den Zusatz *de fées* zum Märchen. Der Schluss von MA NUIT CHEZ MAUD macht aber allemal deutlich, wie Rohmer die dokumentarische, auf Kontingenz abzielende Darstellung von Alltagswirklichkeit kombiniert mit einer dramaturgischen Präzision. Seine Geschichten nähren sich aus der außerfilmischen Realität, doch gesättigt werden sie durch die Auswahl der Situationen und Bilder. Weil in MA NUIT CHEZ MAUD die moralische Entscheidung explizit mit christlichen Glaubensgrundsätzen gekoppelt ist, musste sich Rohmer wiederholt den Vorwurf gefallen lassen, er sei – wie Blaise Pascal – ein Jansenist. Der Bezug zur Pascalschen Philosophie wird in den nachfolgenden Filmen jedoch lockerer. Mit LA COLLECTIONNEUSE, der zwar vor MA NUIT CHEZ MAUD in die Kinos kam, aber den vierten Teil der *Contes moraux*

MA NUIT CHEZ MAUD

bildet, verlegt er Handlungszeit und -ort zudem in den Sommer und ans Meer. Womit er an das Ende von MA NUIT CHEZ MAUD anschließt. Seitdem lässt Rohmer seine Filme – sie sind nun auch in Farbe – immer wieder in Urlaubsorten spielen, wo sich der Reigen um Liebe und Begehren vielfältiger und mithin verzwickter gestaltet, weil hier »Menschen relativ zwanglos zusammentreffen«[13]. Im nachfolgenden LE GENOU DE CLAIRE ist es der Genfer See. Im zweiten Zyklus, in PAULINE À LA PLAGE (Pauline am Strand, 1983), ist es die Atlantikküste, wo auch CONTE D'ÉTÉ (Sommer, 1998) des dritten Zyklus spielt.

LA COLLECTIONNEUSE beginnt mit einer für Rohmer ungewöhnlichen Montage. Der hübsche, braun gebrannte, nur mit einem Bikini bekleidete Körper von Haydée wird durch Detailaufnahmen fragmentarisiert. Eine Provokation des männlichen Begehrens determiniert die Bilder und deren Montage. Sie wird auch Adriens Bild von Haydée bestimmen. Doch dieses Bild ist nur eine Konstruktion. Für Haydée steht die Libertinage weniger im Mittelpunkt des Lebens, als Adrien, aus dessen Perspektive erzählt wird, es wahr haben will. LA COLLECTIONNEUSE erzählt von einer Selbst-

Eric Rohmer | 127

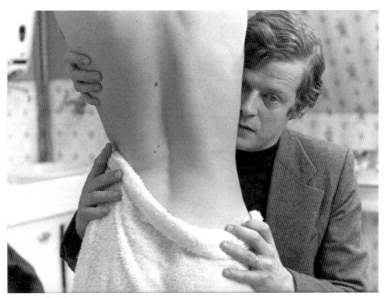

L'AMOUR L'APRÈS-MIDI

täuschung des Erzählers. Er täuscht sich in Haydée, und er täuscht sich, wenn er, am Urlaubsort angekommen, erzählt, er suche die Einsamkeit. Wenn er am Ende allein im Urlaubsdomizil zurück bleibt, kann er das Alleinsein nicht ertragen. Ex negativo wird Thomas Petz' These bestätigt, dass in Rohmers Filmen weniger Liebe gesucht werde als vielmehr das »Gegenteil von Einsamkeit«[14]. Adriens Kommentar ist unzuverlässig. Generell ist den Erzählerkommentaren in den moralischen Geschichten zu misstrauen. Häufig kollidieren sie mit dem Dialog, und Dialog und Kommentar kollidieren zusätzlich mit dem Handeln der Figuren. So entsteht eine Montage aus Bild und Ton, die Freiräume öffnet, die den Zuschauer fordert, weil er genau hinhören und hinsehen muss.

Adrien steht paradigmatisch für die Männer des ersten Zyklus: durchaus interessante, aber allzu kopflastige Intellektuelle, die im Zitieren und Sich-Berufen auf das Theoretische die empirische Wirklichkeit aus den Augen verlieren. Haydée überrepräsentiert die typische Frau der *Contes moraux*: sehr attraktiv, nicht weniger intelligent, aber bodenständiger als die Männer, deren Bild von ihnen sie sich zudem hartnäckig widersetzen.

Im zweiten Zyklus ist das Handeln der männlichen Figuren nachvollziehbarer, ihr Begehren offener. Die Frauen sind mal aufdringlich neugierig, mal enervierend gleichgültig, mal Mitleid erregend unentschlossen. Allzu schnell kann sich ihr Verhalten ändern. Eben noch wurde der Freund des Zimmers verwiesen, da folgt auch schon die Bitte, doch da zu bleiben (Marie Rivière in LA FEMME DE L'AVIATEUR [Die Frau des Fliegers oder Man kann nicht an nichts denken, 1980]). Die noch sehr jungen Frauen, wie Laura in LE GENOU DE CLAIRE oder Pauline in PAULINE À LA PLAGE, sind aufrichtig, klug und halten hartnäckig an ihren romantischen Idealen fest.

In L'AMOUR L'APRÈS-MIDI trifft Fréderic einmal die Frauen der vorherigen Geschichten der *Contes moraux*: merkwürdige, ja traumhafte Begegnungen eines Mannes, der glücklich verheiratet ist und sich doch nach all diesen Frauen zu sehnen scheint. Damit beschloss Rohmer reflexiv seinen ersten Zyklus. Doch den Duktus dieser aus der Nouvelle Vague geborenen Filme setzte er in seinem Werk fort.

1 James Monaco: The New Wave. New York, Sag Harbor. S. 299
2 Eric Rohmer: Für den sprechenden Film. In: E.R.: Der Geschmack des Schönen. Frankfurt am Main 2000. S. 63
3 1994 im Rahmen der von André S. Labarthe und Janine Bazin konzipierten ARTE-Reihe »Cinéma, de notre temps«.
4 E.R.: a.a.O. S. 67
5 Gilles Deleuze: Das Zeit-Bild. Kino 2. Frankfurt am Main 1999. S. 310
6 Eric Rohmer im Gespräch – 1965. Das Alte und das Neue. In: Thomas Petz (Hg.): Verlust der Liebe. Über Eric Rohmer. Arbeitshefte Film 8. Herausgegeben von Klaus Eder. München/Wien 1981. S. 52
7 C.G. Crisp: Eric Rohmer. Realist and Moralist. Bloomington, Indianapolis 1988. S. 24f
8 Frieda Grafe: LE SIGNE DU LION. In: F.G.: Nur das Kino. Berlin 2003. S. 34. Ähnlich sollte

viele Jahre später Léos Carax mit LES AMANTS DU PONT-NEUF vorgehen, in dem auch Referenzen an LE SIGNE DU LION zu finden sind. Er erzählt von obdachlosen Bewohnern der Pont-Neuf, der Brücke, auf der auch Wesselrin eine Nacht verbringt. Der Film beginnt mit schockierenden Dokumentarbildern, um im weiteren Verlauf zu einem reflexiven Film über das Geschichtenerzählen zu werden.
9 Frieda Grafe: a.a.O.
10 Frieda Grafe: a.a.O. S. 33
11 James Monaco: a.a.O. S. 301
12 Frieda Grafe: High Fidelity. In: F.G.: a.a.O. S. 93
13 Thomas Koebner: Eric Rohmer. In: T.K. (Hg.): Filmregisseure. Stuttgart 1999. S. 583
14 Thomas Petz: Wie kühl ist das Kalkül? Zur deutschen Rezeption von Eric Rohmer. In: T.P.: a.a.O. S. 87

Jean Seberg

Als sie erstmals auf der Leinwand auftauchte, in Otto Premingers SAINT JOAN (1957), gab sie die mädchenhafte, von ihrem Auftrag besessene *Heilige Jungfrau*, die ihre Rechte als einzelne gegenüber den etablierten Institutionen einfordert, als glühenden Engel der Gerechtigkeit. Sie macht sichtbar, dass sie allein ihren inneren Eingebungen zu folgen vermag – auch wenn all das, was sie auszeichnet, verdächtig macht und die Mächtigen (in Staat und Kirche) ihr keine Chance lassen.
 Die Präsenz ihres Körpers löscht die Erzählung nahezu aus, d.h. ganz nach außen ist verlegt, was im Inneren brodelt. Jacques Rivette: »Jean Seberg *ist* nicht Jeanne d'Arc, sie spielt, es zu sein; aber (...) jene einzige Einstellung, wo vor der auflodernden Flamme Jean Seberg mit den Händen ihr Gesicht bedeckt, genügt, um den ganzen Rest authentisch zu machen.«
 Ein halbes Jahr später dann: ihre Cécile in Premingers BONJOUR TRISTESSE (1957) – das Porträt einer flatterhaften jungen Frau, die ihr vergnügliches Leben mit ihrem Vater mit List und Intrigen verteidigt, als Dokument der Moderne, als »Meisterwerk des Pastiche« (Rivette), als irritierende Vision über den Wunsch, einfach nur leichtfertig in den Tag hineinzudösen. Jean Seberg gibt dieser Cécile und ihren vergnügungssüchtigen Neigungen (Tag für Tag Sonnenbad, Cocktail-Parties, Tanz, Night Clubs) wie ihrem rachsüchtigen Krieg gegen eine alte Freundin ihres Vaters eine geradezu abenteuerliche Kontur: Wie sie dafür, gekleidet in weißen Hot Pants und einem gestreiften T-Shirt, einmal einen gefährlichen Ziegenpfad entlangrennt, der nahe am Abgrund zum Meer liegt, wie sie sich also in Gefahr begibt, um darin nicht umzukommen, das ist voller Anmut, Charme und Magie.
 Truffaut erkannte in ihrem Spiel sofort, worum es im Kino geht: »hübsche Frauen hübsche Dinge machen lassen!« Und Jean-Luc Godard bot ihr die *leading role* für sein Kino-Debüt À BOUT DE SOUFFLE (1960) an, in dem sie mit Nachdruck bewies, dass wahre Existenz eine Folge von Emotionen/Entscheidungen im Augenblick ist. Bei Godard unterlegt sie ihrer Darstellung zudem eine zweite Ebene, so dass im Ausdruck auch die Bausteine ihres Spiels sichtbar werden – und im Spiel die Effekte ihrer Technik. Eine zweite, geradezu abenteuerliche Aura bildet sich um sie. Sie ist Alltags- *und* Traumgestalt in einem. Der Zauber ihrer Spontaneität war letztlich, wie zu Beginn der Nouvelle Vague die Filme insgesamt: Dokument und Fiktion gleichermaßen.

Norbert Grob

Karl Prümm

Die Welt in einem neuen Licht
Bemerkungen zur Bildlichkeit der Nouvelle Vague

Nach 1955 zeichnete sich im französischen Kino urplötzlich etwas Neues ab. Die Filme veränderten sich. ET DIEU CRÉA LA FEMME (Und ewig lockt das Weib, 1956) von Roger Vadim feierte den weiblichen Körper mit einer bis dahin noch nicht gewagten Sinnlichkeit. Louis Malle zeigte in seinem fürwahr atemberaubenden Regiedebüt L'ASCENSEUR POUR L'ÉCHAFAUD (Fahrstuhl zum Schafott, 1957) eine perfekte Beherrschung des Krimigenres, inspirierte aber zugleich seine Hauptdarsteller zum Ausdruck einer unerhörten emotionalen Radikalität. Das rücksichtslose Liebesbegehren und die grenzenlose Verlassenheit, die Jeanne Moreau in diesem Film verkörperte, sprengten die vertrauten Ausdruckskonventionen. Ebenso gewagt war Claude Chabrols Debüt LE BEAU SERGE (Die Enttäuschten, 1958). Unverhüllt zeigte er die hoffnungslose Tristesse, die emotionale Verrohung und den verzweifelten Alkoholismus in den winterlich erstarrten, menschenverlassenen Dörfern der französischen Provinz. Alle diese Filme deuten auch in ihrer Visualität neue Wege an. Sie sind einem Realismus des Bildes verpflichtet, sie rehabilitieren das natürliche Licht, lassen Dunkelheiten und Verschattungen zu. Als Jeanne Moreau in L'ASCENSEUR POUR L'ÉCHAFAUD sich von ihrem Liebhaber, auf den sie alles gesetzt hat, verlassen glaubt, ziellos durch das nächtliche Paris streift, nur vom Trompetensolo des Miles Davis begleitet, dann wird in diesen gänzlich aus der Erzählung herausfallenden Momenten auf fast schon betörende Weise deutlich, dass das Kino hier neue Bezirke des Ausdrucks erkundet. Dennoch bleiben diese Filme, vor allem auch in ihrer Bildlichkeit, überwiegend den Konventionen des filmischen Erzählens verhaftet. Der Kameramann Henri Decaë, der sie fotografiert hat, ist ein traditionsbewusster Erneuerer. Er ist 1915 geboren und begann 1949 mit LE SILENCE DE LA MER (Das Schweigen des Meeres) von Jean-Pierre Melville seine Karriere als Chefoperateur. Für die jungen, aufstrebenden Regisseure, die nach 1955 neue Wege suchten, war Decaë die ideale Vermittlerfigur. Ihm waren die Prinzipien des klassischen Erzählkinos vertraut, und er kannte auch die konkreten Arbeitsbedingungen der französischen Studios sehr genau. Er garantierte also eine Kontinuität des Handwerks und der stilistischen Sicherheit, war aber auch bereit, sich auf Neues einzulassen. Dies zeigt sich in Louis Malles zweitem Spielfilm LES AMANTS (Die Liebenden) aus dem Jahre 1958, der ganz auf einen Bewegungsfluss der Bilder abgestellt ist. Decaë gewährleistet mit seiner Kameraarbeit diesen Gesamteindruck des Fluiden, des Schwebenden. Ihm gelingt es, die Haltung der beiden so ungleichen Liebenden, des jungen Studenten, der noch nach seiner Lebenslinie sucht und der von der Sterilität der Bourgeoisie so tief enttäuschten Ehefrau, die sich jenseits aller gesellschaftlichen Pflichten und Vorbehalte ganz der gegenseitigen Anziehung hingeben, zum Gestus des ganzen Films zu machen. In einer Sommernacht finden die beiden zueinander. Wie Schlafwandler folgen sie dem Klang der Musik und dem Licht des Mondes, die sie schließlich untrennbar zusammenführen. Die gleitende Bewegung der Kamera ist dabei mehr als ein Ornament. Sie steht für das Bezwingende und Notwendige dieses Zueinanderstrebens. Die Kamera stellt sich entschieden auf die Seite der Liebenden. Gleichwohl ist dieser Effekt mit einer Konventionalität des Ausdrucks erkauft. Dies offenbart sich bereits an dem Übermaß der bildhaften Zeichen, die Louis Malle aufbietet, um Weiblichkeit, Sexualität und Natur miteinander verschmelzen zu lassen. Die Konventionalität setzt sich schließlich fort in der absoluten Glätte der Kamerabewegung, aus der alles Ruckhafte, Befremdliche oder Überraschende verbannt ist.

Dieser Befund lässt sich auf die gesamte Kameraarbeit von Decaë übertragen. Seine Bilder sind stets vollkommen eingefügt in die narrative Strategie. Bei allen noch so ausgeklügelten Bewegungen bemüht sich Decaë um das regelgerecht kadrierte Bild, hält die Figuren im Bildmittelpunkt, widmet sich ausschließlich der Visualisierung ihrer Psychologie.

Henri Decaë ist daher der berufene Kameramann jener Übergangsfilme, die einem neuen Kino zustreben, ohne sich vom Überkommenen gänzlich zu lösen.

Die von Raoul Coutard (geboren 1924 und damit neun Jahre jünger als Decaë) fotografierten Filme vollziehen dagegen diesen Schritt der Abtrennung. Sie realisieren diese dort noch vermiedene Zäsur und bestimmen sämtliche visuellen Parameter neu. Daher markiert auch À BOUT DE SOUFFLE (Außer Atem, 1959), das von Coutard fotografierte Regiedebüt Jean-Luc Godards, den eigentlichen Anfang der Nouvelle Vague. Und auch Truffauts Übergang von Henri Decaë, dem er seinen stark autobiographisch gefärbten Konfessionsfilm LES 400 COUPS (Sie küßten und sie schlugen ihn, 1959) anvertraut hatte, zu Raoul Coutard, der seit TIREZ SUR LE PIANISTE (Schießen Sie auf den Pianisten, 1960) für viele Jahre sein bevorzugter Kameramann war, bedeutet unverkennbar einen Innovationsschub für das Œuvre des Regisseurs. Obwohl LES 400 COUPS überall begeistert gefeiert wurde und bedeutende Preise errang, erkannte Truffaut doch die Möglichkeiten des ganz anders ausgerichteten Bildkonzepts von Raoul Coutard und riskierte einen visuellen Umbruch.

Coutards fotografische Ausbildung vollzog sich fernab vom französischen Erzählkino. Er absolvierte zu Beginn der 1940er Jahre eine Lehre in einem Fotolabor und diente dann als Soldat der französischen Armee in Indochina. Dorthin kehrte er 1951 als Fotoreporter und Wochenschau-Kameramann zurück. Sein primäres Interesse war das Beobachten, die Augenzeugenschaft dramatischer Augenblicke. In Indochina erweitern sich aber zugleich seine visuellen Ambitionen. Coutard wird beinahe zu einem ethnographischen Fotografen. Ihn fesseln die exotischen Landschaften, die fremden Städte, die Menschen und ihre Rituale mehr als das Kriegsgeschehen. Dies zeigen seine in diesen Jahren entstandenen Fotografien.[1] In Laos porträtiert er die Bewohner abgelegener Dörfer. Ihr Blick in die Kamera offenbart das Erstaunen über diese erste Begegnung mit der fotografischen Apparatur. Coutard fotografiert in Pagoden und hält die besondere Lichtstimmung, die sakrale Atmosphäre, das befremdliche Gewirr der Schatten und den Schleier des Opferrauches fest. Er wendet sich aber auch den alltäglichen Gegenständen und Utensilien zu, wobei ihn die nicht intendierten ästhetischen Effekte besonders reizen – der mit Fischen gefüllte Korb, der sich wie eine abstrakte Zeichnung

Raoul Coutard

ausnimmt, eine Formation von Tonkrügen, die in Umkehrung solcher Wirkungen etwas Anthropomorphes ausstrahlen. Schon hier ist Coutards Lust an der ästhetischen Formung dokumentarischer Bilder, am Festhalten bizarrer Lichtmomente und auch sein Interesse am narrativen Potential fotografischer Ansichten unverkennbar.

All diese Impulse und Interessen konnte er in der ungewöhnlichen Kooperation mit Jean-Luc Godard ausleben. An den Grundgestus seiner bisherigen Arbeit konnte er dabei nahtlos anknüpfen. Coutard teilte unmittelbar Godards Auffassung, dass es beim filmischen Erzählen vor allem auf das Entdecken neuer Reiche des Bildes und auf das Entwickeln unverbrauchter Formen ankomme. Im nachhinein erinnert sich Raoul Coutard: »Die Technik der ersten Filme Godards war bestimmt von dem

À BOUT DE SOUFFLE

Vorsatz, das Kino ins Wanken zu bringen, und auch ich fand es interessant, für den Bereich der Kamera dabei mitzumachen.«[2]

Bei À BOUT DE SOUFFLE setzt Coutard mit diesem Umsturz aller kinematographischen Werte ganz fundamental an. Schon die Grundentscheidung für das nur im Bereich der professionellen Fotografie bekannte Ilford HP 5-Material war eine Wendung gegen die Produktionsstandards des Erzählkinos. Das besonders lichtempfindliche Ilford-Material ließ eine völlig neuartige filmische Materialität entstehen. Das Feld des Sichtbaren wird zum einen entscheidend erweitert. Ohne zusätzliches künstliches Licht war Coutards Kamera überall einsetzbar, keine Nuance der Realität, kein Lichtmoment wird also ausgeschlossen, das filmische Bild eröffnet einen unbegrenzten Raum, der durch die Technik nicht determiniert oder auch nur eingeschränkt ist. Zum anderen wird eine völlig neue Textur gewonnen. Das Ilford-Material nimmt dem Schwarz-Weiß die für das Kino der 1950er Jahre so typische Härte der Kontraste. Die Konturen verschwimmen, das Bild wird diffus, die Grauwerte schieben sich in den Vordergrund, alles wirkt wie verschleiert und in ein milchiges Weiß getaucht. Zugleich wird die Körnung des Films nicht unterdrückt, sondern sichtbar gemacht. Damit ist ein damals als revolutionär empfundener Bildeffekt kreiert, der schnell Schule macht und zum Erkennungsmerkmal der Nouvelle Vague avanciert.

Ein entscheidendes Merkmal des Nouvelle Vague-Bildes ist so bereits beschrieben: die Diskretheit der Form. Obwohl die fotografische Form hier auf dramatische Weise in die Bildkonventionen und Bildstandards eingreift, sowohl die Oberflächeneffekte als auch die Gesamtwirkung des Bildes drastisch verändert, macht sie sich doch unkenntlich. Sie wird entdramatisiert, gewinnt eine ganz natürliche Präsenz, denn sie erscheint als das selbstverständliche Äquivalent jener improvisatorischen Leichtigkeit, mit der Godard die Filmindustrie und das Publikum herausforderte. Bei dessen frühen Filmen, so merkt Coutard an, habe man im Film genau das praktiziert, »was ein Fotoreporter in der Fotografie macht«. Ohne sich groß um die Technik und die Vorgaben eines ohnehin nicht existierenden Skripts zu kümmern, habe man ganz aus dem Moment und den Gegebenheiten heraus gedreht. Nur »ungefähr« habe er gewusst, was Godard jeweils vorhatte. Wie eine »Art täglichen Happenings« sei das gewesen.[3]

Vor allem in der Lichtsetzung, in der Arbeit mit dem Licht und nicht zuletzt in der Deutung und Interpretation des Lichts vollzieht diese neue Bildlichkeit der Nouvelle Vague einen einschneidenden Paradigmenwechsel. Im traditionellen Film ist das Licht ein wesentliches Element der Kadrierung. Jede Einstellung ist eine sorgfältig ausgeleuchtete, auch durch das Licht abgegrenzte Sphäre, eine eigene autonome Lichtwelt, die zu den anderen autonomen, eigens erstellten Lichtwelten in Beziehung gesetzt wird, so dass ein Relationsgefüge, eine durch das strukturierte und genauestens berechnete Licht ermöglichte »Ganzheit«, ein Ganzheitseffekt entsteht. Coutards Lichtbilder sind anders angelegt. Hier greift die Kadrierung in eine umfassende Sphäre des Lichts ein, das sich über die Grenzen des Bildes hinaus erstreckt. Nicht ein eigens aufgebauter Lichteffekt wird auf dem hochsensiblen Ilford-Material fixiert, sondern die Emulsion dokumentiert ein diffuses, unkontrolliertes, durch die Bildgrenzen nicht aufhaltbares Licht. Sichtbar gemacht wird ein Licht, das bereits eine Existenz *vor* dem fotografischen Bild besitzt und das auch nach dem fotografischen Bild weiterbestehen wird. Das Licht ist hier nicht mehr ein kontrolliertes, für die Narration verfügbar gemachtes *Material*, sondern eine vorgefundene Gegebenheit, etwas *Elementares* –

im wahrsten Sinne des Wortes. Das Licht – und das ist die revolutionäre Errungenschaft der Nouvelle Vague – wird zurückgewonnen in seiner Entität, in seiner Ursprünglichkeit, die noch unbelastet ist durch narrative Bedeutungen und symbolische Zuschreibungen. Diese konsequente Umwertung des Lichts ermöglicht überhaupt erst den Kern von Godards Filmarbeit: Vor der Kamera wird keineswegs mit ausgedachten Geschichten ein vorentworfenes Geschehen mit eingeschliffenen Regularien inszeniert, sondern vor der Kamera geschieht etwas Unmittelbares, Lebendiges, Vitales, Nicht-Vorhersehbares. Das Licht illuminiert die Szenerie keineswegs mit einer vorgefertigten Bedeutung, sondern es ist allein die Grundbedingung des Erscheinens. Damit kehrt das Kino der Nouvelle Vague zu den Ursprüngen des Lichtmediums Film zurück, zur intentionslosen Aufzeichnung des reinen, kontingenten Lichts. Zugleich werden alle Ausleuchtungs-, Akzentuierungs- und Überhöhungstechniken des Lichts außer Kraft gesetzt, die das Kino im Laufe seiner Geschichte entwickelt hatte. In den von Raoul Coutard um 1960 fotografierten Filmen spielen diese den Zuschauern höchst vertrauten Techniken der Bedeutungsproduktion so gut wie keine Rolle mehr. Dies bedeutete eine Negation der hochartifiziellen Studioästhetik der 1950er Jahre. Erst Raoul Coutards Lichtbilder machen eigentlich Schluss mit dem *Cinéma de qualité*, das Truffaut auf der Ebene des Drehbuchs und der Literaturadaptionen attackiert hatte. Coutards Bildgestaltung will nichts mehr wissen vom dramatischen Chiaroscuro, das in dieser Zeit beinahe alle Genres dominierte, vom scharfen, einschneidenden Seitenlicht und hochkomplexen Lichtinstallationen. Kameraleute wie Henri Alekan empfanden diese Negation der traditionellen Codes des Lichts als schmerzhafte Brüskierung. Für Alekan, der so großen Wert legt auf die Erinnerungs- und Empfindungsdimension des Lichts, auf die ausgefeilte psychologische Bedeutung und vor allem auf die Gestaltungskraft einer »Architektur des Lichts«, die nach seinem Kinoverständnis jedes filmische Bild mit einer ausgeklügelten Hierarchie von Lichtquellen und Lichtlinien durchdringt, muss die Lichtpraxis der Nouvelle Vague einem Schlag ins Gesicht gleichkommen. In seinem Buch *Des Lumières et des Ombres* spricht er von einem »Riss« (»rupture«), den die Lichtarbeit der Nouvelle Vague für das »klassische Milieu« des Films bedeutet habe. Er wirft den Regisseuren der Bewegung vor, die entscheidenden Ausdrucksdimensionen des Lichts vernachlässigt zu haben. Statt durch eine individuelle Lichtsetzung die

Thematik des Films aufscheinen zu lassen, habe man nur ein ausdrucksloses, nivellierendes Licht verwendet, um allein die Aktion der Akteure »ausreichend« sichtbar zu machen. In einer Bildlegende zu Großaufnahmen aus À BOUT DE SOUFFLE spricht Alekan von einem »rohen« Licht, das allein dem Zufall überlassen sei und jede psychologische Funktion, mithin jedes Raffinement vermissen lasse.[4]

Das Licht der Nouvelle Vague war für Alekan demnach eine Schreckenserfahrung. Mit seiner Kritik steht Alekan jedoch nicht allein. Auch Nestor Almendros wirft der Nouvelle Vague vor, sie habe einen Niveauverlust der Filmfotografie bewirkt und zum Verfall des Handwerks beigetragen. Die frühen Filme von Godard, Truffaut, Resnais und Demy, die voller Kreativität und Überraschungen gewesen seien, nimmt er von dieser Kritik jedoch aus. Erst die Verbreitung dieser Strategien zu einer bequemen »nonkonformistischen Attitüde« und zu einem »fotografischen Manierismus« habe zu einer »uniformen und monotonen Ästhetik« geführt.[5]

Genau so zwiespältig bewertet Almendros Coutards systematische Erforschung und Nutzung des indirekten, des reflektierenden Lichts. Was zunächst als »totale Revolution« und als ungeheure Arbeitserleichterung für alle an der filmischen Inszenierung Beteiligten erschienen sei, habe sich dann wiederum durch die bloße Nachahmung der einfachen Grundprinzipien letztlich als Verlust im Ästhetischen erwiesen. Es habe eine generelle, eine gleichmachende Bewegung von einer »Ästhetik mit Schatten« zu einer »Ästhetik ohne Schatten« gegeben.[6]

Das indirekte, mit Reflexionseffekten arbeitende Licht ergibt sich ohne Frage ganz konsequent aus Coutards impliziter Theorie des Bildes. Das indirekte Licht ist ein gebrochenes, ein entdramatisiertes, von den mit Aluminiumfolie beklebten Decken zurückgeworfenes, auf die Schauspieler abgelenktes Licht. Als weiches Streulicht umspielt es die Welt der Erscheinungen. Es lenkt nicht die Erkenntnis auf einen bestimmten Punkt, sondern ermöglicht ein nicht reglementiertes, nicht vorcodiertes Sehen. Nicht weniger bedeutsam ist die Tatsache, dass das indirekte Streulicht den Körper der Akteure in seiner Ganzheit rehabilitiert. Es gibt keine Schattenzonen des Körpers, keine abgedunkelten, mystifizierten Partien, keine Partikularisierung des Körperbildes. Das Licht legt in keiner Weise die Bewegungen der Akteure fest, sondern offeriert ihnen eine schier unbegrenzte Ausdrucksfläche. Am Beispiel von À BOUT DE SOUFFLE lässt sich, etwa in der schier endlosen Verführungsszene im winzigen Hotelzimmer, studieren, welche poetisierenden Wirkungen sich aus dieser neuartigen Präsenz des Körpers im filmischen Bild ergeben. Die jungen Gesichter von Jean Seberg und Jean-Paul Belmondo erhalten hier einen wunderbaren Perlmuttglanz. Wahre Lichtwesen erscheinen vor unseren Augen – in seltsamem Kontrast zur Banalität der Situation und zur Formelhaftigkeit des Sprechens.

Auch die anderen stilbildenden Elemente der Bildgestaltung sind auf eine Entdeckungsleistung des filmischen Bildes ausgerichtet. Schon in den ersten Einstellungen verblüfft À BOUT DE SOUFFLE die Zuschauer durch ungewöhnliche Kadrierungen, überraschende Perspektivenwechsel. Die Flucht des Kleingangsters aus Marseille mit einem gestohlenen Auto verwandelt sich in ein Abenteuer der Wahrnehmung. Auf abwegige Details wird der Blick gerichtet, auf die flirrend vorbeiziehende Landschaft, schließlich wendet sich Belmondo direkt an uns, spricht unmittelbar in die Kamera, macht uns zu Komplizen. Im Chaos der Blicke und der Erscheinungen geschieht der Mord am Polizisten beinahe beiläufig, ist eher Ausdruck der Hilflosigkeit eines von der Welt Überforderten, eines durch die Welt Gehetzten.

Beinahe jede Einstellung ist aus der Hand gedreht. Eine ruckartige, fahrige, ruhelose Bewegung ist so von Anfang an dem Film eingeschrieben. Coutard nimmt die Bewegung der Erzählung auf und trägt sie über die Einstellungsgrenzen hinweg. Die atemlose Flucht nach dem tödlichen Schuss auf den Polizisten, das rasende Überqueren eines leeren Feldes geht unmittelbar über in das Hineingleiten der Kamera in die große Stadt Paris, in den Fluchtpunkt und in den Endpunkt des kleinen Gangsterlebens.

Dieses frappierend einfache und zugleich konsequent durchdachte Bilddispositiv, die unverwechselbare Einheit von Licht, Kadrage und Bewegung nimmt Raoul Coutard in die Kooperation mit anderen Regisseuren mit. Trotz aller Modifikationen und unumgänglicher Anpassungen an unterschiedliche Regiestile bleiben die Grundelemente erhalten, sind deutlich zu identifizieren. Selbst in Truffauts ambitionierter und passionierter Verfilmung von Henri-Pierre Rochés Roman *Jules und Jim* ist diese für Coutard so typische Bildlichkeit dominant. Es gibt hier eine unverbrüchliche Einheit von immer wieder eingestreuten dokumentarischen

Sequenzen, von frühen Paris-Bildern, von Wochenschau-Aufnahmen aus dem Ersten Weltkrieg und der eigentlichen Filmerzählung. Dies ist ein untrügliches Indiz dafür, wie genau Coutards *Mise en images* da kontingente, das intentionslos vorgefundene Licht der dokumentarischen Überlieferung nachvollzogen, reinszeniert hat. Trotz der Vielfalt sehr unterschiedlicher Lichtsituationen wird die exzessive Beweglichkeit der Kamera, die den hektisch-lakonischen Erzählstil des Romans aufnimmt, an keiner Stelle eingeschränkt. Das indirekte schattenlose Licht der Innenräume bestimmt die Atmosphäre des gesamten Films und garantiert so die Anschlussmöglichkeiten an die dokumentarische Bildlichkeit.

Auch in LA PEAU DOUCE (Die süße Haut, 1964) setzt Coutard ganz auf das weiche, die Akteure umschmeichelnde, indirekte Licht. An einigen Stellen steigert er das Diffuse dieser Lichtsetzung zu einer regelrechten Überstrahlung. Das – wie auch bei Louis Malle – ungleiche Liebespaar, der prominente, etablierte Literat und die junge Stewardess, die aber im Unterschied zu LES AMANTS nie ein Paar waren und auch kein Paar werden können, haben sich in das Innere eines Autos zurückgezogen. Coutard entscheidet sich beim Blick der Kamera durch die Frontscheibe für ein indirektes Licht, das in seiner Überhelligkeit den Hintergrund beinahe auflöst und den Figuren eine Überpräsenz im Bildvordergrund verleiht. Die beiden haben sich eingerichtet im *Chambre Séparée* ihrer Illusionen. Doch die Kamera enthüllt das Wunschbild.

---

1 Im Anhang des Buches »Raoul Coutard, Kameramann der Moderne« (hrsg. v. Karl Prümm, Michael Neubauer und Peter Riedel. Marburg 2004) werden diese Fotos zum ersten Mal in Deutschland publiziert.
2 Jürgen Heiter/Hans-Heinz Schwarz: Aus Gesprächen mit Raoul Coutard. In: Filmkritik 07/1983. S. 331

3 Jürgen Heiter/Hans-Heinz Schwarz: a.a.O. S. 332
4 Henri Alekan: Des Lumières et des Ombres. Nouvelle édition. Paris 1991. S. 224–226
5 Nestor Almendros: A Man with a Camera. London 1985. S. 6/7.
6 Nestor Almendros: a.a.O. S. 6/7

Juliet Berto

Bei Jean-Luc Godard, Mitte der sechziger Jahre, konnte man sie hierzulande erstmals sehen – mit dunklen, weit aufgerissenen Augen, langen, zotteligen Haaren, die zu einem Pony gebändigt sind. In LA CHINOISE (1967) etwa, wo sie, als sie gefragt wird, warum sie immer Teller abwasche, antwortet: »Damit sie sauber sind.« Um dann noch hinzuzufügen, dass es um größere Zusammenhänge geht: »Frankreich im Jahr 1967, das ist ein wenig wie schmutzige Teller.«

Für Godard hindern die Schauspieler »nicht selten die Geschichte daran, sich zu entwickeln.« Weil das Leben in ihnen abgestorben ist – und die Rede ihrer Körper über diese Tatsache hinweg zu lügen sucht. Juliet Berto aber log nie über etwas hinweg. Unvergessen, wie sie, hinter einer Barrikade aus roten Mao-Büchern liegend, ein Gewehr im Anschlag, auf dem ein Zielfernrohr befestigt ist, der großen Revolution entgegensieht. Das Gesicht: kriegerisch geschmückt mit bunten Linien und Flächen. Die Haare: glatt gekämmt, so dass ihr Pony oberhalb der Nase zur Seite fällt. Die Lippen bereit zum Kriegsschrei: grell-rot geschminkt, leicht geöffnet. Und die großen dunklen Augen ganz direkt nach vorne gerichtet – offen für alles, was da kommen mag.

Einige Jahre später, Mitte der siebziger Jahre, konnte man sie bei Jacques Rivette wieder entdecken, z.B. in OUT 1 (1971), wo sie durch Paris hetzt. Sie lächelt und lockt, klaut Briefe und erpresst damit ein paar Männer, als sei dies die selbstverständlichste Sache der Welt. In ihrem Gesicht liegt Trotz: der Wille zu List und Wagnis. Während ihr Körper sich biegt gegen den Wind – Ausdruck von Stimmungen, von Launen, manchmal auch von Lust. In CÉLINE ET JULIE VONT EN BATEAU (1974) ist sie eine Magierin, die gerne Bonbons lutscht, die sie in eine fremde Welt bringen, in der ein anderes Leben möglich ist. Sie wechselt ständig ihre Rollen – und spielt damit, sich mit ihrem Körper einen eigenen Raum zu erobern und alles (durch die Kamera) Vorgegebene in Besitz zu nehmen.

Auch später war es eine wahre Lust, sie zu sehen: ihr leicht rundliches Gesicht, ihren schmalen Körper, ihre eckigen Bewegungen. Diese Lust kommt daher, dass sie darauf bedacht ist, den Ausdruck ihres Gesichts und ihres Körpers zu einem System aus Zeichen zu formen. Wenn man darstellt, dass man darstellt, verändert sich der Sinn. In NEIGE (1981), ihrem ersten eigenen Film, bietet ihr ein schwarzer Priester einmal an, ein Spezialgebet für sie zu sprechen. Ihre Antwort: »Ich sag's Dir, Priester, die Hölle ist in mir.«

Norbert Grob

Karlheinz Oplustil

Parallele Welt wie aus Träumen
Jacques Rivette

Selten ist ein Erstlingsfilm so enthusiastisch begrüßt worden wie der erste lange Film von Jacques Rivette. Im August 1958, als Rivette gerade mit den Dreharbeiten begonnen hatte, meldete François Truffaut, der damals noch Filmkritiker war und selbst erst seinen Kurzfilm LES MISTONS (Die Unverschämten, 1958) gedreht hatte, in der Wochenzeitung *Arts*: »Ein Filmwunder entsteht derzeit in Paris«[1]. Und er führt aus: »PARIS NOUS APPARTIENT wird wirklich der Film unserer Generation sein. (…) Man wir darin junge Leute sehen, die in Hotelzimmern über die Zukunft der Welt diskutieren, (…) man wird Paris sehen, vielleicht zum ersten Mal, von den verlassenen Champs Elysées im Morgengrauen bis zum abends erleuchteten Pont des Arts, nicht zu vergessen den Dachboden des Théatre Sarah-Bernhardt.«[2]

Dass Truffaut das Filmprojekt Rivettes mit so großer Zuneigung beobachtete, ist nicht erstaunlich, denn zu diesem Zeitpunkt existierte bereits eine »Viererbande« junger Filmfanatiker, die den harten Kern der aufkommenden Nouvelle Vague bilden sollte. Neben Rivette und Truffaut waren dies Claude Chabrol und Jean-Luc Godard, und da jede richtige Viererbande aus 5 Leuten besteht (wie die Gruppe junger Frauen in LA BANDE DES QUATRE [Die Viererbande, 1989]) ist noch Eric Rohmer dazu zu rechnen. Alle kannten sich seit 1949 vom *Ciné-Club du Quartier Latin*, hatten 1950 in der kurzlebigen, von Rohmer herausgegebenen *Gazette du Cinéma* ihre ersten Texte veröffentlicht und arbeiteten ab 1953 für die neu gegründeten *Cahiers du cinéma*. »In unserer Bande von Fanatikern war er der fanatischste«[3], bemerkte Truffaut über Rivette. Rivettes halbstündiger Film LE COUP DU BERGER, den er 1956 in der Wohnung von Claude Chabrol unter Beteiligung vieler Freunde aus dem Umkreis der *Cahiers* drehte, wird dann zum wichtigen Anstoß in den Anfängen der Nouvelle Vague, er bewies, dass es möglich war, außerhalb der herkömmlichen Produktion zu drehen. Truffaut: »Das Beispiel von LE COUP DU BERGER veranlasste mich, LES MISTONS zu drehen, dann Claude Chabrol, das Abenteuer eines großen Films zu wagen, des BEAU SERGE...«[4]

Die Dreharbeiten von PARIS NOUS APPARTIENT (Paris gehört uns, 1960) waren mit enormen Schwierigkeiten verbunden, der ständige Geldmangel führt zu Verzögerungen und Unterbrechungen, wie in der Story des Films verlassen Schauspieler das Team und müssen durch andere ersetzt werden. Truffaut: »Vom Juli 1958 an bestand Jacques Rivettes Problem darin, sonntags das Geld aufzutreiben, mit dem er montags weiterarbeiten konnte. Und was für eine Arbeit! Ein film-fleuve mit dreißig Personen und dreißig Drehorten, Nachtszenen und Szenen in der Dämmerung, alles das ohne Produktionsbüro, ohne Aufnahmeleiter, ohne Auto, ohne Spesen und während der Ferienzeit!«[5]

Das war die neue Freiheit der Nouvelle Vague: dass die Filme unmittelbar mit dem Leben ihrer Macher zu tun hatten, auf eine vorher nicht gekannte direkte und spontane Weise. Die Nouvelle Vague sei für das Kino das, was der Impressionismus für die Malerei gewesen sei, sagte Rivette später. Beide hätten eine bestimmte technische Entwicklung zu einer neuen Ausdrucksweise genutzt. Wie die in Tuben gefüllte Farbe den Impressionisten das Malen in der Natur erlaubt habe, sei durch leichtere Kameras und empfindlicheres Filmmaterial das unkomplizierte Drehen in Wohnungen und auf den Straßen möglich geworden.

Die Filme der Nouvelle Vague handelten von dem, was ihre Regisseure kannten, nicht zuletzt vom Kino. Sie spielten dort, wo diese ihr Leben verbrachten, in den Cafés und Kinos des Quartier Latin und der Champs Elysées. Rivettes erste Filme LE COUP DU BERGER und PARIS NOUS APPARTIENT überliefern so eine Phänomenologie der Studenten und Bohemiens der späten fünfziger Jahre in Paris.

Zugleich aber entsteht in PARIS NOUS APPARTIENT ein magisches Paris, eine andere, parallele Welt wie aus Träumen. Rivette inszeniert einen Onirismus ganz eigener Art. Bei aller Genauigkeit der Beobachtung wird

NOROÎT

das Geschehen immer entrückter, vertraute Dinge werden fremd, apokalyptische Momente werden angedeutet, die Gespräche verlaufen manchmal wie in Trance. Die geheimnisvolle Terry erscheint wie ein Todesengel, dem alle Männer zum Opfer fallen. Episodisch und zersplittert ist die Struktur des Films. Die Heldin Anne verliert sich bei ihren Nachforschungen in den Geheimnissen von Paris: eine Folge von rätselhaften Begegnungen, von meist unergiebigen Gesprächen und von Telefonanrufen, die den Empfänger nicht erreichen.

Im Blick auf sein späteres Werk wirkt PARIS NOUS APPARTIENT wie ein programmatisches Manifest. Er enthält bereits die Motive, die in Rivettes Werk immer wieder auftauchen: die Verschwörung, das Theater und die Stadt. Die Theaterarbeit sieht man bei Rivette immer nur als Fragment, als Bruchstück einer Arbeit, die nie vollendet wird. In seinen späteren Filmen L'AMOUR FOU (1969), OUT 1 (1970) und LA BANDE DES QUATRE führen die Proben nicht zu einer fertigen Aufführung. In VA SAVOIR (2001) gastiert die italienische Truppe zwar mit einer Inszenierung des Piran-

NOROÎT

dello-Stücks, aber auch davon sieht man nur Bruchstücke. Wenn der Regisseur Gérard in PARIS NOUS APPARTIENT von seiner Inszenierung des *Perikles* spricht und sagt, er wolle aus unendlich vielen Splittern ein Ganzes schaffen, beschreibt er offensichtlich auch Rivettes Film.
  In der chaotischen Welt des Films gibt das Theater Orientierung, einen Sinn und einen Zusammenhalt. Freilich zeigt Rivette dies nur ironisch gebrochen. Denn die Proben in PARIS NOUS APPARTIENT sind selbst äußerst instabil: Die Besetzung wechselt ständig, und aus Geldnot müssen immer andere Räume benutzt werden. Und Shakespeares *Perikles*, der hier geprobt wird, ist ein fragmentarisches, wirres und unebenes Stück. Aber noch darin finden die Personen – im Gegensatz zur realen Welt – ein geordnetes Universum, in dem sich am Ende alle wiederfinden. Die Stadt dagegen: ein unentwirrbares Labyrinth, der Inbegriff des Unübersichtlichen, Ungewissen, Ungeordneten. In PARIS NOUS APPARTIENT am stärksten in einer erstaunlichen Sequenz, wenn Anne im Morgengrauen durch das gespenstisch leere Paris auf die Suche nach Gérard geht: der Arc de Triomphe und die Boulevards waren nie fremdartiger.

DUELLE

DUELLE

Die Verschwörung schließlich: die erste der vielen Verschwörungen bei Rivette. Wie bei Fritz Lang, aus dessen METROPOLIS (1927) die »Babel«-Sequenz zitiert wird, ist ein universeller Plan gerade gut genug: der Griff nach der Weltherrschaft oder wenigstens nach der Herrschaft über Paris. Rivettes Figuren sind davon fasziniert, die Dinge unter dem Blickwinkel einer bestimmten Idee zu arrangieren, Zusammenhänge zu konstruieren, wenn sie sie schon nicht finden. Es sind Versuche, die undurchschaubare Welt erträglicher zu machen. Die Idee einer Verschwörung kann den verwirrenden Erscheinungen der Welt einen Zusammenhang geben und erlaubt eine Organisation der Wirklichkeit, selbst wenn es nur die Wahnidee einer Verschwörung ist.

Am Schluss von PARIS NOUS APPARTIENT stellt sich die Geheimorganisation als ein Hirngespinst heraus, die rätselhaften Ereignisse haben banale Gründe, sind das Ergebnis von Eifersucht und läppischen Intrigen. Mit den Erklärungen Terrys an Anne verwirft Rivette nachdrücklich die Idee einer umfassenden Verschwörung, aber die Beunruhigung bleibt: »Keine Idee kann für sich beanspruchen, die Welt zu erklären, allein das ganze Ausmaß des Realen zu ergründen, das, weil es real ist, ihr immer wieder einen Strich durch die Rechnung machen wird ... Eher als einen Abschluss stellt dieses Ende eine Öffnung dar. Es wendet sich gegen jede simplistische These und besteht auf dem Bemühen um Klarheit angesichts der Komplexität des Realen. Würde ich diesen Film noch einmal machen, natürlich würde ich ihn anders angehen, weniger schwerfällig und mit mehr Ellipsen. Aber ich glaube, es brauchte diese Erfahrung, diese Türen, die geöffnet und geschlossen werden, diese Treppen, die man hinauf- und herunterläuft, kurz: alle diese unnützen Wege, dieses lange Bemühen in einem Labyrinth, um den verschlungenen Weg der Wahrheit begreiflich zu machen.«[6]

Die Handlung von PARIS NOUS APPARTIENT ist konstruiert wie die eines Kriminalfilms, nur dass die Rolle des Detektivs ein junges Mädchen aus der Provinz einnimmt. Auch in dieser Hinsicht sollte der Film eine Besonderheit des Rivette-Kinos vorwegnehmen, seine Vorliebe für Frauen im Mittelpunkt der Filme und seine Neigung, mit bestimmten Schauspielerinnen zu arbeiten. In fast allen Filmen Rivettes sind Frauen die Hauptpersonen, bei den historischen Stoffen LA RELIGIEUSE (Die Nonne, 1966) und JEANNE LA PUCELLE (Johanna, die Jungfrau, 1994) ebenso wie bei den Phantasiestücken DUELLE (Unsterbliches Duell, 1976) und NOROÎT (Nordwestwind, 1976) und den in der Gegenwart spielenden LE PONT DU NORD (An der Nordbrücke, 1982), SECRET DÉFENSE und VA SAVOIR. Besonderen Reiz haben die Konstellationen junger Frauen in den meist sommerlichen Paris-Abenteuern CÉLINE ET JULIE VONT EN BATEAU (Céline und Julie fahren Boot, 1974), L'AMOUR PAR TERRE (Theater der Liebe, 1984), LA BANDE DES QUATRE und HAUT BAS FRAGILE (Vorsicht – Zerbrechlich!, 1995), die immer auch Hymnen an die Anmut und den Charme der Darstellerinnen sind: Juliet Berto und Dominique Labourier, Jane Birkin und Geraldine Chaplin, Nathalie Richard, Laurence Cote und Marianne Denicourt. Wichtige Männerrollen hingegen sind schnell genannt: Michel Piccoli in LA BELLE NOISEUSE (Die schöne Querulantin, 1991), aber auch Jean-Pierre Kalfon in L'AMOUR FOU, Jean-Pierre Léaud in OUT 1 und zuletzt Jerzy Radziwilowicz in HISTOIRE DE MARIE ET JULIEN (2003). Die Rivette-Schauspielerin par excellence ist zweifellos Bulle Ogier, inzwischen beginnen aber auch Emmanuelle Béart, Sandrine Bonnaire und Jeanne Balibar ähnliche Bedeutung zu erlangen.

Befremdlich und abweisend wirken die Anfangsszenen von Rivettes Filmen immer, niemals gleichen sie einer Exposition im herkömmlichen Sinne. Als ob sie ohne jeden Gedanken an den Zuschauer gemacht wären, lassen sie den Betrachter allein, halten keine Erklärungen bereit, bieten keine Hilfen für das Verständnis. Man wird mit Personen konfrontiert, die einem nicht vorgestellt wurden, sieht Aktionen zu, deren Sinn man nicht begreift.

Der Anfang von OUT 1: NOLI ME TANGERE: Man sieht zwei Theatergruppen bei exaltierten Übungen, beim Proben unverständlicher Szenen und der Diskussion darüber. Dazwischen zwei Personen ohne erkennbaren Bezug zu den anderen, ein vorgeblich Taubstummer, der durch Cafés zieht und merkwürdige Botschaften verteilt, und eine bunt angezogene junge Frau, die sich Geld zusammenschnorrt.

Noch rätselhafter die ersten Szenen von DUELLE, die wie hermetische Blöcke nebeneinander gesetzt sind: Nachts in einem kleinen Hotel spricht eine Dame die junge Frau an der Rezeption an. Dann eine belebte Halle, in die heller Sonnenschein fällt: Zwei schöne Frauen folgen im Gedränge einem Paar, das ein unklares Gespräch führt. Die nächste Szene: ein schummriges Tanzlokal, die Dame des Anfangs scheint ihre Recherchen fortzuführen, wieder kommt das Gespräch auf einen Lord Christie und dessen eigenartiges Verhalten bei seinem letzten Besuch.

Wie einzelne Erzählungen erscheinen diese Teile zunächst. Aber mit ihrer Zusammenhanglosigkeit entwickeln sie auch einen stetigen Sog, und es ist, als ob sie dabei Energie an den Zuschauer abgeben. Ihre Offenheit lädt den Betrachter ein, in sie hineinzutauchen, die Bedeutungen und Zusammenhänge, die sie so beharrlich verweigern, selbst zu finden. Die üblichen Regeln sind aufgehoben, darin sind diese Filme Träumen ähnlich.

Die unvermittelten Anfänge seiner Filme sind eine der vielen Irritationen, mit denen Rivette eine eigenartige Form entspannter Wachheit, eine besondere Intensität der Wahrnehmung, die Aufmerksamkeit für jedes Detail erreicht. Diese Anfänge machen besonders deutlich, worin die Struktur seiner Filme besteht, im Erzählen in Fragmenten.

Rivette sei einer der großen Magischen Realisten des Kinos, hat Norbert Grob in der Laudatio zur Verleihung des Murnau-Preises 1998 an Rivette hervorgehoben. »Seine Mise en scène kreiert filmische Magie, die ausgeht von rätselhaften Helden in geheimnisvollen Spielen, durch konkrete Schauplätze aber in einen realen Zusammenhang gebracht. Eine doppelte Vision entsteht, ein unterirdischer Strom, der das Sichtbare in einen eigenartigen Schwebezustand versetzt. (…) Rivette ist ein Visionär des Konkreten, das immer neue Gefühle, immer andere Gedanken evoziert. Er ist ein Meister des verschlungenen Erzählens, ein Erfinder geheimnisvoller Figuren, rätselhafter Situationen, labyrinthischer Geschichten. ›Agent provocateur der Phantasie‹ haben wir ihn deshalb genannt, weil er auf abenteuerliche Weise immer wieder mit den Imaginationen seiner Zuschauer zu spielen wusste, mit unserer Lust daran zu sehen, was gar nicht zu sehen ist.«[7]

Schon kurz, nachdem er 1949 nach Paris gekommen war, hatte Rivette in der Cinémathèque einige Kurzfilme von Griffith entdeckt und war von ihnen nachhaltig beeindruckt: »Auf gewisse Weise wird das Kino nie weiter gehen als die Kurzfilme von Griffith, genau wie die Malerei nicht über Giotto hinausgeht.«[8]

Es scheint, dass Rivette selbst Filme macht, um diesen Moment der Erfindung des Kinos wiederzufinden. Er beschwört den Zauber des frühen

Kinos als die Tatsache allein, dass ein Apparat die Wirklichkeit festhalten und wiedergeben konnte, die Zuschauer staunen ließ. In seinem ersten Text als Kritiker hatte er schon geschrieben:»Sieht man heute mit neuen Augen die Filme von Stiller, Murnau, Griffith, so fällt einem die ungewöhnliche Bedeutung auf, die hier der menschlichen Geste, den Vorgängen der gesamten Sinnenwelt zukommt: Einfache Handlungen wie Trinken, Gehen, Sterben besitzen hier eine Dichte, eine Bedeutungsfülle, bei der die verwirrende Offensichtlichkeit des Zeichens über jegliche Interpretation und Begrenzung erhaben ist […] Wir müssen zu einem Film der einfachen Schrift zurückkehren.«[9]

Diese Dichte, die Wichtigkeit jeder Geste der Menschen ist spürbar in allen Filmen Rivettes: in den Unsicherheiten und Posen der jungen Leute in PARIS NOUS APPARTIENT; in den sublimen Albernheiten von CÉLINE ET JULIE VONT EN BATEAU, in den unterschiedlichen Bewegungen und Haltungen der beiden Frauen in LE PONT DU NORD, in den aggressiven Ausfällen und vorsichtigen Zärtlichkeiten des Paares in L'AMOUR FOU.

Im Werk Rivettes gibt es mit seinem dritten Spielfilm L'AMOUR FOU einen deutlichen Einschnitt, für den die 1966 von ihm gedrehte Dokumentation über den als Meister bewunderten Jean Renoir den letzten Anstoß gab. Waren Rivettes erste Filme vergleichsweise konventionell nach fertigen Drehbüchern entstanden, so wandte er sich nun neuen Drehmethoden zu:»Deshalb wollte ich einen Film machen, der zwar nicht von Renoir inspiriert war, aber der Vorstellung vom Kino entsprach, die Renoir verkörperte, einem Kino, das einem nichts aufzwingt, wo man die Dinge andeutet, sie sich ereignen lässt, wo es hauptsächlich um einen Dialog auf jeder Ebene geht, mit den Schauspielern, mit der Situation, mit den Leuten, die man trifft, wo der Akt des Filmens Teil des Films ist.«[10]

Die Filme, die Rivette danach macht, entsprechen alle nicht mehr herkömmlichen Mustern. Offensichtlichste Auffälligkeit ist ihre außergewöhnliche Länge: L'AMOUR FOU über vier Stunden, CÉLINE ET JULIE VONT EN BATEAU mehr als drei Stunden, die erst 1990 fertiggestellte vollständige Fassung von OUT 1 kommt auf beinahe dreizehn Stunden, selbst die kurze Fassung desselben Materials OUT 1: SPECTRE dauert 255 Minuten. LA BELLE NOISEUSE wurde in der Vier-Stunden-Fassung Rivettes wohl größter Erfolg, während die ausschließlich aus alternativen Aufnahmen montierte zweistündige Fassung DIVERTIMENTO wenig Anklang fand. Wieder umgekehrt kam es bei VA SAVOIR, die kürzere Version lief erfolgreich im Kino, die Originalfassung VA SAVOIR+ von 3 Stunden 40 Minuten wurde kaum gezeigt, man muss wohl auf eine DVD-Veröffentlichung hoffen.

»Jeder Film ist ein Abenteuer, jeder Film ist Abenteuerfilm.«[11] Inszenierung ist ein Spiel zwischen Planung und Zufälligkeit. Wie Renoir, der meinte, ein Regisseur solle am besten so tun, als wäre er eingeschlafen, schafft Rivette nur eine bestimmte Ausgangssituation für die Dreharbeiten, skizziert die Handlung und die Personen und wählt die Schauspieler und Mitarbeiter aus. Aber OUT 1 ist der einzige Film Rivettes, der vollständig improvisiert wurde, bei allen anderen Filmen gab es zumindest teilweise geschriebene Texte, die allerdings häufig erst kurz vor dem Drehen fixiert wurden.

OUT 1, von Eric Rohmer als »Meilenstein in der Geschichte des modernen Kinos«[12] gerühmt, ist ein genaues und weit entfaltetes Panorama gesellschaftlicher Gruppierungen in Paris zu einem bestimmten Zeitpunkt, der im Vorspann genannt ist und der sich mit der Entstehungszeit des Films deckt: April und Mai 1970, und zugleich der Entwurf eines autonomen filmischen Universums. Paris, zwei Jahre nach den Ereignissen des Mai 1968, und ein filmisches *double*. Rivette treibt die Möglichkeiten sowohl der freien Improvisation wie der strengen Organisation des Films bis zum Extrem. Eine Vielzahl von Personen wird zusammengeführt durch rätselhafte Botschaften und deren Entschlüsselung, gestohlene Briefe und die Vermutung einer neu gegründeten »Gruppe der Dreizehn«. Geschichten sind in andere Geschichten eingeschoben, lösen sich wieder auf, und aus den Verknüpfungen entstehen neue Geschichten. Was sich auch durch die Struktur des Films mitteilt: die Isolation der Personen untereinander und von der gesellschaftlichen Realität und ihre Sehnsucht nach solidarischem Handeln. »Sind Sie eine der Dreizehn?« fragt Jean-Pierre Léaud Bulle Ogier, die einmal Pauline und einmal Emilie heißt, nachdem er zuerst gefragt hatte: »Bin ich einer der Dreizehn?«

Bei der Arbeitsweise, die Rivette seit CÉLINE ET JULIE bevorzugt, gibt es kein formuliertes Drehbuch, jedoch ein ziemlich genaues Handlungsgerüst. Die Drehbuchautoren – wie Pascal Bonitzer und Christine Laurent bei den letzten Filmen – sind am Drehort dabei und fixieren die Dialoge meist erst kurz vor der Aufnahme, womit sie auf die schon abgedrehten Szenen, auf die Schauplätze und die Stimmungen beim Drehen reagieren können.

CÉLINE ET JULIE VONT EN BATEAU: Der bekannteste Film Rivettes ist das pure Vergnügen. Die beiden Titelheldinnen geraten in ein geheimnisvolles Haus, lutschen Zauberbonbons, machen viel Unsinn und retten ein Mädchen vor den Intrigen der blassen Phantome des Hauses. Thomas Koebner merkte an: »Katzen sind in diesem Film häufiger auf der Schwelle zum Unbekannten zu beobachten, mysteriöse Grenzwächter. Die Kamera entdeckt sie immer dann, wenn der Film eigentlich über die unergründlichen Geschehnisse Aufschluss geben sollte, diesen Aufschluss jedoch nicht vollständig oder gar nicht geben will.«[13]

Der Ton in Rivettes Filmen ist meist eine Idee zu leise, die Geräusche sind abgedämpft. In CÉLINE ET JULIE trägt das zur Entstehung der traumhaften, schwebenden Stimmung bei. Das geht so weit, dass man meint, in dem Film verschiedene Formen der Stille unterscheiden zu können.

Von seinen als Tetralogie angelegten »Szenen aus dem parallelen Leben« um den Kampf einer Göttin des Mondes gegen eine Göttin der Sonne nach einer erfundenen und nur schwer erkennbaren Mythologie konnte Rivette zunächst nur zwei Teile drehen, einmal als Film noir (DUELLE), einmal als Rachetragödie unter weiblichen Piraten (NOROÎT). Die fremdartige Schönheit dieser Filme verhinderte, dass sie ein nennenswertes Publikum fanden. Einen dritten Teil, den er mit Albert Finney und Leslie Caron begonnen hatte, musste Rivette aus gesundheitlichen Gründen abbrechen. Mit seinem bisher letzten Film HISTOIRE DE MARIE ET JULIEN allerdings ist er auf das damalige Projekt zurückgekommen, davor hatten nur die Rollennamen von Bulle Ogier und Pierre Clementi in LE PONT DU NORD an den gescheiterten Film erinnert.

Als echter Nouvelle Vague-Film erweist sich LE PONT DU NORD mit einer von Rivettes schönsten Erfindungen. Weil das Geld für ein normales Team fehlte, konnte der Film nur mit Außenaufnahmen ohne zusätzliche Beleuchtung gedreht werden, wofür Rivette die wunderbare erzählerische Rechtfertigung fand, dass die gerade aus dem Gefängnis entlassene Marie keine geschlossenen Räume erträgt. Einmal allerdings übernachtet sie mit Baptiste in einem Kino, aber das geht nur, weil dort der Film THE BIG COUNTRY (Weites Land, 1958) läuft.

Eine Äußerung von Renoir in JEAN RENOIR ET LE PATRON taucht fast wörtlich als Dialog in LE PONT DU NORD auf. Marie: »Als ich klein war, lebte ich

LE PONT DU NORD

auf dem Lande. Das erste Mal, als ich eines sah, rief ich: ›Es ist schön, das weiße Pferd!‹, und alle machten sich über mich lustig ... Die Pferde haben verschiedenfarbiges Fell, das solltest du wissen ... In der Natur gibt es weder das Gute noch das Böse.«

Diese Erkenntnis sollte man beim Sehen der Filme Rivettes nicht vergessen. Immer bestehen sie aus Mischungen, spielen mit den Wechselwirkungen verschiedener Prinzipien und dem Ineinander von Gegensätzen: Theater und Film, Fiktion und Wirklichkeit, Lüge und Wahrheit. Rivettes Kino ist auch ein Kino der verschiedenen Rhythmen, Kontraste, Modulationen und Interferenzen.

»Ich liebe den Zufall, und ich liebe auch die Ordnung«, sagt der zwielichtige Thomas in LA BANDE DES QUATRE und beschreibt damit auch Rivettes Verhältnis zu beiden Kategorien. Die hinzugefügte Pointe trifft es noch genauer: »Ich liebe es, den Zufall zu organisieren.«

Die phantastischen Abenteuer, die Geheimnisse der Stadt und die Rätsel, die ohne Auflösung bleiben, sind doch nie das Ziel, um das es Rivette

LE PONT DU NORD

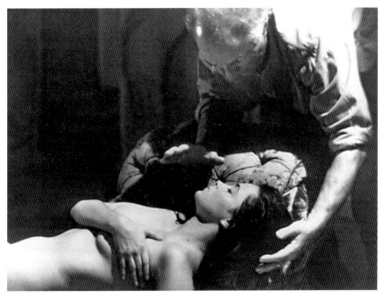

LA BELLE NOISEUSE

geht. Seine Absichten sind einfacher. »Ein Film besteht aus den Emotionen und Empfindungen der Personen und aus denen, die sich davon auf den Zuschauer übertragen ... Das Wort ›sentiments‹ bezeichnet gut, was man anstreben muss: Empfindungen, die zwischen den verschiedenen Personen eines Films entstehen und die man auf die eine oder andere Weise – durch die Gestaltung, den Rhythmus, das Spiel der Darsteller – auch dem Zuschauer vermitteln kann. Wenn dieser sich darauf einlässt zuzusehen.«[14]

1 François Truffaut: Un film miracle est actuellement tourné à Paris. In: Arts Nr. 682. Paris 2.8.–8.8.1958. S. 1
2 a.a.O. S. 6
3 François Truffaut: Die Filme meines Lebens. Frankfurt am Main 1997. S. 427
4 a.a.O. S. 426
5 a.a.O. S. 427–428
6 Jacques Rivette: «Paris nous appartient» est un film «anti-thèse» (Michel Mardore). In: Les lettres françaises Nr. 905 (14. - 20.12.1961). S. 10
7 Norbert Grob: Agent provocateur der Phantasie. In: SZ vom 11.3.99. S. 19 (Laudatio des Murnau-Preises 1998). Auch in: Der Magische Realist. screenshot (Mainz) 4/00. S. 24–26
8 Entretien avec Jacques Rivette (Edna Politi/ François Albéra 11.3.1985) In: Edna Politi (Hg.): Jacques Rivette Rétrospective. Genf 1985. S. 70
9 Jacques Rivette: Nous ne sommes plus innocents. Bulletin du Ciné-Club du Quartier Latin4 (1950). Deutsch in J. R.: Schriften fürs Kino. CICIM Nr. 24 / 25 München. Januar 1989. S. 8–12
10 Le temps déborde (Jacques Aumont/Jean-Louis Comolli/ Jean Narboni/ Sylvie Pierre) In: Cahiers du Cinéma 204. September 1968. S. 6–21. Englisch in: Jonathan Rosenbaum (Hg.): Rivette Texts and Interviews. London 1977. S. 11
11 Jacques Rivette im frz. Presseheft zu LE PONT DU NORD. Paris 1982
12 Eric Rohmer: Brief an den Produzenten Stéphane Tchalgadjieff. In: Jacques Rivette: OUT 1: NOLI ME TANGERE. Westdeutscher Rundfunk Köln 1991 . Auch in: J. R.: Labyrinthe. CICIM Nr. 33. München Juni 1991. S. 120
13 Thomas Koebner: Céline und Julie fahren Boot. In: Andreas Friedrich (Hg.) Filmgenres. Fantasy- und Märchenfilm. Stuttgart 2003. S. 97
14 Jacques Rivette: Zwanzig Jahre später. In: J. R.: OUT 1: NOLI ME TANGERE. Westdeutscher Rundfunk Köln 1991. Auch in J. R.: Labyrinthe CICIM Nr. 33. München 1991. S. 118

Bulle Ogier

Sicher hat Bulle Ogier wichtige Rollen auch bei anderen Regisseuren gespielt, aber die Filme mit Jacques Rivette zeigen eine frappierende Wesensverwandtschaft: »Das Geheimnis bei Rivette scheint mir eine ständige Einladung zur Komplizenschaft zu sein. Aber Rivette ist auch Doktor Mabuse mit tausend Augen.« Mit ihrer Aura des Ungreifbaren, des Unwirklichen, des Offenen und Unbestimmten, mit dem Sinn für das Gewicht und die Flüchtigkeit des Augenblicks, fasst sie die Essenz der Filme Rivettes in ihre Figuren. Zierlich und blond, wirkt sie fragil und verletzlich, aber auch eigensinnig und bestimmt. Sie kann intrigant und raffiniert sein, ist aber eher eine Elfe, leicht wie Luft, oder ein Irrlicht, auch wenn sie manchmal mit ihrem schmalen Körper unvermutete Kraft entwickelt. Sie zieht sich zurück, ist auf der Flucht, bleibt am Rand. Die Erinnerung an den Mai 1968 wird wohl ewig an ihr hängen. Wie ein Kind wirkt sie manchmal, mit großen Augen, die sich die Fähigkeit zum Staunen erhalten haben.

Mit einem Rückzug beginnt ihr erster großer Film L'AMOUR FOU (1968). »Je m'en vais ... Ich gehe, ich steige aus,« sagt sie, kaum dass sie überhaupt aufgetaucht ist, und dieser Ausstieg aus der Inszenierung eines Racine-Stückes führt sie in Ratlosigkeit, Isolation und Depression. In CÉLINE ET JULIE VONT EN BATEAU (1974) macht sie viel Vergnügen als eine der rivalisierenden Salonschlangen in dem mysteriösen Haus, die am liebsten haucht: »Quoi? Qui? Qu'est-ce ...?« Auf Juliet Berto als Gegenspielerin trifft sie dann nochmals in DUELLE (1976), wo sie als Sonnengöttin Viva bei der phantastischen Jagd nach dem magischen Stein das strahlende Licht als Waffe einsetzt.

Die Wahl ihrer schönsten Rolle fällt schwer. Die strenge Schauspiellehrerin Constance Dumas in LA BANDE DES QUATRE (1988) wird einem schnell einfallen, die – gegen das sonst herrschende Chaos? – auf klare Prinzipien setzt, zum Beispiel dass sie sich immer nur in Schwarz und Weiß kleidet. Doch dann muss man noch an LE PONT DU NORD (1981) denken. Bulle Ogier ist da die als Terroristin verurteilte Marie, die nach der Entlassung aus dem Gefängnis keine geschlossenen Räume mehr erträgt und sich mit dünnem roten Rock und schwarzer Jacke zusammen mit Baptiste (Pascale Ogier) auf einen abenteuerlichen Weg durch ein Paris macht, das vielleicht von einem »Maximum an Max« besetzt ist und dessen Plan sowohl wie ein Spinnennetz aussieht als auch wie ein Drache, dessen Schwanz eingerollt ist.

Karlheinz Oplustil

Markus Moninger

Selbstreflexion als Ästhet(h)ik der Freiheit

Nouvelle Vague als Begriff steht weniger für eine konzise Stilrichtung als für Filme, die ein bislang einzigartiges Spiel mit Verweisen auf Filmgeschichte(n) und Genres betrieben und gegen hergebrachte Dramaturgien und Konventionen revoltierten. Die Zitatspiele, Selbstreferenzen und Reflexionen über das Medium lösen immer noch lustvolle Spurensuchen nach Anspielungen aus, verweisen über den Lustgewinn für den filmischen Bildungsbürger hinaus auf ein ästhetisches Konzept, das sein »storyboard« in Form der Filmkritik längst entwickelt hatte, bevor die eigentlichen Filme gedreht wurden.

Nouvelle Vague: Destillat der »politique des auteurs«
Die Selbstreflexion der »first film-educated generation of film-makers in history« begann *avant le film et avec la lettre* während ihrer filmkritischen Auseinandersetzung mit dem amerikanischen und europäischen Kino. Ein großer Fundus der Filmgeschichte konnte seit 1946 in erheblichem Umfang direkt gesichtet werden. Das ermöglichte ein filmgeschichtliches Bewusstsein, das zu bis dahin kaum denkbaren formalästhetische Reflexionen in der Filmkritik führte.

Obwohl als formalistische und wegen ihres Persönlichkeitskults umstrittene Methode attackiert, implizierte diese *politique des auteurs* eine »école du regard«, die als Vorschule der Ästhetik der Nouvelle Vague betrachtet werden kann. Gegenüber der konventionellen *misère en scène,* die das Publikum zwang, »eine Klasse (…) unaufhörlich (zu) wiederholen«[1], plädierte die *politique* für eine Mise en scène, die die »vision du monde« des Regisseurs erkennen ließ und dem »Filmbetrieb immer um eine Nasenlänge voraus« sein sollte.

Um dem ästhetischen Konzept der »*Cahiers*-Bande« gebührenden Ausdruck zu verleihen, bedarf es eines Neologismus: Der »nouvelle critique« ging es um die Elaboration einer ›Ästhet(h)ik‹, um eine sich in der ästhetischen Struktur eines Films verwirklichende Ethik der Aktivierung des Zuschauers. Deren negatives Zerrbild – das passive, der traumproduzierenden Verführung des Apparats hingegebene, wenngleich darob nicht unglückliche Opfer – beschreibt *Cahiers*-Mitglied Jean Louis Comolli: »Der Zuschauer verlässt die Realität, vergisst sich und die anderen. Er ist allein und folgt den ausgeworfenen, schmeichelnden Schlingen eines Traums, der ihn in einen Kokon einhüllt.« Der Illusionismus erscheint neben aller Faszination, die der imaginäre Bildraum auch verheißt, als Manipulation und Bemächtigung des Zuschauers. Gegenüber dieser Passivierung konzipierte die *politique des auteurs* den Zuschauer als Mitschöpfer, der durch den Bruch mit konventionellen Wahrnehmungsweisen zum »neuen Blick« (Rivette) erzogen werden sollte. Dabei ist es charakteristisch für die *politique* wie für die Nouvelle Vague, dass der Fokus dieses neuen Sehens keine inhaltliche Fixierung im Sinne einer Botschaft im Blick hatte, sondern auf die Befreiung von konventionellen Wahrnehmungsweisen abhob. Dass es dabei um eine Revitalisierung avantgardistischer Infragestellung von allzu etablierten Wahrnehmungs- und Erlebnisstilen ging, verdeutlicht Comollis Volte gegen den Mainstream: »(…) wenn Filme von Rossellini niemals Erfolg hatten, wenn (Jaques Demys) LOLA nicht gefiel, so ist dies gut (…), weil diese Filme verstörten, verwirrten, schockierten, durcheinander brachten und gegen eine sakrosankte Gemächlichkeit revoltierten, die zur exklusiven Eigenschaft des Durchschnitt-Zuschauers wurde – als ob er, wenn alles zusammenbricht, noch in seinem Sessel schlafen könnte! –, seines Ruhms – als ob die geistige Faulheit und die kulturelle Fahrlässigkeit Dekorationen wären, mit denen er sich schmücken könnte! –, seiner Starrsinnigkeit. Der Zuschauer muss wissen, dass seine Haltung gegenüber Filmen ein genauso bedeutendes und aufschlussreiches Verhalten ist wie seine Haltung gegenüber Frauen oder der Politik.« In den Olymp der *auteurs* wurden besonders Regisseure erhoben, die die filmische Diegese durch kleine imperfekte Finessen selbstreferentiell bewusst machten, den Kokon indes

LE MÉPRIS

nur soweit durchbrachen, dass der Traum noch lebbar war, aber seine Schlingen gelockert wurden. So rühmten die *Cahiers* das Imperfekte (falsche Anschlüsse) und die bewusste Artifizialität (Dekor, Theatralität der Darstellungsweise) im Œuvre Nicholas Rays oder verehrten THE BAREFOOT CONTESSA (Die barfüßige Gräfin, 1954) aufgrund der (Selbst-)Kritik des Starsystem und der Erweiterung des »Film-im-Film«-Genres. Die *politique des auteurs* inaugurierte Filme, die – wie Jansen im Hinblick auf die Nouvelle Vague pointiert – die Lust am »Film + Kritik am Film« gleichermaßen boten. Sie zielte damit auf eine ästhetisch erfahrbare Pragmasemiotik *avant la lettre* ab, indem sie die filmische Fiktion unverbrüchlich mit den durch Genre, Medienkompetenz und lebensweltliche Situiertheit bedingten Erwartungshaltungen verbunden sah und diese Trias als Denkbewegung in die Filmkritik implizierte.

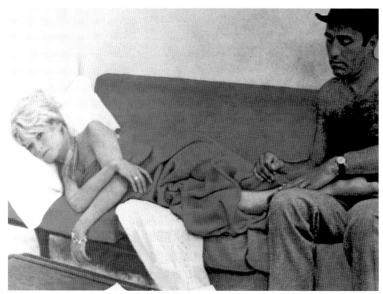

LE MÉPRIS

Filmische »école du regard«

Die Transponierung dieses ästhetischen Konzepts auf die Filme der Nouvelle Vague ist besonders durch die Verwendung des bewusst ausgestellten Zitats und der betonten Abweichungen von Konventionen markiert. Die Filmgeschichte strotzt von gleichsam naturalisierten Zitaten, die von Kostümcodes (»bad guy – black hat«) über standardisierte Einstellungsgrößen für dramatische Spannungsmomente (die »Amerikanische« im klassischen Western) bis hin zu Bewegungs- und Handlungsmustern reichen. Wenn im Western der Final-Schuss durch eine Pirouette des Revolvers in der Hand des Schützen seine virtuose Coda findet, bleibt dieses konventionelle Bewegungsmuster ohne Auswirkung auf die Illusion. Wiederholt sich dasselbe Bewegungsmuster in Truffauts urbaner, melodramatischer Gangster-Elegie TIREZ SUR LE PIANISTE (Schießen Sie auf den Pianisten, 1960) vor dem tödlichen Schuss auf Lena, verweist die filmische Diegese auf ihre artifizielle Konstruktion. Dient das nicht-markierte Zitat der pragmatischen Etablierung von Gebrauchsregeln, dem Vorantreiben der Handlung und Emotionen durch Standardsituationen und der

Selbstreflexion als Ästhet(h)ik der Freiheit | 163

Aktualisierung kultureller Skripte, unterminiert die Revolver-Pirouette in TIREZ SUR LE PIANISTE die Regel, indem der Film sie gegen ihren konventionellen Gebrauch einsetzt und damit dahinterstehende dramaturgische Konventionen bewusst macht: In der Fülle der Anspielungen, die vom Stummfilm (Irisblende, Slapstick) über den Western (Showdown) bis hin zum französischen poetischen Realismus (Milieu) und Film noir (Motivik, Ausleuchtung) reichen, reflektiert TIREZ SUR LE PIANISTE die Frage nach der Angemessenheit der Balance zwischen Dramaturgie, Sujet, Lebenswelt, bezieht dabei die filmische Kompetenz der Rezipienten spielerisch mit ein.

Die folgenden Filmbeispiele repräsentieren unterschiedliche Spielarten der Selbstreflexivität, die den Film als Kommunikationsmedium im Gegensatz zu seiner traditionellen Kaschierung als künstliche und im Glücksfall künstlerische Konstruktion virtueller Welten ausweist: Während sich UNE HISTOIRE D'EAU (Eine Geschichte des Wassers, 1958) auf die Erforschung innovativer Ausdrucksmittel konzentriert und Erwartungshaltungen bewusst thematisiert, reflektieren Godards LE MÉPRIS (Die Verachtung, 1963) und Jacques Roziers PAPARAZZI (1963) die filmindustrielle Skopophilie.

UNE HISTOIRE D'EAU: Selbstreflexion des Erzählens

In dem zwölfminütigen UNE HISTOIRE D'EAU von Godard und Truffaut erzählt eine Studentin im Off, wie sie sich in einen Autofahrer verliebt, der sie während einer Überflutung der Île de France nach Paris zu bringen versucht. Der Monolog, gelegentlich von einer männlichen Stimme konzertiert, die die direkte Rede des Mannes übernimmt, präsentiert eine krause, kontingente und deshierarchische Abfolge von Assoziationen zur Literatur, zur Ausstrahlung des Mannes, von Augenblickseingebungen zur Flut und dem parallel verlaufenden, privatimen Ereignis: »Zwar stand alles unter Wasser, doch für mich war es – das Glück!« Die Bilder fokussieren das Paar auf dem Weg durch die Fluten nach Paris, umklammern die eher flanierende Erinnerung, die vom Hölzchen auf Stöckchen kommt.

Die selbstreflexive Positionierung des Films manifestiert sich auf der dramaturgischen, narrativen und Zitat-Ebene. UNE HISTOIRE D'EAU kreiert eine neue Beziehungs-Dramaturgie, die auf JULES ET JIM vorausweist. Die sich anbahnende Liebe realisiert sich nicht über das große drama-

LE MÉPRIS

tische Ereignis, sondern über zufällige, klein gehaltene Peripetien, Wechselspiele der Anziehung und Abstoßung: Eine misslungene Pointe, komische Grimassen, liebenswerte Gesten tarieren Sympathie oder Antipathie aus. Die ziellose, da um Dramatik nicht bemühte Dramaturgie wird sowohl im Off-Kommentar als auch visuell selbstreflexiv thematisiert: »Sie finden, ich sollte lieber nicht vom Thema abkommen? Das erinnert mich an ein Erlebnis an der Sorbonne. Aragon hielt eine Vorlesung über Petrarca. Hier mache ich eine Klammer auf: Alle missachten Aragon. Ich liebe ihn. Nun schließe ich die Klammer wieder. Aragon sprach also über Petrarca. Er beginnt mit einer endlosen Lobrede auf Matisse. Nach 45 Minuten ruft ein Student von hinten: ›Zum Thema! Zum Thema!‹ Aber Aragon sagt schlicht, dass Petrarcas Genie in der Kunst der Abschweifung besteht. So wie bei mir. Ich komme nicht vom Thema ab: Das ist mein Thema! Wie die Flut ein Auto querfeldein in die Felder drängt, um die Hauptstraße zu erreichen.«

Eben diese Digression unterstreichen die Bilder: Kurze Halbtotalen auf das im Wasser stecken gebliebene Auto, nahe Einstellungen auf ›gestohlene Küsse‹ während des Versuchs, es wieder frei zu kriegen. Mit der Passage: »Das ist mein Thema!«, konzentriert sich die Erzählerin kurzfristig erneut auf die Liebesbeziehung. In diesem Moment startet das Auto wieder und fährt auf die Kamera mit hoher Geschwindigkeit zu. Die Bilder metaphorisieren das narrative Vagabundieren, Retardieren und Beschleunigen, illustrieren also nicht nur Elemente der Fiktion und des Erinnerungsprozesses, sondern auch die poetologische Reflexion des Films.

Abgesehen davon, dass der Film mit dem Aussparen der Moral (»ich war glücklich bei diesem Typ, (...) mit dem ich heute Abend wahrscheinlich schlafen würde«) das Lebensgefühl der urbanen *Generation Nouvelle Vague* im Gegensatz zum kommerziellen französischen Film widerspiegelt, zeigt er seinen Widerstand zur tradierten Dramatik einer Liebesgeschichte auch durch das Experimentieren mit der Ich-Erzählung. Gewöhnlich wird bei dieser Erzählsituation die epische Distanz gebrochen, da die Erzählerin sich im Geschehen befindet. Dieselbe Distanz ist jedoch auch Vorraussetzung für sie, da sie Vergangenes erzählt. Diese traditionelle Spaltung in ein erlebendes und erzählendes Ich bricht der Film auf, indem er die Erzählerin als Figur ausweist, die sich ihrer Fiktionalität bewusst ist. Sie beendet in dem Moment, da die Spaltung in erlebendes und erzählendes Ich aufgelöst wird, da erzählte Zeit und Erzählzeit scheinbar identisch sind, die Erzählung und spricht den Abspann: »Während das Wasser dem Eiffelturm die Füße netzte – ich war glücklich bei diesem Typ, den ich »Dreckskerl« nannte, als er mich küsste, mit dem ich heute Abend wahrscheinlich schlafen würde. Zwar stand alles unter Wasser, doch für mich war es das Glück. (Ende der Erzählung und ›Abspann‹:) Das war ein Film von François Truffaut und Jean-Luc Godard. (...) Mack Sennett gewidmet. Für die Films de la Pleiade. Zensur-Nummer 21–69.6. Voilà, meine Damen und Herren, das war's.«

Die filmische Konstruktion wird durch das ironisch verstärkte Korrigieren bzw. Anpassen der atmosphärischen Elemente an die Erzählung offensichtlich, was eine Verfertigung der Fiktion im Moment ihres Entstehens suggeriert: Als die Erzählerin – die Mise en scène scheinbar kommentierend, dabei jedoch über ihre sprachliche Umsetzung der Wahrnehmungseindrücke der Landschaft reflektierend – sagt: »Sonst pfeife ich auf das Bild. Der Text allein zählt. Aber diesmal hatte ich Unrecht. Alles war schön. Kein Lärm, keine Musik, Stille«, bricht die schwungvolle Jazz-Musik ab, drängt sich die Tonspur durch das Spiel der Absenz als mediale Spur in den Vordergrund.

Für Rezeptionswirren sorgt auch die Zitat-Ebene: Ein Musik-Mix aus afrikanisierter Trommel-Bricolage, Jazz und dem Musette-Genre erschwert den Aufbau einer Erwartungshaltung, was durch den abrupten Wechsel von dokumentarischen Luftaufnahmen und Spielhandlung noch forciert wird. Die Fiktion weist also auch hier auf das Gemachte, indem sie die filmische Kombinierbarkeit verschiedener Zeichensysteme als Versatz-Zitate bloßlegt, anstatt sie dem Einspinnen in den traumwandlerischen Kokon unterzuordnen. Die Darsteller Caroline Dim und Jean-Claude Brialy zitieren typische Bewegungsmuster und Standardsituationen der Slapstick-Comedy, wenn es darum geht, der Tücke von Objekten zu widerstehen, ohne ins Wasser zu fallen. Durch diesen Verfremdungseffekt verweisen sie während des Konzipierens der fiktiven Figuren auf ihre darstellerische Funktion.[2] Der Film bewahrt sich ein Residuum der Autonomie, die den herkömmlichen Dienst an der Diegese zwar nicht aufkündigt, jedoch nicht als das ganze Kino ausweist.

PAPARAZZI – LE MÉPRIS: Wunschbilder der Schaulust

Gegenüber dieser eher intrinsisch anmutenden Selbstreflexion analysieren Jacques Rozier und Jean-Luc Godard das Metier des Filmgeschäfts aus verschiedenen Blickwinkeln, wobei sie einen gemeinsamen Ausgangspunkt haben: LE MÉPRIS. Reflektiert Godard die Kompromisse, die der *auteur* Fritz Lang alias Fritz Lang gegenüber dem Produzenten eingehen muss, dokumentiert Rozier die Jagd der Pressefotografen auf Brigitte Bardot während ihrer Dreharbeiten zu LE MÉPRIS. Beider Thema ist die filmindustriell erzeugte Schaulust des Begehrens. Anhand des Zwangs zur Sexualisierung der Odyssee-Verfilmung, dem Fritz Lang ausgesetzt ist, unterstreicht Godard: Das kommerzielle Kino toleriert nur dann »24-mal die Wahrheit pro Sekunde«, wenn die wahren Wunschbilder auch als Waren-Wunschbilder verkäuflich sind. Insbesondere die der Ikone Brigitte Bardot. Wie der fiktive Produzent in LE MÉPRIS, verlangten Godards

Produzenten Carlo Ponti und Joseph L. Levine Nacktaufnahmen. Dem kam Godard nur scheinbar nach: Die eigenartige Kolorierung und statuarische Inszenierung des nackten Körpers sind ebenso kassenfeindlich wie ein umfangreiches Konglomerat von Schrift-Inserts und Film-Zitaten, das die Reflexion über das Filmemachen und das filmische Bild hervorhebt.

Die Verschiebung vom Spektakulären zur Reflexion realisiert sich unter anderem in einem intermedialen Coup der Aussparung von physischer Gewalt, ein Darstellungscode, der im hellenistischen Theater üblich war: Der tödliche Autounfall von BB ist nur hörbar – vor dieses Bild lagert sich ihr Abschiedsbrief an den Ehemann. Wir sehen lediglich das Resultat im Tableau.

Während Godard sich der kommerzgemäßen Skopophilie entzieht, reflektiert Rozier in seinem dokumentarischen Essay PAPARAZZI die Unbarmherzigkeit ihrer Konstruktion. Intramediale Zitate von Standardsituationen des Gangsterfilms analogisieren die Jagd auf den Shooting Star Bardot mit der Präzisionsarbeit eines Killers. Die Realität kam Rozier dabei inspirativ zu Hilfe: Eine entlarvende Einstellung zeigt einen Fotografen, der sein Objektiv gegen die Filmkamera richtet und dabei Maschinengewehrsalven akustisch imitiert. Die subjektive Sicht der Paparazzi auf ihr Objekt BB inszeniert Rozier im Stil der Suspense-Dramaturgie: Die ahnungslose Brigitte Bardot ist der über Felsen und Büsche linsenden Kamera restlos ausgeliefert, nur mit einem Nichts von Bikini bekleidet erscheint sie im Visier des Fadenkreuzes. Ein Fotograf schultert seine mit einem langen Zoom-Objektiv ausgestattete Kamera, legt sie – einem Gewehr gleich – an. Brigitte Bardot dreht sich schnell um und blickt frontal in die (Film-)Kamera. Diese Bewegung montiert Rozier mehrmals hintereinander, suggeriert bei anschwellend schriller Musik den Moment kurz vor dem auslösenden Schuss. Dass die Dokumentation die Penetration der Fotografie in das »vie privée« der BB reproduzieren muss, um sie zurückzuweisen, reflektiert der Film durch rasante Schnittfolgen, die einen verweilenden, kontinuierlichen Blick auf das Objekt der Begierde verhindern.

Trotz unterschiedlicher Spielarten der Selbstreflexivität weisen nahezu alle Filme der Nouvelle Vague eine Gemeinsamkeit auf: Selbst wenn sie auf die Lebenswelt und – selten genug – auf aktuelle politische Aspekte abzielen, bleiben das Kino und das Archiv der Filmgeschichte wesentliche Protagonisten. Dieser »Tick« (Frieda Grafe), von Filmen und

Figuren, die »eine nur auf filmische Vorbilder beschränkte Existenz«[3] zu besitzen scheinen, trug der Nouvelle Vague das maliziöse Bonmot ein: »Die Nouvelle Vague hat nichts zu sagen. – Aber das sagt sie gut.«[4] Indem sie Vertrautes ins Unvertraute setzte und das Kino-Archiv für Verfremdungsstrategien einsetzte, indem sie ihre Faszination für den imaginären Bildraum reflektierte und zugleich offen legte, schärfte sie den Blick dafür, die Bedingungen der eigenen Schaulust zu hinterfragen. Seitdem hat der Zuschauer nicht nur die Leinwand im Blick, sondern auch sich selbst.

1 David Cook: A History of Narrative Film. New York – London 1981. S. 461.
2 Durchaus nicht positiv gemeint von Robert Benayoun. In: Enquête sur la critique. In: Positif 36 (1960). S. 24.
3 François Truffaut: Eine gewisse Tendenz im französischen Film. In: Theodor Kotulla (Hg.): Der Film: Manifeste, Gespräche, Dokumente. Bd. 2. S. 127.
4 Georges Langlois/Glenn Myrent: Henri Langlois: premier citoyen du cinéma. Paris 1986. S. 243.
5 Jean-Louis Comolli: Notes sur le spectateur nouveau. In: Cahiers du cinéma 177 (1966). S. 67.
6 Vgl. Jean-Louis Comolli: Vivre le film! In: Cahiers du cinéma 141 (1963). S. 18.
7 Jacques Rivette: Wir sind nicht mehr unschuldig. In: J.R.: Schriften. a.a.O. S. 11
8 Hierbei gab es allerdings auch Gegenstimmen wie etwa von Luc Moullet, der gerade in der »größtmöglichen Einsetzung der Einbildung an die Stelle des gegenwärtig Wirklichen« und in der »Absorption des Bewusstseins« das ›Wesen‹ der Filmkunst sieht. Luc Moullet: Sur un art ignoré. Cahiers du cinéma 98 (1959). S. 28

9 Jean-Louis Comolli: Vivre le film! a.a.O. S. 22. Diese Attitüde wird umso verständlicher, wenn man folgende Einschätzung bedenkt: »Les Français, et plus particulièrement, les Français de province, consomment avec une régularité étonnante des films qui ont peu changé depuis années 30 ...« Vgl. Jean-Pierre Jeancolas: Le cinéma des français. La V République 1959 – 78. Paris 1979. S. 98
10 Vgl. Jacques Rivette: Über die Erfindungskraft. In: J.R.: a.a.O. S. 50-53
11 Jacques Doniol-Valcroze, in: Quatres opinions sur THE BAREFOOT CONTESSA. In: Cahiers du cinéma 49 (1955). S. 41-47
12 Peter W. Jansen: Godard und die Theorie. In: Filmkritik 02/1967. S. 79
13 Zur Pragmasemiotik vgl. montage / av 2 (2002): Pragmatik des Films
14 Solche Distanzierung der Verkörperung prägt auch Godards Kurzfilm LA PARESSE, in dem ausgerechnet Eddie Constantine, der James Bond des französischen Kinos, sich dem sexuellen Werben eines Starlets mit den Worten versagt: »Ich bin zu faul, mich hinterher anzuziehen.«
15 Ulrich Gregor: UNE FEMME EST UNE FEMME. In: Filmkritik 09/1961. S. 441
16 Robert Benayoun: Enquête sur la critique. a.a.O. S. 25

Jean Paul Belmondo

Ein *beau* war er nie. Seine leicht abstehenden Ohren, die gebrochene Nase und die wulstigen Lippen prädestinierten den 1933 geborenen Jean-Paul Belmondo rein physiognomisch gesehen nicht dazu, ab 1960 zum Star des französischen Kinos zu werden und zum Objekt eines Kultes: des *belmondisme*, dessen Anhänger ihn vertraulich *Bebel* nannten. Gefragt, wie er sich den Erfolg erkläre, antwortete Belmondo lapidar: »Ich glaube, dass ich Charme besitze.« Belmondos Charme ist ein besonderer: der Charme des Rabiaten. Wie bei Jean Gabin signalisiert schon sein widerborstiges Gesicht, seine *gueule*, dass er das Leben primär als eine körperliche Angelegenheit ansieht. Belmondo agiert lieber, als dass er reflektiert. Er liebt sich ungeschliffen. Dennoch redet er gerne, schimpft und flucht, wird auch beherrschend – und bleibt dabei stets, dies nicht ohne schlaksige Eleganz, flexibel. Um sich diese Flexibilität zu bewahren, muss er zum Rebellen gegen alle Zwänge werden. So stürmt er durch Godards À BOUT DE SOUFFLE (1960), ohne je aus der Puste zu kommen, bis ihn die Kugel trifft und er noch im Tod das letzte Wort, die letzte Geste behält: Er schließt sich selbst die Augen. Mit diesem Bild und diesem Film wurde Belmondo schon deshalb unsterblich, weil er anderen, durchaus höchst unterschiedlichen Unsterblichen Mimik, Gestik und ganze Körperbewegungen *entwendete*: etwa Humphrey Bogart und James Cagney. Bei Philippe de Broca, in dessen CARTOUCHE (1961) und L' HOMME DE RIO (1963) Belmondo, stets ohne Double, den Tausendsassa gibt, wird er noch zu Douglas Fairbanks und Errol Flynn. Seinen Kultstatus als *Bebel* hat Belmondo sich anhand vieler Vorbilder aus der Filmgeschichte erarbeitet, und in der immensen Flexibilität dieses rabiaten Charakters, im Wunsch, sich um keinen Preis feststellen zu lassen, erkannte Enno Patalas schon 1963 ein Element des Anarchistischen. Belmondo lebt es aus in Godards PIERROT LE FOU (1965), wo er das Unmögliche sucht, zuletzt im Suizid. Wenn das Leben primär physisch angegangen wird, kitzelt es im unbedingten Risiko immer den Tod. Was Belmondo antreibt in den Filmen der Nouvelle Vague, hat er spät einmal ausgesprochen, in einem recht konventionellen Werk. In Jacques Derays nostalgischem Gangsterfilm BORSALINO (1970) sagt Belmondo, der am Ende natürlich sterben wird: »Das Glück existiert nicht!« Gegen diese dunkle Ahnung, und damit sie nicht zur Gewissheit wird, geht Belmondo, *le magnifique*, physisch immer aufs Ganze.

Bernd Kiefer

Marcus Stiglegger

Gedächtnis-Skulpturen
Alain Resnais

Filmessayismus

»Ich möchte Filme machen, die sich wie eine Skulptur anschauen und wie eine Oper anhören«, sagte Alain Resnais 1961 kommentierend zu seinem Vexierspiel L'ANNÉE DERNIÈRE À MARIENBAD (Letztes Jahr in Marienbad, 1960).[1] Es ist Resnais' Wunsch, seine Filme als vielschichtige Gesamtkunstwerke zu gestalten, die sich dem schwierigen – mitunter dialektischen – Verhältnis zwischen Vergangenheit und Gegenwart, zwischen Erinnern und Vergessen essayistisch annähern. Dabei entwickelte er sich zu einem heute noch aktiven Veteranen der Nouvelle Vague, zu der er einst höchstens am Rande zählte. Zusammen mit Jean-Pierre Melville gehört er zu einer älteren Generation als die ›jungen Wilden‹ der *Cahiers du cinéma*.

Alain Resnais, geboren am 3. Juni 1922 im französischen Vannes, wuchs in einem bürgerlichen Umfeld auf. Sein Schulbesuch blieb aufgrund seines asthmatischen Leidens sporadisch, so dass seine Mutter schließlich selbst für seine Bildung verantwortlich war. Neben Marcel Proust und Aldous Huxley prägten vor allem die phantastischen »Harry Dickson«-Comic-Strips von Jean Ray seine Vorstellungswelt, die er bereits mit dreizehn Jahren in einem 8 mm-Film über »Fantômas« in Bilder umzusetzen versuchte. Nach dem Abitur war sein erstes Ziel, Schauspieler zu werden. Ab 1940 besuchte er zwei Jahre lang die Schauspielkurse von René Simon, wechselte 1943 jedoch in das Grundstudium des Institut des Hautes Etudes Cinématografiques (IDHEC). Statt sein Studium abzuschließen, widmete er sich verstärkt der Fotografie. Mit seiner Einberufung zum Militär trat er der Theatergruppe *Les Arlequins* von André Voisin bei, mit der er die französischen Besatzungszonen in Deutschland und Österreich bereiste.

1945 drehte er den ersten einer Reihe von 16 mm-Filmen, die zum größten Teil heute verschollen sind. 1946 wirkte er an der Gestaltung und Montage von Nicole Védrès' Kompilationsfilm PARIS 1900 mit. Die folgenden Jahre sind mit einer Vielzahl kreativer Tätigkeiten im filmischen Bereich ausgefüllt: Seine frühen Filme widmen sich Künstlern, so z. b. VAN GOGH (1948), seinem ersten 35 mm-Film, oder GAUGIN (1950), sowie Picassos GUERNICA (1952). VAN GOGH erhielt 1950 einen Academy Award als »Bester ausländischer Kurzfilm«. Bildende Kunst, Literatur und Comicstrip prägten Resnais' Werk bis in die Neunzigerjahre hinein thematisch. Zudem kultivierte er – wie auch seine Kolleginnen und Kollegen der *rive gauche*, dem ›linken Ufer‹ – einen filmischen Stil, der dem literarischen Essayismus nahe steht: Betont subjektiv, experimentell in seiner Annäherung an das Sujet, fragmentiert in der Chronologie, bewusst im Umgang mit dem Verhältnis von Bild und Ton, selbst- und metareflexiv im Umgang mit dem filmischen Raum.

Auch in der ›eigentlichen‹ Nouvelle Vague tauchten wenig später vermehrt essayistische Strukturen auf. Alain Resnais war neben Marguerite Duras, Jean-Luc Godard und Chris Marker einer jener Regisseure, die am deutlichsten diese reflexiven Diskurse im Spiel- und Dokumentarfilm entfalteten. Der Filmkritiker Raymond Bellour betont: »… die Reflexivität, von der wir sprechen, ist nach meiner Meinung erst in den fünfziger Jahren und speziell im französischen Kontext möglich geworden. Das heißt, nach dem Bruch, der durch die Erfahrung des Zweiten Weltkrieges und die Veränderungen der Welt eingetreten ist, und der mit der Veränderung des Bildes als Abbild der Wirklichkeit in Verbindung steht. Das gesamte Denken der ›Nouvelle Vague‹ ging davon aus, ob das Kino weiterhin fähig sei, mit den neuen Verhältnissen der Welt umzugehen oder nicht.«[2] Wovon Bellour spricht, ist jene historische Dimension, die durch die großen humanen Katastrophen wie den Holocaust und die Atombombe in das Bewusstsein der Intellektuellen und Künstler getreten war. Eine lineare, konventionelle Dramaturgie konnte sich diesem Phänomen kaum angemessen nähern. Die Realitätswahrnehmung war im wahrsten Sinne zerrissen worden.

Es verwundert also kaum, dass die frühe Zusammenarbeit von Resnais mit Jean Cayrol und Chris Marker in NUIT ET BRUILLARD (Nacht und

Nebel, 1956) sowie mit Marguerite Duras in HIROSHIMA MON AMOUR (1959) sich genau dieser beiden Themen annimmt. Resnais entwickelte hier eine von Versuch und Suchbewegung geprägte offene filmische Form, die sich am ehesten als Essayfilm umschreiben lässt, wobei in beiden Filmen inszenierte und dokumentarische Elemente vermischt werden. Alain Resnais' vorangehende Filmprojekte hatten sich alle auf unterschiedliche Weise dem Verhältnis von Erinnern und Vergessen gewidmet. Nach einer ethnographischen Zusammenarbeit mit Chris Marker (LES STATUES MEURENT AUSSI [Auch Statuen sterben], 1950–1953) drehte er zusammen mit Jean Cayrol (Monolog) und Hanns Eisler (Musik) den Dokumentarfilm NUIT ET BRUILLARD, der einem großen Publikum die von den Alliierten aufgezeichneten Holocaust-Dokumente zugänglich machen sollte. Resnais schneidet parallel zu diesem Material aktuelle, farbige Aufnahmen der Lagerruinen von Auschwitz; diese achronologische Montagetechnik, ergänzt durch den philosophischen Monolog, verweist auf die Zeitlosigkeit der historischen Ereignisse. Auch in TOUTE LA MÉMOIRE DU MONDE (Das Gedächtnis der Welt, 1956), einer Dokumentation über die Pariser Nationalbibliothek, gelang es ihm, seinen Reflexionen über die Archivierung der Erinnerung, über das »Lösen aller Rätsel«, komplex Ausdruck zu verleihen.

1959 drehte er nach einem Drehbuch von Marguerite Duras[3] seinen ersten Spielfilm HIROSHIMA MON AMOUR. In einer ähnlich wie in NUIT ET BRUILLARD fragmentierenden Montage erzählt Resnais von der flüchtigen Liebe zwischen einem verheirateten Japaner und einer Schauspielerin, die durch die Vergangenheit der Protagonisten eine fatale Verschränkung historischer Ereignisse mit individuellem Schicksal verdeutlicht: Er hat seine Familie bei der Bombardierung Hiroshimas verloren, sie wurde nach dem Krieg in Nevers geächtet, weil sie mit einem deutschen Soldaten liiert war, der später getötet wurde.

Im Laufe der beschwörenden, meditativen Monologe bekommen die Namenlosen ihre Namen – er »Hiroshima« und sie »Nevers-in-Frankreich«. Bereits in der ersten Einstellung scheint die Asche Tausender von Toten ihre umschlungenen Körper zu bedecken. Die junge Frau dreht, wie sie sagt, einen Film »über den Frieden« in Hiroshima, er aber wirft ihr vor, sie »habe nichts gesehen in Hiroshima«. Wieder spielt dokumentarisches Material – sie besucht ein Museum – eine tragende Rolle. Die achronologische Montage folgt dem Bewusstseinsstrom der Figuren,

HIROSHIMA MON AMOUR

verbindet das Unglück von Tausenden mit dem Ende einer individuellen Beziehung, ohne diese Ereignisse gleichzustellen.

»Wenn man nicht vergisst, kann man weder leben noch handeln«, sagte Resnais 1961 zu seiner Thematik der Dialektik von Verdrängung und Bewusstsein. »Das Vergessen muß konstruktiv sein. Es ist notwendig für das Individuum wie für das Kollektiv. Immer ist es notwendig zu handeln. Die Verzweiflung ist Stillstand …«[4] HIROSHIMA MON AMOUR, der mit dem Kritikerpreis in Cannes ausgezeichnet wurde, ist das Ergebnis der Suche nach einem literarischen, einem lyrischen Film. »Für mich hat [hier] die Musik mehr Bedeutung als ihr unmittelbarer Sinn. Nachher kann man darauf achten, was ›dahinter‹ steckt. Für mich ist das eine Art, dem Surrealismus, der automatischen Schreibweise treu zu bleiben.«[5]

Erinnern – Vergessen

L'ANNÉE DERNIÈRE À MARIENBAD, Alain Resnais' zweiter großer Spielfilm, war gleichzeitig seine zweite Zusammenarbeit mit einem Schriftsteller. Nach Marguerite Duras war die Kooperation mit dem *nouveau romancier*

Alain Robbe-Grillet noch symbiotischer geplant; eigentlich wollten sie sich die Regie teilen. Robbe-Grillet bewunderte an Resnais »eine außergewöhnlich eigenwillige, wohl abgestimmte und strenge Komposition, die frei war von einer übertriebenen Sorge zu gefallen,« schreibt er im gleichnamigen *cinéroman*. Er sah darin eine »zeremoniöse Gründlichkeit, […] eine gewisse Langsamkeit und einen Sinn für das Theatralische, […] jene Starrheit der Haltung, jene Strenge der Gesten, der Worte und des Dekors, die gleichzeitig an eine Statue und eine Oper denken lassen.«[6]

L'ANNÉE DERNIÈRE À MARIENBAD ist der Versuch, die Perspektive des *nouveau roman* auf den Film anzuwenden: Der Film reiht Motive, Äußerungen, Geräusche und Tableaux aneinander und breitet diese rätselhafte Vielfalt an Elementen auf der Basis eines klassischen Dreiecksverhältnisses aus: »Die geistige Zeit mit ihren Obsessionen interessiert uns, denn es ist die unserer Leidenschaft, die unseres Lebens,« schreibt Robbe-Grillet.[7] Im Film versucht der Erzähler X, die Frau A zu verführen, während ein Außenstehender M das verhindern möchte. X und A haben sich möglicherweise vor einem Jahr in Marienbad getroffen, woran sich A nicht

L'ANNÉE DERNIÈRE À MARIENBAD

erinnert. M ist möglicherweise A's Ehemann. Robbe-Grillet bezeichnet das Geschehen als eine taktische Verführung von A durch X, der sich der fiktiven Erinnerung an *l'année dernière à Marienbad* nur bedient, um eine gemeinsame Basis zu suggerieren. L'ANNÉE DERNIÈRE À MARIENBAD bedient sich also streng reduzierter, prinzipieller Figuren. Doch das gehört zum Prinzip dieser traumspielhaften Inszenierung und betont den rituellen Hintergrund der Idee:»Es handelt sich um eine Realität, die der Held durch seine eigene Vorstellung, durch sein Wort schafft – und gerade das kann uns der Film besonders gut zeigen«[8] (Robbe-Grillet).

Im Interview mit Jacques Rivette (1962) betont Resnais:»L'ANNÉE DERNIÈRE À MARIENBAD ist für mich ein Versuch – ein recht grober und primitiver – der Komplexität des Gedankens und seines Mechanismus' nahe zu kommen.«[9] Dabei arbeiteten die beiden Künstler in»vollkommener Übereinstimmung« (Robbe-Grillet). Von Anfang an hätten sie den Film auf die gleiche Weise gesehen, so Robbe-Grillet:»Was ich schrieb, schien er bereits im Kopf gehabt zu haben, was er bei den Dreharbeiten hinzufügte, war immer noch das, was ich hätte erfunden haben kön-

L'ANNÉE DERNIÈRE À MARIENBAD

Alain Resnais | 177

L'ANNÉE DERNIÈRE À MARIENBAD

nen.«[10] Wie Robbe-Grillets Romane ist L'ANNÉE DERNIÈRE À MARIENBAD ein zyklischer Film der Rituale, Variationen und Irritationen.[11] Er schafft Konstrukte, stellt sie gleich darauf in Frage und legt so die Funktion des Films selbst als Trugbild offen. Das Geschehen findet in einem labyrinthischen Hotel mit großem Park und prunkvoller Ausstattung statt – ein von der Außenwelt isoliertes Gebäude, eine autarke Welt persönlicher Obsessionen, Erinnerungen und Täuschungen. L'ANNÉE DERNIÈRE À MARIENBAD empfindet die »Poetik der Blicke« (Thomas Koebner)[12] des Schriftstellers Robbe-Grillet auf audiovisuelle Weise nach: Das beständige Gleiten der Kamera, das Driften durch ein multiples Geschehen ermöglicht dem Zuschauer lediglich die Wahrnehmung von Fragmenten der Handlung. Die durch die Langsamkeit ermöglichte Intensität der Beobachtung steht in keiner Relation zu deren narrativem Ergebnis. Das offenkundige Spiel, das der Film mit seinen Figuren, seinen mehrfachen, höchst unterschiedlichen Auflösungen treibt, spiegelt sich nicht nur in den Spielen, denen die Gäste des Hotels nachgehen, sondern vor allem in den scherzhaft-spekulativen Geschichten, die sich X und A zu den Skulpturen im Park

L'ANNÉE DERNIÈRE À MARIENBAD

zurechtspinnen: Der ganze Film L'ANNÉE DERNIÈRE À MARIENBAD ist selbst die vielfache Interpretation eines kristallinen Moments, eines eventuell trügerischen Eindrucks. Was mag X, A und M verbinden? Der Film schlüsselt einige der Möglichkeiten auf ...

Resnais und sein Kameramann Sacha Vierney (der später auch für Peter Greenaway arbeitete) entwerfen das visuelle Äquivalent zu Robbe-Grillets *cinéroman* in eleganten Fahrten, die die Ausstattung ebenso wie die Akteure erkunden, in hell ausgeleuchteten, gestochen scharfen Einstellungen und aufwendigen visuellen Arrangements, in denen Spiegeln eine wichtige Bedeutung zukommt. So erschaffen sie nicht das psychologisierende, quasi-realistisch ausgespielte Abbild einer Verführung, sondern Ausstattung, Licht und Figuren bilden gleichermaßen umfassende Assoziationsflächen und Affektmomente, die filmischen Mechanismen selbst die Funktion des Verführers zukommen lassen. Wie erwartet, stieß diese fast anti-narrative Technik auf wenig Verständnis bei der zeitgenössischen Rezeption und trug dem Film den Ruf des kryptischen und selbstgefällig ästhetizistischen Kunstproduktes ein.

Nachdem der Film bei Verleihern und Festivals zuerst auf Ablehnung gestoßen war, gelang es Resnais jedoch, ihn mit Fürsprache von Jean-Paul Sartre, Simone de Beauvoir und Michelangelo Antonioni bei den Filmfestspielen in Venedig aufzuführen, wo er den »Goldenen Löwen« gewann. Alain Robbe-Grillet hat sich später – wie auch Marguerite Duras – selbst dem Filmemachen zugewandt, und seine Filme von 1961 bis 1994 reflektieren immer wieder die Labyrinthe, Symbole und Spiele aus L'ANNÉE DERNIÈRE À MARIENBAD, denn – so argumentiert auch Resnais im Interview bereits 1961: »Ein klassischer Film kann den wirklichen Rhythmus des modernen Lebens nicht umsetzen.«[13]

MURIEL (Muriel oder die Zeit der Wiederkehr, 1963) ist die Weiterentwicklung des lyrischen Stils zu einer weniger reduzierten Form: Wiederum fotografierte Sacha Vierny das Geschehen um ein problematisches Dreiecksverhältnis in blassen Farben, wie in L'ANNÉE DERNIÈRE À MARIENBAD spielt Delphine Seyrig die Hauptrolle. Vor dem historischen Hintergrund des Algerienkrieges entwickelt Resnais Jean Cayrols Geschichte von Selbstbetrug, Verdrängung und Erinnerung in einem ähnlich achronologischen Montagegeflecht wie in den vorhergehenden Filmen, wobei er Tonspur und Bildebene oft bewusst gegeneinander und übereinander stellt.

Ebenfalls ein gegenwartsbezogenes Thema wählte Resnais für seinen ersten – von einigen Vorausblenden abgesehen – eher konventionell narrativen Spielfilm: LA GUERRE EST FINI (Der Krieg ist vorbei, 1966) erzählt nach einem Drehbuch des Romanciers Jorge Semprun von den inneren Konflikten und Zweifeln eines Spaniers, der gegen Ende des Franco-Regimes in Paris im Exil lebt. Mehr als seine vorhergehenden Werke ist dieser Film ein eindringliches Charakterporträt des ermüdeten Revolutionärs – gespielt von Yves Montand –, dessen Dasein ohne den kämpferischen Aspekt den Sinn verliert, dessen individuelles Schicksal jedoch ebenso unter dem Einfluss der Geschichte seines Landes steht, wie das bei allen Resnais-Figuren der Fall ist. Die Gestaltung einer Liebesszene knüpft mit ihrer fragmentierenden Montage wieder an HIROSHIMA MON AMOUR an, während der gesamte Film konsequent nach einer intellektuell adäquaten Umsetzung seiner Thematik sucht, ohne radikal politisch Stellung zu beziehen. Zusammen mit Jean-Luc Godard, Agnés Varda, Chris Marker und vielen anderen Filmschaffenden aus dem Umfeld der Nouvelle Vague inszenierte und montierte Resnais den Kompilationsfilm LOIN DE VIETNAM (Fern von Vietnam, 1967) als intellektuellen Protest gegen den Krieg in Vietnam. Bilder vom Kriegsgeschehen, den Protesten in Amerika und überall in der Welt werden mit Spielszenen kombiniert und bilden ein gewollt uneinheitliches und daher vielschichtiges Porträt dieser Zeit. Der Schauspieler Bernard Fresson hält die Episoden mit einem literarischen Off-Text zusammen. Interessant ist die Zwiegespaltenheit der Filmemacher, die mit metafilmischen Mitteln darauf verweisen, dass auch dieses Werk des Protests vermutlich wieder nur »ihresgleichen« erreichen wird.

Comics, Erzählexperimente und die Nachwirkungen

Mit JE T'AIME, JE T'AIME (Ich liebe Dich, ich liebe Dich, 1968) kehrte Alain Resnais zu seinem Themenkomplex Zeit-Vergessen-Erinnerung-Bewusstsein zurück, integrierte jedoch erstmals ironische Brechungen und Akzente, ein Stilmittel, das vor allem seine späteren Werke auszeichnen sollte. Resnais greift hier die Figur des Claude Ridder, eines desorientierten Linksintellektuellen, aus seiner Episode in LOIN DE VIETNAM wieder auf. Der Selbstmordkandidat Ridder wird zum Versuchskaninchen der Wissenschaft: Mit einer bizarren Apparatur wird er in seine Vergangenheit zurückbefördert, doch statt nach einer Minute zurückzukehren, pendelt er ziellos zwischen verschiedenen Ereignissen der Vergangenheit. Verschiedene Lösungen identischer Konflikte bieten sich an und werden verworfen. Die Authentizität der Erinnerung stellt sich permanent in Frage. Ridders Reise endet im Moment seines Selbstmordversuches, doch diesmal wird er tatsächlich sterben. Mit seinen mehrfachcodierten, teilweise sogar genretypischen (Science Fiction, Kriminalfilm, Romanze) Erzählsträngen erinnert dieser experimentelle Spielfilm wiederum an die frühen Romane Robbe-Grillets, deren undefinierbare »tote Zeit«, ein »Tage zuviel«, zur Grundidee einer radikal relativen Realitätssicht wird. Resnais nimmt so die Fragmentierungsstrategien des aktuellen Kinos vorweg (Quentin Tarantino, Christopher Nolan, Alejandro González Iñárritu, François Ozon).

Wiederum auf ein Drehbuch von Jorge Semprun griff Resnais 1973 zurück, als er nach längerer Abstinenz das historische Drama STAVISKY inszenieren konnte. Er hatte die Jahre in Amerika verbracht, an einem Film über de Sade gearbeitet, mit William Friedkin die Lovecraft-Saga »Arkham« vorbereitet, die beide nie gedreht wurden, um erst 1972 für eine Episode aus Jacques Doillons L'AN 01 nach Frankreich zurückzukehren. STAVISKY (1974) schließlich erzählt die Geschichte des Hochstaplers

Alexandre Stavisky, der im Paris der dreißiger Jahre zu Ruhm kommt und mit seinem Sturz politische Verwirrung auslöst (Stavisky-Affäre, 1934). Wie in LA GUERRE EST FINI dominiert der Plot einer Filmbiografie nur scheinbar dieses vielschichtige Zeit- und Sittengemälde einer dekadenten, sterbenden Epoche und erinnert an die späten Werke Luchino Viscontis; beachtet man jedoch den Subplot von Leo Trotzkis Reise durch Frankreich und die betont artifizielle, kühle Bild- und Musikdramaturgie, zeigt sich eine verfeinerte Variante der früheren Stilmittel und Themen von Resnais. Sein Porträt gerät zur Fabel und Infragestellung der Werte einer verfallenden Gesellschaft. Gerade deshalb bleibt STAVISKY ein Modell – eine Figur der Zeitgeschichte, die aus weit größerer Distanz als der Revolutionär aus LA GUERRE EST FINI betrachtet wird.

Aus dem spärlichen Filmschaffen der siebziger Jahre ragt die bizarre Parabel PROVIDENCE (1977) heraus. Diese poetische Phantasie ähnelt mit ihrem märchenhaften Duktus dem Werk von Jacques Rivette. In einem komplexen Handlungsgefüge präsentiert Resnais die Phantasmagorien des alternden Schriftstellers Clive Langham, der in seiner Phantasie eine Gesellschaft terroristischer Werwölfe und intriganter Familienmitglieder mit einem aggressiven Polizeistaat konfrontiert. Während der Sohn Claude seinem Halbbruder Kevin nach dem Leben trachtet, werden die unliebsamen Elemente der Gesellschaft in einem Stadion integriert. Erst mit dem Morgen seines 78. Geburtstages löst sich der Alptraum auf. Clive bekommt von seinen Kindern Besuch, weist sie jedoch von sich und bleibt einsam zurück. PROVIDENCE ist ein Werk von ausgereift moderner Perspektive. Mit Licht-Schatten-Kontrasten gelingt es Resnais in jeder Einstellung, neue Irritationen – und seien sie noch so subtil – zu schaffen. Immer ist er sich der Künstlichkeit seines Spiels bewusst und bricht die Perspektive. Clives düstere Rachephantasien sind letztlich geprägt von den Gedanken zu Resnais' H.-P.-Lovecraft-Projekt über jenen morbiden Schriftsteller, der selbst in Providence/Rhode Island lebte. Die Dämonen der Seele dominieren ein groteskes und dennoch hoch konzentriertes Bühnenstück, an dessen Ende der Verlust von Hoffnung und Werten steht. Neben seinen beiden frühen Spielfilmen ist PROVIDENCE als Resnais' Hauptwerk zu betrachten.

1993 verfilmte Resnais Alan Ayckbourns Theaterstücke »Intimate Exchanges«, wiederum ein experimentelles Unterfangen im Geiste der klassischen Nouvelle Vague, da er diese Aufgabe in Form zweier gleichberechtigter Filme löste: SMOKING und NO SMOKING. Beide Filme verfolgen die amourösen Verstrickungen zwischen neun Personen in einer kleinen englischen Gemeinde, wobei sämtliche Rollen von nur zwei Schauspielern verkörpert werden. Zweimal erleben wir hier die potentiell selben Geschichten, jedoch mit stets variierten Wendungen und Ausgängen. Während der erste Teil mit Celias Griff nach der Zigarette beginnt, entwickelt sich der zweite Teil aus dem Verzicht auf das Rauchen. Resnais betont die Künstlichkeit seines Spiels wie bereits früher durch theaterhafte Kulissen, lange, ruhige Kameraeinstellungen und an klassische Comiczeichnungen erinnernde Inserts, die die unterschiedlichen Episoden voneinander trennen. Die ständigen Wendungen und die daraus resultierende Relativierung eines objektiven Schicksals erinnern wiederum an die Struktur der Romane Alain Robbe-Grillets. Diese Filme brachten Resnais neue Aktualität in den neunziger Jahren und wurden mit fünf Césars ausgezeichnet.

»Was ich kann, habe ich ebenso sehr durch die Comics wie durch den Film gelernt. Die Regeln des Schnitts und der Montage sind bei den Comics dieselben wie beim Film. Lange vor dem Film haben [sie] das Scope benutzt, und sie haben dauernd das Format gewechselt.«[14] Comics bleiben ein scheinbar vollkommener Ausdruck des Kunstverständnisses von Resnais.

Alain Resnais gelang es, mit seit Jahrzehnten unerschütterlicher Energie, seine Position als eigenständiger, visionärer Filmemacher zu behaupten. Obwohl er sich anderen Künstler nahe fühlt – Jean Cocteau, Orson Welles und Michelangelo Antonioni, sowie den vielen, mit denen er direkt zusammenarbeitete – wirkt sein Werk nahezu unberührt von direkten oder modischen Einflüssen – und ist noch heute durchdrungen vom experimentellen Geist der Nouvelle Vague.

---

1 Alain Resnais: Zum Selbstverständnis des Films. In: Filmkritik 10 / 1964. S. 515
2 Raymond Bellour zit. nach: Christa Blümlinger / Christian Wulff (Hg.): Schreiben Bilder Sprechen. Texte zum essayistischen Film. Wien 1992. S. 124
3 Marguerite Duras: Hiroshima mon amour. Frankfurt am Main. 1961
4 Alain Resnais: a.a.O. S. 514
5 Alain Resnais: a.a.O. S. 517
6 Alain Robbe-Grillet: Vorwort zu L'année dernière à Marienbad. München 1961
7 Alain Robbe-Grillet: a.a.O.
8 Alain Robbe-Grillet: a.a.O.
9 Alain Resnais: a.a.O. S. 514
10 Alain Robbe-Grillet: a.a.O.
11 Zu Robbe-Grillets eigenem Filmwerk siehe: Marcus Stiglegger/Martin Lindwedel: The Sliding of Pleasures. In: Stephen Thrower (Hg.): Eyeball compendium. Godalming, Surrey 2003. S. 128-137
12 Thomas Koebner: LETZTES JAHR IN MARIENBAD. In: T.K. (Hg.): Filmklassiker. Band 2. 5. Aufl. Stuttgart 2006. S. 506
13 Alain Resnais: a.a.O. S. 516
14 zit. nach Alain Resnais: a.a.O. S. 509

Delphine Seyrig

Eine Antiquitätenhändlerin inmitten ihrer vollgestopften Wohnung, herumstehende Bilder, aufgerollte Teppiche, »Berge von Nippsachen«, an den Möbelstücken hängen Preisschilder. »Nichts steht an seinem endgültigen Platz, alles ist nur im Durchgang hier.« Die Frau ist fahrig und nervös, hantiert herum, ohne etwas zu tun. Sie hat ihren alten Liebhaber zu Besuch. Von ihm erhofft sie sich noch einmal die Liebe, die ihr früher zu gering erschien. Einmal, beim Essen, sagt sie ihm: »Seien Sie achtsam (...), das Porzellan ist sehr zerbrechlich und seit gestern verkauft.« Womit sie sich gleichzeitig selbst charakterisiert. Wie ihr ganzer Krimskrams wirkt diese Frau: ein wenig identitätslos, sehr zerbrechlich – und jederzeit disponibel. Durch Delphine Seyrig jedoch wird sie rätselhaft und jede ihrer Gesten geheimnisvoll. 1963 war das, in Alain Resnais' MURIEL OU LE TEMPS D'UN RETOUR, einem der fünf Meilensteine im Kino der Moderne.

Zwei Jahre vor MURIEL, 1961, erregte sie erstmals die Aufmerksamkeit der Cinéasten: in Resnais' L'ANNÉE DERNIÈRE A MARIENBAD. Da entwickelte sie eine ganz eigene, spröde Präsenz in Resnais' filmischen Labyrinthen der Zeit und der Kausalität, der Fantasie und der Wollust. Für diese Labyrinthe, die andere Darsteller erforderten, war Delphine Seyrig der Star, sie gab den Frauen Kontur, die das Gefühl der Moderne zum Ausdruck brachten. Mit ihrem Körper Geschichten erzählen, ohne der suggestiven Illusion zu erliegen, filmische Faszination transparent zu machen, ohne ihren Zauber zu zerstören: Diesem Prinzip hielt sie die Treue, bis zuletzt. Bei Marguerite Duras (INDIA SONG), Chantal Akerman (JEANNE DIELMANN, 23 QUAI DU COMMERCE, 1080 BRUXELLES) oder Ulrike Ottinger (JOHANNA D'ARC OF MONGOLIA).

Wenn sie sich dennoch einließ aufs Erzählkino, brachte sie eine neue Klangfarbe in die Filme: eine kühle, intellektuelle Prägnanz, die auf Authentizität zielte. Geradezu legendär ihre kurzen Liebesabenteuer am Rande der Geschichten: bei Joseph Losey (ACCIDENT) oder François Truffaut (BAISERS VOLÉS). Da tritt sie auf wie eine Märchenfee – und hält doch, was allein irdische Frauen auszeichnet: Fantasie und Leidenschaft, Noblesse und Wollust.

Delphine Seyrig war die Göttin der Cinéasten: Sie spielte nicht und verklärte nicht. Sie bot bloß Annäherungen, Bruchstücke von Darstellung. Alles blieb bei ihr nur angedeutet. So baute sie ihre Spannung auf *zwischen* dem, was sie sichtbar werden ließ. Ihre Aura ist Resultat gewagtester Reduktion.

Norbert Grob

Miriam Fuchs / Norbert Grob

Agnès et les autres

1. Agnès Varda

Sie war 25, als sie ihren ersten Film drehte, LA POINTE COURTE (1954), drei Jahre vor Chabrol, fünf Jahre vor Godard und Truffaut. Bliebe man bei der Auffassung, dass alle Regisseure zur Nouvelle Vague gehören, die zwischen 1958 und 1960 ihren ersten Film gedreht haben[1], kann man Agnès Varda nicht dazurechnen: Ihr zweiter Film CLÉO DE 5 À 7 (Mittwoch zwischen 5 und 7, 1961) kam ein Jahr nach dem Einschnitt in die französische Filmgeschichte, der wie kein anderer für Aufbruch steht, in die Kinos. Und doch ist all das Neue, womit die Nouvelle Vague die »Tradition der Qualität«[2] herausfordern wird, bereits in Vardas Erstling vorhanden: produktionstechnisch, in der Geisteshaltung und ästhetisch.

LA POINTE COURTE war für Varda ein Sprung ins kalte Wasser, ohne Know-how und ohne Produzent, vollkommen unabhängig und ausgestattet mit nur wenig Geld – das sie übrigens wie Chabrol einer Erbschaft verdankt. Ihr Ruf als Bühnenfotografin des Théâtre National de Paris unter Jean Vilar eilte ihr voraus, so dass die jungen Filmkritiker zwar noch nichts von dieser Regisseurin, wohl aber von der begabten Fotografin gehört hatten, ein Talent, wie Bazin in einer ersten Kritik zu LA POINTE COURTE in *Le Parisien libéré* gleich zweimal anerkennend schrieb.[3]

Dank ihres Blicks für visuelle Motive und mit viel schöpferischem Eigenwillen entstand LA POINTE COURTE. Es ist die Geschichte eines Paars, das kurz vor der Trennung steht und sich in das Fischerdorf La Pointe Courte zurückzieht, um noch einmal, jenseits vom Lärm der Großstadt, über Gefühle nachzudenken. Gleichzeitig geht es auch um die Geschichte des Fischerdorfs, dessen Einwohner am Rande ihrer Existenz stehen, weil die Behörden den Fischern das Muschelstechen in den umliegenden Buchten verbieten wollen. Agnès Varda verwebt abwechselnd die eine Geschichte in die andere, setzt das Kollektiv des Dorfes gegen das subjektive Empfinden des Paars, das sich in der Natur nicht mehr verstellen kann; am Ende bleiben sie (oder werden aufs Neue) ein Liebespaar.

Außergewöhnlich ist die Textur der Landschaft: rauh, offen, porös. Die Kamera ist beweglich, nichts wird festgeschrieben, alles scheint möglich zu sein, lange Fahrten dringen ins Innere des Dorfs oder begleiten das junge philosophierende Paar auf seinen Streifzügen. Auffällig dabei die Steifheit dieses Paars, die manierierte Sprechweise: Varda hat die Schauspieler ausdrücklich instruiert, nicht zu spielen, sondern den Text aufzusagen. Die so evozierte theatrale Atmosphäre verdeutlicht, wie festgefahren diese Liebesbeziehung ist, wie fremd die beiden sich fühlen. Wie in so vielen späteren Filmen Vardas müssen sich die Figuren erst finden. Stets verweist zudem der Bildhintergrund auf ihr Inneres: kahle Äste, ineinander verfangen, und hohe steinige Mauern.

Die Dörfler hingegen sind ganz bei sich. Wenn Varda die routinierten Handgriffe der Frauen einfängt, die die im Mistral getrockneten Laken abnehmen, unaufgeregt eine Wäscheklammer nach der anderen lösend, wenn dabei das geräuschvolle Flattern der Tücher die Kraft des Windes förmlich spürbar macht und ihr strahlendes Weiß in der mediterranen Sonne die Augen blendet, dann gelingen der Regisseurin Bilder von eindringlicher Authentizität. Ein neuer Ton weht mit diesem Film ins Kino, lebendig, ursprünglich, echt: Varda erfindet weniger, sie erzählt von bekannten, naheliegenden Sujets. Sie ist in Sète aufgewachsen, in den vierziger Jahren, einem Fischerdorf am Mittelmeer, unweit von La Pointe Courte.

Kultur und Natur, Konstruiertes und Vorhandenes, zwei Gegensätze kommen zum Vorschein, die bereits *très nouvelle vague* sind. Das Publikum muss mitdenken, so Frieda Grafe, es darf nicht mehr blindlings den Bildern vertrauen.[4] Sie müssen von den Zuschauern entziffert und miteinander verknüpft werden. So entwickelt die Filmerzählung ein Moment des Offenen. Andererseits spielt die fiktive Story vor dem Hintergrund einer realistischen Landschaft, die weniger inszeniert als vielmehr dokumentarisch eingefangen wird – dies gilt für das natürlich vorhandene Tageslicht ebenso wie für die Dorfbewohner, die als Laiendarsteller mitwirken. Das Changieren zwischen Fiktion und Dokumentation wird zum Stilmittel, dessen Varda sich im Laufe ihrer Karriere immer wieder bedient. »Ein Thema hat mich immer beschäftigt«, gesteht sie, »die Diskrepanz zwischen der persönlichen und der kollektiven Denkart, der Graben zwischen dem *ich* und dem *wir*«[5].

Varda, die eher die Hefte der *Beaux Arts* las als die *Cahiers du cinéma*, die mit 25 Jahren nicht mal zehn Filme gesehen hat, also nicht über die Kinoerfahrung eines Truffaut verfügt, löste dennoch dessen Parole von 1958 ein, es müssten andere Dinge, in einem anderen Geist und mit anderen Methoden gefilmt werden. Sie las Joyce, Woolf und Cendrars, fand nichts Vergleichbares im Film und machte sich daran, LA POINTE COURTE zu drehen, spontan und furchtlos, inspiriert von Faulkners Roman »The Wild Palms« (1939)[6].

Zwischen 1947 und 1957 entstanden in Frankreich etwa zehn Filme, die einen neuen Ton anschlugen. Neben Varda arbeiteten auch Regisseure wie Jean-Pierre Melville, Roger Vadim oder Alexandre Astruc an einer neuen Filmsprache. Sie bereiteten der Nouvelle Vague den Weg, wenn auch jeder für sich.

Bei Alain Resnais fragte Varda auf eine Empfehlung hin an, ob er ihr bei der Montage von LA POINTE COURTE helfen könne. Er lehnte zunächst ab, weil ihre Arbeit seiner eigenen allzu ähnlich sei, erlag dann aber ihrer Beharrlichkeit, schnitt LA POINTE COURTE und bekam so neue Impulse für seinen eigenen Film HIROSHIMA MON AMOUR (1959). Während dieser Zusammenarbeit traf Varda im Winter 1954/55 zum ersten Mal auf die Gruppe um die *Cahiers du cinéma*, die eines Abends bei Resnais auftauchte und in einem für sie damals völlig unverständlichen Jargon über Filme diskutierte.

Varda ist eine Naive, keine Kinobesessene wie die Viererbande, sondern geprägt von Literatur und Malerei. Sie ist am ehesten eine Handwerkerin der Bilder, die immer ihre eigene Vorstellung vom Kino hatte. Varda entzieht sich jeder Einordnung, nicht *Cahiers,* nicht *rive gauche*. Als einzige Frau unter den Filmemachern befindet sie sich in einer ähnlichen Situation wie die von ihr hochgeschätzte *Nouveau roman*-Schriftstellerin Nathalie Sarraute unter ihren männlichen Kollegen Robbe-Grillet, Butor und Simon. Mit Sarraute verbindet Varda außerdem das Interesse an den verzwickten seelischen Zuständen ihrer Protagonistinnen und der Diskrepanz zwischen dem Gesagten und den Bildern, die die innere Beschaffenheit der Figuren verraten – *conversation* und *sous-conversation*, Tropismen à la Sarraute. Und wie Sarraute ist Agnès Varda eine Autorin – dafür hat

SANS TOIT NI LOI

sie den Begriff der *cinécriture* geprägt, der das ganze Spektrum der Filmherstellung bezeichnet, von der Idee bis zum Drehbuch, von der Inszenierung bis zur Montage, die Schreibweise, den Stil ihres Kinos.

Es sind stets existentielle Geschichten, die Varda erzählt, von Frauen, die sich nach vielen Irrungen und Wirrungen freischwimmen, die sich ihrer selbst und der Lebenslüge, in der sie gefangen waren, bewusst werden, manchmal ungewollt, immer schmerzhaft. In CLÉO DE 5 À 7 erfährt die Heldin eine grundlegende Veränderung ihres gesamten Wesens, in SANS TOIT NI LOI (Vogelfrei, 1985) verweigert die einstige Sekretärin Mona in ihrer totalen Absage an die Abhängigkeit von anderen sogar das Entgegenkommen derjenigen, die ihr helfen wollen, und stirbt schließlich einen einsamen Kältetod. Bei Varda stehen häufig subjektives Empfinden und objektive Umwelt als zwei Welten gegenüber, nicht immer lassen sich Brücken finden.

In CLÉO DE 5 À 7 erzählt Varda 90 Minuten lang, wie Cléo durch die Straßen von Paris irrt und auf das Ergebnis einer ärztlichen Untersuchung wartet. Die Aussicht auf die Diagnose Krebs trennt plötzlich

CLÉO DE 5 À 7

Richtiges vom Falschen, offenbart Schein und Sein. Zunächst blind für ihre Umgebung, beginnt Cléo zu sehen und sich der Welt zu öffnen. So verzweifelt sie auch nicht, obwohl am Ende des Tages ihre Krankheit bestätigt wird. Ihre neue Wahrnehmung, auch die Begegnung mit dem Soldaten Antoine, haben ihrem Leben etwas hinzugefügt, das ihr nicht mehr genommen werden kann.

Der Film besteht fast nur aus Impressionen: Taxifahrten, belebte Straßen, ein Treffen hier, ein Treffen da, Promenaden durch den Park, Paris ist die zweite Hauptdarstellerin. Es ist ein Motto Vardas: Stets in Bewegung bleiben, immer auf Achse sein.

»Mich haben immer echte Menschen interessiert«, sagt Varda, und vielleicht wirken deshalb ihre »Typessen«, wie sie Frauen mit dem gewissen Etwas nennt, immer authentisch – ob nun berühmt, wie Jane Birkin (JANE B. PAR AGNÈS V., 1986–87), oder unbekannt, wie die Obdachlosen und Armen in ihrem Doku-Spielfilm LES GLANEURS ET LA GLANEUSE (Die Sammler und die Sammlerin, 2000).

Miriam Fuchs

2. Louis Malle

Mit einem Paukenschlag legte er los, mit L'ASCENSEUR POUR L'ÉCHAFAUD (Fahrstuhl zum Schaffott, 1957), einer wilden Großstadtphantasie um *sex & crime, violence & death*. Ein Mord, kühl geplant und durchgeführt, alles läuft, wie vorgesehen. Doch dann bleibt nach der Tat der Lift stecken, ein Streuner klaut das Auto des Täters und erschießt mit dem Revolver, den er darin findet, einen deutschen Touristen. Die Macht des Zufalls triumphiert. Der sorgfältig vorbereitete Coup wird zum Desaster. Eine Aura der Absurdität entwarf Malle damit, eine Atmosphäre des ewigen Widersinns, der existentialistischen Tristesse. Die Unruhe des Eingeschlossenen korrespondiert mit der Hektik des nächtlichen Paris, die nervösen Bildfragmente von Henri Decaë mit dem grellen Rhythmus der Musik von Miles Davis.

Thrill und Jazz, überreizte und zerrissene Gefühle, Mord und Autodiebstahl, Geschick und Willkür, ein düsteres Paris, Lärm und Schmutz, Bistros und Straßen – und eine lange Nacht im Fahrstuhl. Ein *film noir à la française*. Ende der fünfziger Jahre wirkte der Film wie eine Provokation, eine Kriegserklärung gegen das konventionelle Kino. Was kurz danach Eric Rohmer mit LE SIGNE DU LION (Im Zeichen des Löwen, 1959), Jean-Luc Godard mit À BOUT DE SOUFFLE (Außer Atem, 1960) und Jacques Rivette mit PARIS NOUS APPARTIENT (Paris gehört uns, 1961) noch weitertrieben.

Mit diesem Debüt sowie mit LES AMANTS (Die Liebenden, 1958) und ZAZIE DANS LE MÉTRO (Zazie, 1960), VIE PRIVÉE (Privatleben, 1961) und LE FEU FOLLET (Das Irrlicht, 1963) kreierte Louis Malle seinen pointillistischen Stil. Kein Erzählen im gewohnten Fortlauf. Sondern nur Ausschnitte, Fetzen & Schnipsel; Bruchstücke, Flecken & Segmente; nur ein Tupfer da, ein Tupfer dort. Wenn man den Filmen zu nahe kommt, versteht man wenig. Erst die Distanz ermöglicht den formenden Blick, der Sinn schafft. Er sehe nicht ein, sagte er 1962, nach VIE PRIVÉE, warum er »Filme mache sollte, deren Ablauf keine Brüche aufweist, die gleitend und wie geölt ablaufen, nur um dem Publikum zu gefallen. Das wäre dasselbe, als ob die Maler noch immer weiter Helldunkel malen würden. Das Absurde unseres Lebens heute, die Unordnung, die Gewalttätigkeit, die es charakterisiert, berührt mich immer wieder, und ich finde, dass das weniger in der Fabel, in dem Sujet des Films in Erscheinung treten sollte, als vielmehr im Stil.«[7] Diese Neugier für alles, was in der Welt passiert, ist

L'ASCENSEUR POUR L'ÉCHAFAUD

L'ASCENSEUR POUR L'ÉCHAFAUD

das durchgängige Merkmal seiner Filme. Malle hasste Imitation, Kopie, Wiederholung. Er wollte jeden neuen Film so angehen, als sei es sein erster. Er wollte schon auf dem Handwerk aufbauen, dabei aber ohne »System«, ohne »methodischen Ansatz« arbeiten und sich selbst und die eigenen Ideen ständig in Frage stellen. Er spüre es geradezu physisch, gestand er einmal, dass er, zu Beginn eines neuen Films, jedesmal von vorne anfange – »mit demselben Enthusiasmus, denselben Ängsten«[8].

Geboren wurde Louis Malle am 30.10.1932 in Thuméries als fünftes von sieben Kinder einer reichen Industriellenfamilie. Mit acht Jahren ging er auf eine Jesuitenschule in Paris, mit elf Jahren in ein Internat der Karmeliter in Fontainebleau, mit vierzehn Jahren drehte er seine ersten bewegten Bilder auf 8mm. 1950 begann er ein Studium der Politischen Wissenschaften, ein Jahr später wechselte er an die Filmhochschule, das IDHEC (*Institut des Hautes Études Cinématographiques*), das er 1953 ohne Abschluss verließ, um als Assistent von Jacques Cousteau an LE MONDE DU SILENCE (Die schweigende Welt, 1955) mitzuarbeiten. Fast vier Jahre blieb er bei Cousteau, danach hatte er sein Handwerk gelernt. 1956 assistierte er Robert Bresson bei UN CONDAMNÉ À MORT S'EST ÉCHAPPÉ (Ein zum Tode Verurteilter ist entflohen). 1957 drehte er seinen ersten eigenen Film. Ab 1977 arbeitete er verstärkt auch in den USA.

Obwohl nahezu gleichaltrig mit der Pariser Viererbande, mit Godard und Truffaut, Chabrol und Rivette, stand Louis Malle immer ein wenig abseits der Nouvelle Vague. Er fühlte sich ihnen nah und verbunden, gehörte aber nie zum engeren Kreis. Er sei einfach nicht in Paris gewesen in der Phase, in der die Gruppe sich enger zusammengefunden habe, erklärte er später gerne. Er habe als Techniker bei Cousteau gearbeitet, während die anderen im Kino und in den Redaktionsstuben der *Cahiers du cinéma* ihre Grundlagen erworben hätten. Aber ihn trennte von den kinobesessenen Cinéasten auch sein Interesse für das Geschehen draußen in der Welt. Und nicht zuletzt seine finanzielle Unabhängigkeit. Er mag etwas Geld verdient haben als Kameramann bei Cousteau, es blieb klar, dass er darauf niemals angewiesen war. »Entsetzlich unabhängig« sei er zu der Zeit gewesen, bekannte er später. 1958 antwortete er in einem Fernsehinterview auf die Frage, welchen Filme er machen würde, wenn er eine Million Franc zur Verfügung hätte: »Darüber mache ich mir keine Gedanken, diese Million habe ich ja.«[9] Dennoch: Sieht man heute seine frühen Filme wieder, so verzaubert auch da dieser unvergleichliche

LES AMANTS

Charme des Unfertigen, dieser ungeheure Mut zu Fragment und Skizze, die Ende der fünfziger Jahre völlig neue Klangfarben ins Kino brachten. Frei, intelligent, spontan: die Welt zeigen, als würde sie im Moment des Filmens ganz neu entdeckt, das war der grundlegende Gestus damals. Wo Wildheit und Zärtlichkeit gemeinsame Sache machten; und die Technik Schwester der Emotion wurde.

François Truffaut notierte bereits 1958 zu Malles LES AMANTS, der Film vereine in sich »die Kühnheiten eines Schüchternen«: Er sei »frisch und natürlich, ohne Geschicklichkeit, ohne Kunstfertigkeit«. Der Film wolle »kein Zeitdokument sein, weil die Liebe ewig ist und es weniger um die Frau von heute geht als um die Frau im allgemeinen, die von Flaubert, die zugleich die von Giraudoux ist.«[10]

Louis Malle war ein Filmemacher im besten Sinn des Wortes. Er machte allein die Filme, die ihn interessierten. Und wenn er keinen Stoff für einen neuen Spielfilm fand, nahm er die Kamera selbst in die Hand und dokumentierte rund um die Welt den Alltag der Menschen: in Thailand (BON BAISERS DE BANGKOK, 1963) und Indien (CALCUTTA, 1968, und L'INDE

FANTÔME – RÉFLEXION SUR UN VOYAGE, 1969), in Unterwasserhöhlen in der Provence (LA FONTAINE DE VAUCLUSE, 1955), bei der Tour de France (VIVE LE TOUR!, 1962), in der Citroën-Fabrik (HUMAIN, TROP HUMAIN, 1972), auf der Pariser PLACE DE LA RÉPUBLIQUE (1972–74), auch in GOD's COUNTRY (1979–84), der amerikanischen Provinz von Minnesota.

Malle verabscheute nichts so sehr wie Filme, die sich allein auf andere Filme beziehen. Deshalb auch der laute Streit mit Truffaut, als der LA NUIT AMÉRICAINE (Die amerikanische Nacht, 1973) drehte, eine liebevolle Hommage ans Filmemachen. Malle gab dem realen Leben stets den Vorzug, sein Œuvre ist von daher nicht allzu umfangreich geworden. Seine Devise lautete, »mit jedem neuen Film die Batterien« wechseln, das Abenteuer suchen, »das gänzlich verschieden ist von dem des vorhergehenden Films in Bezug auf das Sujet, die Drehbedingungen.« So bringe ihm jeder Film »sein Maß an einfachen Wahrheiten und plötzlichen Einsichten.«[11]

In LE FEU FOLLET von 1963 hat Malle mehr als einen Reflex auf sein unstetes Herumziehen durch die Welt gegeben. Der Trinker Alain ist fest entschlossen, sich das Leben zu nehmen. Doch zuvor bricht er noch einmal auf zu den Orten, die sein Leben markiert haben – das alte Hotel, die alten Freunde, die frühere Geliebte, die alten Spiegel. Sein Fazit: Nichts habe er wirklich berühren, nichts halten können. Am Morgen danach greift er zur Waffe und setzt sie, ruhig und gelassen, an die Brust. Danach, über das leblose Gesicht, die Worte zum Abschied: »Ich bringe mich um, weil ihr mich nicht geliebt habt und weil ich euch nicht geliebt habe. Ich werde auf euch einen nicht zu tilgenden Schandfleck hinterlassen.« Der Tod als Metapher für das Ende eines Zeitabschnitts, das neue Erfahrungen erst möglich macht. Auch als Metapher für die vielen Lücken in Malles Biographie, für die Zeiten, in denen er einfach verschwand? Er selbst hat sich eher als *Voleur* gesehen, als Dieb der »Imagination der Leute«, dem es manchmal gar keine Freude mehr bereitet, jede Nacht loszuziehen, der aber weitermachen muss – »aus Loyalität sich selbst gegenüber«.[12]

Vielleicht ist dies das Charakteristische seines Kinos: diese Vorliebe für Außenseiter, die sich wandeln müssen, um voranzukommen, sich aber verweigern, um zu bewahren, was sie im Innersten ausfüllt, was sie definiert. Dafür wechselte Malle Genres und Sujets, um immer weitere Nuancen seiner Verlierer aufzuspüren, »um herauszubekommen, was unter der Haut steckt«, wie es in der *Süddeutschen* hieß. Deshalb die abrupte Wendung von Film zu Film: vom Thriller (L'ASCENSEUR POUR L'ÉCHAFAUD) zur Erotik (LES AMANTS), vom Porträt (VIE PRIVÉE) zum Dokument (CLOSE UP) und zur Komödie (LE VOLEUR [Der Dieb von Paris]). Ein filmisches Universum voller Klippen und Widersprüche. »Die Leute finden es immer schwer, in meinen Filmen eine Linie zu finden. Aber ich finde, das ist sehr einfach: Es ist mein Leben, meine Neugier, Dinge, die in meinem persönlichen Leben geschehen sind. Was immer ich in Filmen gemacht habe, ist eine Reflexion meines Lebens.«[13]

Norbert Grob

3. Jacques Demy

Bis zuletzt blieb er der unbekannteste, auch der verkannteste der Nouvelle Vague-Regisseure: Jacques Demy. Obwohl er schon mit LOLA (Lola, das Mädchen aus dem Hafen, 1960), seinem ersten Spielfilm, bekannt und anerkannt war. Im Zentrum des Films: eine Nachtclub-Sängerin und ein Reigen unerfüllter Gefühle um sie herum. Demy entwarf hier eine biographische Skizze, indem er, quasi polyphon, von verschiedenen Phasen eines Lebens zur gleichen Zeit erzählt. Er zeigt Lola gleichzeitig als Teenager, als erwachsene und als ältere Frau und die Männer als symbolische Akteure, die in bestimmten Phasen ihres Lebens eine bestimmte Rolle gespielt haben. Gewidmet ist LOLA Max Ophüls, dessen LE PLAISIR das Vorbild lieferte.

Schon mit diesem Debütfilm bewirkte Demy, was seine Arbeiten stets auslösen sollten: Er entzweite Kritiker wie Zuschauer. Die einen mäkelten herum, die anderen huldigten ihm. Jean-Luc Godard etwa schrieb bereits im Februar 1959 eine *Einführung in die Methode von Jacques Demy*. Da hatte er gerade seinen zweiten Kurzfilm beendet. Godard erzählte davon, dass man viel Zeit brauche, um mit Demy einmal um den Étoile herumzufahren. Und dass Demy deshalb ähnlich viel Zeit brauche, um seine Filme zu erzählen. »Unglücklicherweise gibt es ein heftiges Vorurteil gegen die Langsamkeit.« Dabei glichen die Filme eher dem Sportwagen, den sein starker Motor zwinge, »crescendo zu fahren, ohne abzufallen bis zu einem Punkt äußerster Spannung, wo er unbeweglich wird wie der Tachometer eines Rennwagens, wenn er schneller als 240 fährt.«

LOLA

Demy kehre, nachdem er die Welt der bloßen Erscheinungen durchquert habe, zum Kino zurück wie Orpheus zu Eurydike.

Mit LA BAIE DES ANGES (Blonde Sünderin, 1962), seinem zweiten Film, drehte Demy eine der großen Imaginationen über Glücksspiel und Glücksspieler. Jeanne Moreau ist hier, mit platinblondem Haar, eine leidenschaftliche Spielerin, die alles setzt, viel gewinnt und am Ende alles verliert, sogar die eigene Uhr. Als sie einem jungen Mann begegnet, der sie zu lieben beginnt, spielt sie auch mit ihm – zunächst. Sie lügt und betrügt, während sie ihn mal zurückweist, mal verwöhnt. Schließlich aber triumphiert, bar jeder Wahrscheinlichkeit, das Gefühl. Demy sprach später von einer »seltsamen Gesellschaft«, die er in Spielcasinos entdeckt habe: »eine abwesende Menschenmenge, wie verstört und besessen«, deren Existenz von Angst und von moralischem Verfall zeuge, einem »Verfall, der nur durch Liebe wieder ins Lot gebracht werden kann.«

Jacques Demy, ausgebildet als Elektriker, belegte Ende der vierziger Jahre Kurse an der Kunstakademie in Nantes. Anfang der fünfziger Jahre besuchte er die Technische Schule für Fotografie und Film in Paris. 1952/53 drehte er Werbefilme, u. a. mit Paul Grimault. 1954 assistierte er Georges Rouquier bei ARTHUR HONEGGER. 1955 drehte er seinen ersten Kurzfilm. 1964 gewann er mit LES PARAPLUIES DE CHERBOURG (Die Regenschirme von Cherbourg), seinem dritten Film, die »Goldene Palme« in Cannes. Anfang der siebziger Jahre drehte er zwei wunderliche Märchen: PEAU D'ÂNE (Eselshaut, 1970) und LE JOUEUR DU FLÛTE (Der Rattenfänger von Hameln, 1971), in denen das Irreale selbstverständlicher Bestandteil der Wirklichkeit ist. 1990 starb Demy an Leukämie. Ein Jahr danach legte Agnes Varda, mit der er seit 1962 verheiratet war, eine Annäherung an sein Leben und sein Werk vor (in JACQUOT DE NANTES), in dem er das Auge als wichtigstes Werkzeug des Filmkünstlers würdigt, nicht nur als Organ der Wahrnehmung, sondern auch der Visionen.

Seine Filme seien »sinnbeladen und bedeutungsschwer«, notierte Frieda Grafe Mitte der Sechziger, aber es gelinge ihm, sie »der Schwerkraft zu entheben«. Wichtig dafür: die »Erinnerungen an alte Geschichten«, die »eingeplant« seien in seine Fiktionen. »Erst mit unseren Erinnerungen kann er sie so erzählen, wie er es möchte. Was in seinen Film(en) an Neuem frei wird, ergibt sich aus seiner Art, Altes miteinander in Beziehung zu setzen, Bekanntes gegeneinander zu führen.«[14]

Eine Frau, die fest an die Liebe glaubt und deswegen ihr Leben lang auf die Rückkehr des Geliebten wartet (LOLA). Und Geneviève, die Verkäuferin aus dem Schirmladen, die – eher durch Zufall – an einer entlegenen Tankstelle den Vater ihrer Tochter wiedersieht, für einen kurzen Moment, ohne ihn neu zu begeistern (LES PARAPLUIES DE CHERBOURG). Ein junger Architekt, der in Los Angeles einer Frau in Weiß verfällt und sie verliert, während sein Sportwagen verpfändet wird (THE MODEL SHOP). Und zwei Liebende, die erst im Tod zueinander finden (UNE CHAMBRE EN VILLE). Große Gefühle und verpasste Chancen, das Glück und das Leben, die obsessivste Passion und der grausamste Schmerz, darum geht es im Kino des Jacques Demy. Eingefangen ist das mit einer »bewundernswerten, vollkommenen Genauigkeit«[15], wie bereits Godard schrieb: mit zärtlichen Bildern und geschmückt mit Pastellfarben und einschmeichelnden Melodien.

Er sei, so nimmt Demy für sich in Anspruch, »immer gegen den Strom geschwommen.« Mode? In-Sein? Diese Sprache könne er nicht verstehen. »Ich bin ich, und ich versuche in meiner Ecke mein Süppchen zu kochen, und dabei gebe ich mir viel Mühe (...) Ich glaube, kaum ist einer er selbst, schon ist er allein.«[16] LES PARAPLUIES DE CHERBOURG, in dem kein einziges Wort gesprochen wird, LES DEMOISELLES DE ROCHEFORT (Das Mädchen von Rochefort, 1966), UNE CHAMBRE EN VILLE (Ein Zimmer in der Stadt, 1982): Immer wieder drehte Demy Filme mit gesungenen Dialogen. Wobei ihm wichtig war, dass es weder um Oper noch um musikalische Komödien noch um Operetten gehe, sondern um »Jazz-Filme«, um »gesungen-zauberhafte Filme«[17]. Musik war für ihn ein selbstverständlicher Ausdruck des Kinos. Er liebe die Musik über alles, er liebe den Gesang, hat er 1982 in einem Interview mit CiCiM, dem Münchener Filmmagazin, erklärt: »Es ist eine ganz selbständige Sprache, es ist meine Art, die Dinge zu sehen und zu hören. Es ist eine direkte und edle Ausdrucksweise des Menschen, eine Ausdrucksweise für große Ereignisse.«[18]

Norbert Grob

1 René Prédal: Le Cinéma français depuis 1945. Paris 1991. S. 135
2 Begriff von Jean-Pierre Barrot, zit. nach Antoine de Baecque/ Serge Toubiana: François Truffaut: Biographie. Köln 1999. S. 126
3 André Bazin: La Pointe courte. Un film libre et pur. In: A.B.: Le cinéma français de la Libération à la Nouvelle Vague. Paris 1998. S. 277-279
4 Frieda Grafe, zit. n. Heinz-B. Heller: Nouvelle Vague. In: Thomas Koebner (Hg.): Sachlexikon des Films. Stuttgart 2002. S. 427
5 Agnès Varda: Varda par Agnès. Paris 1994. S. 39
6 vgl. Agnès Varda: »Der Film war direkt von Faulkners »The Wild Palms« inspiriert, nicht was die Geschichte angeht, sondern die Art der Konstruktion, sie wissen schon, dieses Wechselspiel zwischen der Geschichte eines Paares und des Hochwassers auf dem Mississippi. Ich mochte dieses Gefühl, das durch das Unterbrechen der Geschichte entsteht und bei der Lektüre ziemlich irritiert, aber danach ganz außerordentlich ist.« (zit. nach Frieda Grafe [Hg.]: Nouvelle Vague. Wien 1996. S. 43)
7 Louis Malle im Gespräch mit André-G. Brunelin: Louis Malle – eine neue Schreibweise. In: Filmkritik 05/1962. S. 202
8 Louis Malle im Gespräch mit Christa Maerker. In: Peter W. Jansen/Wolfram Schütte: Louis Malle. Reihe Film 34. München/Wien 1985. S. 34
9 Louis Malle: a.a.O. S. 32
10 François Truffaut: Die Filme meines Lebens. Frankfurt am Main 1997. S. 422
11 Louis Malle im Gespräch mit André-G. Brunelin: a.a.O. S. 204
12 Louis Malle im Gespräch mit Christa Maerker: a.a.O. S. 42
13 Louis Malle: a.a.O. S. 33
14 Frieda Grafe: Premiers Rencontres. In: F.G.: Nur das Kino. 40 Jahre mit der Nouvelle Vague. Berlin 2003. S. 38
15 Jean-Luc Godard: Godard/Kritiker. München 1971
16 Georges Sturm: Gespräch mit Jacques Demy. In: CiCiM 04/1983. S. 70
17 Jacques Demy, zit. nach Georges Sturm/F.Castello (Red.): DOSSIER Jacques Demy. In: CiCiM 04/1983. S. 55
18 Georges Sturm: a.a.O. S. 69

Brigitte Bardot

Einen »entschieden modernen« Film nannte der Kritiker Godard ET DIEU CRÉA LA FEMME (1956), mit dem Roger Vadim seine Ehefrau Brigitte Bardot zum Star machte und zu einer Ikone der Weiblichkeit: zu *BB*, der Sex-Göttin des französischen Kinos. An dem Film ist alles präzise kalkuliert, vom Titel, der schon auf den Mythos zielt, vom Namen der Protagonistin bis zu den Auftritten der Bardot als Juliette Hardy. Sie ist verführerisch schön und ungemein lüstern. Nackt empfängt sie hinter einem aufgespannten Bettlaken ihren Verehrer Curd Jürgens und weiß um die Lust des Voyeurs am durchdringenden Blick. Wenn sie allein ekstatisch den Mambo tanzt, dann ist das ein narzisstischer Koitus, der die anwesenden Männer und die in den Kinosälen schlicht geil machen soll. Als *Lolita* hat Simone de Beauvoir Brigitte Bardot gedeutet, als junge Frau, die um die erotische, die sexuelle Macht ihres Körpers weiß und sie einsetzt, dabei aber selbstbestimmte Herrin des Spiels bleibt. In ihren bedeutenden Filmen ist die Bardot nicht nur schön, sondern auch ein *Charakter*, etwa in Henri-Georges Clouzots LA VÉRITÉ (1960), wo ihre *Lust an der Lust* eine tragische Dimension hat. Gewiss ist es kein Zufall, dass die Bardot hier wie in zwei anderen großen Filmen ihrer Karriere am Ende stirbt: als habe ihr Hedonismus einen Preis, den, wenn nicht die Gesellschaft, so doch das Schicksal einfordert. In LA VIE PRIVÉE (1961) von Louis Malle spielt Brigitte Bardot einen Filmstar, den die Meute der Paparazzi in den Tod hetzt; in Jean-Luc Godards LE MÉPRIS (1963) ist sie eine Frau, die sich während Dreharbeiten aus der Ehe löst und bei einem Autounfall ums Leben kommt. In beiden Filmen wird die Bardot als schöne Verlockung inszeniert, aber zugleich als *ein Geschöpf des Kinos*. Bei Godard gleitet die Kamera über ihren nackten liegenden Körper wie über einen gemalten Akt: als wäre er längst ein immens wertvolles Kunstwerk geworden: der *heavenly body der Traumfabrik*. Bei Malle verbirgt die Bardot ihre blonden Haare sogar unter einer schwarzen Perücke, um nicht mehr *BB* zu sein. Wir wähnen, so Nietzsche, Schönheit müsse ein großes Glück sein, doch das sei ein Irrtum. Nur einmal ist die Schönheit der Bardot wirklich ein *Glücksversprechen*: in Louis Malles VIVA MARIA! (1965) Da erfindet sie den Striptease und befördert damit die Revolution in Mexiko. 1973 hört Brigitte Bardot auf, dem Kino etwas zu geben, um sie selbst zu werden.

Bernd Kiefer

Josef Rauscher

Der unglückliche Liebhaber
Jean Eustache

Die Nouvelle Vague wird durch Jean Eustache filmisch auf den Begriff gebracht. Jean Eustaches LA MAMAN ET LA PUTAIN (Die Mama und die Hure, 1973) ist die Nouvelle Vague, die mit diesem Film überhaupt erst adäquat auf den Begriff – wenn solches denn möglich wäre – gebracht wird. Die Welle bricht sich und läuft in Unterströmen zurück. Schaumkrone und Gegensog ist der Film mit dem bezeichnenden Titel: LA MAMAN ET LA PUTAIN. Denn dieser Film ist die Negation der Nouvelle Vague, so wie jeder Begriff als solcher die Bilder, die ihn erfüllen und ermöglichen, negiert, auch wenn er sie affirmiert.

LA MAMAN ET LA PUTAIN übererfüllt das, was die Nouvelle Vague ausmacht, und Eustache schafft es, den völlig vagen Raum von Intentionen und Zuschreibungen mit jener Bedeutung zu füllen, die dem unbestimmten Selbstverständnis der Beteiligten und Akklamierten[1] nach, die Bewegung auszeichnet. Die Nouvelle Vague wusste ja weniger von sich als die von den Nouvellisten verehrte Emmanuelle Riva bei Resnais von Hiroshima, das sie zu sehen glaubte. Die ›Vague‹ war eher eine Geste, die eine kultivierte Form des literarischen Gestikulierens in Bildern hinwegfegte. Eustache weiß alles darüber, und er macht alles richtig, er sagt und zeigt alles, was die Geste ausmacht, nur zu vollziehen vermag er sie nicht, nicht mehr. Er ist ein unglücklich Verliebter[2]. Die Geste hatte ihre Zeit und brauchte ihre Ambivalenz. Beim programmatischen Vorwärts in der neuen Wirklichkeitssättigung der filmischen Fiktion lässt die Wirklichkeit

Eustache im Stich. Im wechselseitigen Durchdringen von Wirklichkeit und Fiktion erfasst er im unbestechlichen Blick auf die Wirklichkeit, dass beim Rücktransfer des existentiellen Modus der positiven ›Nouvelle Vague‹-Projektionen von Freiheit, Riskiertheit und Experiment in der nachrevolutionären sozialen Wirklichkeit Gerede und Ödnis resultieren. Die Wirklichkeit lässt freilich auch die anderen Nouvellisten im Stich. Nicht zufällig flüchten die Großen ja: Godard in die Politik und die raffinierte strukturelle Semiotik, Truffaut zu den großen Gefühlen und grandiosen Erzählungen, Chabrol in hintersinnige Gesellschaftskritik via Kommerzkino – und Rohmer und Rivette? Rohmer, der nächste Verwandte Eustaches, buchstabiert in feinfühligen Bildern die Seele aus, und Rivette gewinnt in anderen Künsten, wie dem Theater, eine raffinierte Reflexionsebene, mit der er wirklichkeitsspielen kann. Eustache hingegen ist naiv, zu naiv vielleicht in seiner Reflektiertheit. So sättigt er die Fiktion mit Wirklichkeit, um musterhaft herauszuarbeiten, was durch die Nouvelle Vague programmatisch zu ergreifen und zu gestalten ist: subjektive Bilder, die darin Objektivität gewinnen, dass sie wirkliche Personen und wirkliches Leben zu Fiktion verarbeiten. Diese Bilder sind die Alternative zu literarischen Bedeutungsposen, deren Bildwelten und Handlungsräume die subjektive Realität der Regisseure wie des Publikums leugnen. Die neue Welle, musterhaft realisiert, resultiert jedoch in Verebben. Die Wirklichkeit, die Eustache filmisch verarbeitet, zeigt die Zukunft der Nouvelle Vague als vergangene, während Eustache in der Form der Nouvelle Vague als gegenwärtiger arbeitet.

So wird die Nouvelle Vague von Eustache nebenbei auf den Begriff gebracht. Sie wird in Bildern, die reflektieren und exemplarisch erfüllen, was neu gefordert ist, auf ihren Begriff gebracht. Nicht jedoch wird dieser begriffliche Gehalt auf einer Metaebene herausgearbeitet. Der Film LA MAMAN ET LA PUTAIN belehrt uns nicht darüber, was die Nouvelle Vague eigentlich wollte oder erstreben sollte. Der Film ist nicht *über* die Nouvelle Vague, er *ist* die Nouvelle Vague, die perfekte, die zu Ende gebrachte, die erfasste Nouvelle Vague. Er teilt uns nichts darüber mit, wer die Vorbilder oder Protagonisten sind – etwa Jean-Pierre Léaud und Bernadette Lafont als *Masculin–Féminin* der Welle, oder was auch immer. Nein, die Nouvelle Vague wird im Ernstnehmen dessen, was sie selbst in dieser Art mit Grund nie wirklich ernst genommen hatte, in den proklamatorischen Forderungen, den methodischen Ansätzen, in der Orientierung an den richtigen Vorbildern durch LA MAMAN ET LA PUTAIN auf den Begriff gebracht. Die Nouvelle Vague hatte sich selbst ohnehin nie verstanden, sondern in der Emphase der Begeisterung für Individuelles, Kreatives, für Abweichung, Jugend und Realität – und zugleich für die Fiktion, für Low Art, depotenzierte Narration und neuen (Anti-)Kunstanspruch in Entliterarisierung und Entdramatisierung sich ausagiert.

Nun kommt mit Eustache einer, der diese Bilder und Menschen versteht, sie vielleicht sogar liebt, der sie, ob dieser Gesten auf Wirklichkeit hin, mag und deshalb die Wirklichkeit nun dokumentiert und filmisch exemplifiziert, jene Wirklichkeit, die vormals ein ästhetisches und gesellschaftliches Potential enthielt, ein Versprechen. Doch in dem gesellschaftskritischen Potential hatte sich die Nouvelle Vague vielleicht ohnehin selbst missverstanden und wurde missverstanden. Wenn Roland Barthes meinte, dass die Nouvelle Vague die Kreativität einer neuen Rechten sei, dann täuschte er sich freilich. Doch das Wahrheitsmoment in der fehlgeleiteten Bemerkung war, dass die Nouvelle Vague eine neue filmische Erzählweise und ein neues Lebensgefühl propagierte und darin primär ästhetisch definiert war, nicht gesellschaftskritisch. Eine bestimmte Form des Kinos, nicht die Wirklichkeit war das Movens, die Triebkraft der Welle. Doch die Nouvelle Vague propagierte, was Godard heute noch als vordringlichstes Kennzeichen hervorhebt: die Durchdringung der Fiktion mit der (Alltags-)Wirklichkeit. Eustache nahm dies so ernst, wie man es nur nehmen konnte. Gerade deshalb ist jedoch LA MAMAN ET LA PUTAIN nicht der paradigmatische Film der Nouvelle vague post festum. Er verfehlte die existentielle Geste der Nouvelle Vague, indem er die Proklamationen ernst nahm.

Die Nouvelle Vague in einer vagen Umschreibung

Was ist nun die Nouvelle Vague, die Eustache, noch in ihrem Verebben, übererfüllte? – Was zeichnet sie aus? Angesichts meiner These, dass Eustache Höhepunkt und Schlusspunkt der Welle und ihr untergründiges Zurücklaufen zugleich ist, wäre die Frage eigentlich durch eine Filmanalyse zu beantworten. Dafür ist hier nicht der Raum. Die These verlangt allerdings zudem, dass zumindest Momente dieser Erfüllung der Nouvelle Vague durch LA MAMAN ET LA PUTAIN an Merkmalen deutlich gemacht werden, die unabhängig vom Film gewonnen sind. Ich will im folgenden jedoch nicht deshalb eine schlagwortverkürzte, immer unge-

Jean Eustache

nügend bleibende, definitionsähnliche Explikation der Nouvelle Vague liefern. Darauf kommt es hier nicht an. Facetten genügen. Lassen wir uns in der Frage, was die Nouvelle Vague auszeichnet, ein wenig von Frieda Grafe, der beeindruckenden Kennerin und einfühlsamen Wegbegleiterin der Nouvelle Vague, leiten, um einige der die Diskussion bestimmenden Charakteristika zu betrachten[3]. »Jungenhafte Unverschämtheit und eine unbändige Liebe zum Film«[4] konstatiert sie für den Beginn, verweist auf den subjektiven, autobiographischen Ton[5] und die hymnische Kritik der Nouvelle Vague-Regisseure an *ihren* Bezugsfilmen und -filmern von Renoir über Bresson bis zu Hitchcock, Hawks, Ray und Lang, an denen die Nouvellisten ihre subjektive Sicht auf die Filmgeschichte zum Ausdruck bringen wollten. »Das Spezifische der Nouvelle Vague …: Kinobildung«[6].

Truffaut prägt auf dieser Basis das angesichts der Vorbilderliste fast paradoxal erscheinende Schlagwort von der ›Politik der Autoren‹, was nichts anderes bedeutete, als dass der Regisseur Selbstausdruck als eigene Gestaltungsoption suchen sollte, dass er sich selbst für den Film künstlerisch verantwortlich fühlte und aufgrund seiner Einflussmöglichkeiten fühlen konnte, und dass er seine Wahrnehmungswirklichkeit erkennen ließ. Ein Stil, der der eigene ist, rechtfertigt sich in sich selbst. Doch, und diese grundsätzliche Doppeldeutigkeit ist das eigentliche Definiens der Nouvelle Vague, es geht nicht darum, sich selbst auszudrücken, sondern »das Kino sprechen zu lassen«[7]. Später wird Godard einmal sagen, dass er keine Filme mache, sondern die Filme ihn[8].

Das beinhaltet wiederum die Reflexion auf den Gebrauch der kinematographischen Mittel[9]. Diese Reflexion blieb immer gefordert, weil sie die Koppelung von subjektivem Ausdruckswillen und technischen Ausdrucksmöglichkeiten beinhaltete, die das existentielle Verhältnis der Nouvellisten zum Kino bestimmt. Das konnte, wie bei Godard, die eigentlich von der Nouvelle Vague zugunsten der langen Einstellung zurückgestufte Montage sein, oder die Kamerafahrt oder die Blende. Es spielt keine Rolle, wem die berühmte Wendung, dass eine Kamerafahrt die Moral des Regisseurs offenbare, originär zuzurechnen ist, Godard oder Moullet. Abgesehen davon, dass sie im technischen Sinn so falsch wie richtig ist, bringt sie das Richtige zum Ausdruck, dass das *Wie* der Aufnahme und Wiedergabe etwas mit dem redlichen Sprechen und Zeigen zu tun hat, bezogen auf die Person des Autor-Regisseurs und bezogen auf die Realität.

Das Wichtigste, beiläufig bereits erwähnt, zum Schluss. Frieda Grafe bemerkt ganz richtig, dass es »den Regisseuren der Nouvelle Vague darum (geht), dramaturgische Konventionen, die den Blick auf die Realität verstellen, abzutragen und Grundformen freizulegen«[10].

Und Godard wurde nicht müde zu betonen: »Wir von der Nouvelle Vague haben nie den Unterschied gemacht zwischen Dokumentarfilm und Fiktion«[11]. Das passt zu der Charakteristik der Entliterarisierung des Films, der Entkonventionalisierung und der Entdramatisierung, die selbst freilich immer ihre inhärenten Gegenmomente in sich trugen, lange bevor Truffaut die Revolution der Nouvelle Vague angeblich verraten hat. Nicht nur Godard verstand sich als neuer Realist einer authentischeren Kinorealität[12] verpflichtet. Das neue Verhältnis des Dokumentarischen zum Fiktiven bestimmte sich aus der Durchdringung selbst der genregebundenen Fiktion mit realem Leben, Alltagssprache, natürlicher Gestik und psychischer Wahrheit. Lumière steht Méliès voran. Von der Literatur ging die Bewegung der Nouvelle Vague zur Inszenierung der Realität. »Filmautor ist«, schreibt Frieda Grafe, »wer Beobachtetes re-kreiert«[13]. Das mag genügen. Es kam, wie gesagt, nicht auf eine Bestimmung der Nouvelle Vague als gesamter Bewegung an. Einige inhaltliche Anzeigen reichen aus, um deutlich zu machen, dass, was an Programmatik und unklarem Selbstverständnis virulent war, von Jean Eustache entschieden ergriffen und zu einer Reinform gebracht wurde, die als solche die Nouvelle Vague, die aus ihrer und in ihrer Widersprüchlichkeit lebte, in der Erfüllung des Begriffs aufhob. Ich werde nun im zweiten Beweisschritt die beiläufig gesammelten Nouvelle Vague-Merkmale als Charakteristika von LA MAMAN ET LA PUTAIN aufweisen.

LA MAMAN ET LA PUTAIN als Vollzug der Welle und Verebben

Indizien dafür, dass Jean Eustache der Nouvelle Vague verbunden ist und sich ihr verpflichtet weiß, gibt es viele. Zu Recht stellt ihn Frieda Grafe in die Nachfolge von Godard in der Vorliebe für die Montage des Films, auch wenn er programmgemäß die langen Einstellungen feiert. Zugleich bestimmt sie den Filmautor als Schlüsselbegriff der Nouvelle Vague mittels Eustache. Dieser eben »re-kreiert Beobachtetes«. Konsequent nahm Eustache mit Godard Partei gegen den späten Truffaut[14], auch wenn er dessen PEAU DOUCE (Die süße Haut, 1963) großartig fand. Joel Magny stellt in seiner Reflexion auf Eustache denn auch fest, dass diesem kaum etwas anderes übrigblieb, als die ästhetischen Optionen der Nouvelle Vague zu radikalisieren[15].

Lassen wir dahingestellt, ob Eustache mit seinem gesamten Opus zum Kern der Nouvelle Vague gezählt werden muss. LA MAMAN ET LA PUTAIN ist jedenfalls der programmatische Anschluss an die Nouvelle Vague, eine Demonstration der Mittel, Thesen und Strukturen und eine Art wehmütiger Abgesang, weniger allerdings auf die Nouvelle Vague denn auf das Lebensgefühl, das deren Engagement tingierte.

Der Anschluss an die Nouvelle Vague ist gesucht und indiziert bis in die Wahl des Sujets – eine JULES UND JIM-Inverse – und die Wahl der Schauspieler hinein: Nouvelle Vague. Eustache sagt, dass er den Film nicht gemacht hätte, wenn er nicht genau die Schauspieler gewonnen

LA MAMAN ET LA PUTAIN

LA MAMAN ET LA PUTAIN

hätte, die darin agieren. Für die Rolle des Alexandre, der virtuell zugleich die Idealprojektion des Nouvelle Vague-Protagonisten verkörpert, hätte er sich überhaupt keinen anderen Schauspieler vorstellen können als Jean-Pierre Léaud, den realen Nouvelle Vague-Protagonisten.

Die Truffaut-Schauspieler Jean-Pierre Léaud als Alexandre und Bernadette Lafont als Marie[16] spielen nochmals die Welle. Er, Léaud, ist ohnehin die personifizierte Nouvelle Vague. Sie lebte mit ihm, brauste mit ihm auf, alterte mit ihm – und verlor, wenn schon nicht ihre Unschuld, so ihre Nouveauté. So wie er die Jugend, die er hier noch einmal vorspielt, verwundert darüber, dass die Welt und das Kino nicht so neu bleiben, wie sie waren. Das ist die Verwunderung Eustaches, die Verwunderung der Nouvelle Vague über sich selbst. Alexandre, immer wieder in Großaufnahmen von Léauds Gesicht als Person auf Léauds *image* und Image eingeschworen, bietet eine vollkommene Synthese des *Godard-Léaud* und des *Truffaut-Léaud*. Er trägt die imaginierte Autobiographie Eustaches und ist gleichwohl ein eigener Charakter. Ein Meisterstück. Und sie, Bernadette Lafont, die herrlich freche, geerdete und spielverliebte Amoralistin aus Truffauts UNE BELLE FILLE COMME MOI (Ein schönes Mädchen wie ich, 1972), sie, die in LES MISTONS (Die Unverschämten, 1957) den Anfang der Welle mit schuf – sie ist hier ein schönes Mädchen, dem das selbstbewusste *comme moi* im Halse stecken bleibt. Die Zeit der Spiele, die Zeit des als ob, die Zeit der Revolution und die Zeit der unverschämten Freiheit ist vorüber. Sie liebt den altmodisch-jungenhaft-revolutionären Nichtstuer Alexandre wie ein kostbares Erinnerungsstück dieser Freiheit. Sie ist die Frau, bei der und mit der Alexandre lebt, bis er zu einer schwierigen Dreierkonstellation mit Véronika, dem blonden Gegenstück zur schwarzhaarigen Marie, übergeht und am Ende Véronika einen Heiratsantrag macht. Einen Heiratsantrag, der angenommen wird, während der erste, am Anfang des Films an eine andere blonde Ex-Geliebte gerichtet, abgelehnt wurde. Dabei demonstriert der Film an Alexandre, dem müden Helden der Nouvelle Vague, dass die Welle in ihrem emanzipativen Drang, jenseits von links und rechts, ihre Auflösung in den Ästhetizismus der Zeichen vollzog. Im abgebildeten Leben des Films wohlgemerkt. Wir hatten die jungenhafte Unverschämtheit mit Frieda Grafe als das erste Kennzeichen der Neuen Welle benannt – die Unverschämtheit blieb, beim Protagonisten wie beim Regisseur, der wegen der rüden Sprache des Films vehementen Angriffen ausgesetzt war. Es ist die

Sprache der Nouvelle Vague-Helden, und Eustache führt uns die verschiedenen Optionen vor, analytisch, wie er selbst bekundet.

Wir hatten die Kinobildung und die hymnische Kritik als weiteres Kennzeichen der Nouvelle Vague erwähnt, und abgesehen von der Tatsache, dass Eustache Renoir als sein großes Vorbild[17] bezeichnete, spielt er den Kanon durch, bringt die Vorbilder, wenn es nicht in Bildern möglich ist, zwanglos ins Gespräch. Die Traditions-Gemeinschaft, der der unglücklich Verliebte angehören wollte, wird evoziert. Es gehört zum autobiographischen Gestus, dass er die Liebe zum Kino im Film indiziert. Um Eustache zu begreifen, den Vollender dessen, was Godard und Truffaut, die Antipoden der Nouvelle Vague, wollten und was allenfalls Rivette unbeeinflusst von deren Verebbungskämpfen in Ansätzen realisierte, muss man an Truffaut erinnern, der bekundet, dass seine Lieblingsgegend die Landschaft in SUNRISE (1927) von Murnau ist[18]. Eustache, verliebt in die Autor-Autoritäten, welche die Nouvelle Vague-Autoren feierten, bringt im Film nicht nur Renoir und Ray unter, sondern auch Murnau.

Murnaus verharrender Blick auf eine Landschaft, der bewirkt, dass diese das Publikum in den Blick nimmt, kommt nicht nur in dem von Grafe entdeckten, indirekten Murnau-Zitat aus SUNRISE zum Tragen[19]. Eustache verbleibt generell mit der Kamera auf der erfassten Landschaft der Stadt, des Ortes oder des Gesichts, ununterscheidbar, ob als Zitat oder Wirklichkeitsnachklang. Immer ein wenig zu lang und immer ein wenig zu kurz. Anschlussdifferenz! Wenn die Personen des Films die Szene verlassen haben, geht das Bilder-Leben weiter, doch das Bild der verlassenen Szenerie trägt unseren Erinnerungsblick in sich. Das Bild wird zum Erinnerungsdispositiv. Die Filmwelt ist nicht mehr für die agierenden Personen, sondern für den Zuschauer da. Wie Truffaut zieht Eustache den Reflex des Lebens dem Leben vor. Eustache könnte sich auf Bergson stützen, der darauf insistiert, dass alle Bilder schon immer gemacht sind und nur die Schnittstelle der eingehenden und ausgehenden Bilder – das ist der Autor wie das Publikum oder die Kamera – uns als Bildverarbeitung das Bild bewusst macht. Keine Identifikation, sondern Reflexion! Die charakteristischen Großaufnahmen der Gesichter erzwingen in ähnlicher Weise reflexive Emotionalität.

Darin, in dieser einzigartigen Verschränkung von Dokumentation und Fiktion zugleich Godard verwandt, liegt Eustaches spezifischer Neo-Realismus. Lumière ist für Eustache wie für Rivette und Godard ein größerer

Zauberer als Méliès. Es ist ein Realismus der gespiegelten Konstruktion, deren Brüche nur dem Kenner anvertraut werden. Die Brüche werden im Sprechen vielfältig eingeholt, akzentuiert und durch die Musik illustriert. Hören als Sehen. Sichtbarmachen durch Differenz. Denn niemand ist gebrochener als Eustache. Doch er findet, erfindet, wie es die Nouvelle Vague immer gedacht und manchmal auch gemacht hat, einen wunderbaren formalen Mechanismus für die Potentialität, für die Sichtbarkeit des Unsichtbaren, für die Empfänglichkeit der Seelen-Landschaft. Eben indem die Kamera auf dem Handlungs-Geschehensraum fast immer etwas zu lang verbleibt, wenn die dramatis personae die Szene verlassen haben, erzwingt er die Umkehrung des Erwartungsblicks. Das Bild begegnet uns vertraut alltäglich *und* fremd herausfordernd. Die Blende schließt uns dann ein und öffnet ein anderes Bild. Das Leben, der Film, ist immer zugleich anderswo. Off.

Wenn der Blick des Zuschauers so am leeren Platz hängt, wenn das Alltägliche fremd wird, dann geschieht jene gesteigerte Entdramatisierung, welche die Nouvelle Vague als Entliterarisierung forderte, die fast zur Auflösung der Dramaturgie als solcher führt und – das Leben wird zum Drama. Die Dokumentation zur Fiktion. Die Bedeutung erwächst aus dem Nebensächlichen. Dabei legte Eustache die Dialoge peinlichst genau fest, bestimmte die Kamera und wählte seine – jedem zugänglichen – Bilder aus[20].

Das ist Politik der Autoren und eigener, ja eigentümlicher Stil. Eustache demonstriert, was es heißt, eine Handschrift zu haben. Spezifischer filmte keiner, nicht einmal Godard.

Nicht die Helden sind bei Eustache in erster Linie *à bout de souffle* [21], die Epoche ist es. Warum, ließe sich fragen, verfehlt LA MAMAN ET LA PUTAIN, als Erfüllung der Nouvelle Vague, die existentielle Geste der Nouvelle Vague? Der Grund liegt darin, dass der Zukunftshorizont der Nouvelle Vague im nachrevolutionären Leben als widerlegte Vergangenheit jede Utopie zu durchkreuzen scheint. Die Wirklichkeit, die filmische Fiktion sättigen sollte, war für Eustache zum schlechten Film geworden. »Maximum an Kino« konstatiert Véronika, wenn Alexandre die Pose des Schlafenden einnimmt. Die Methode der Nouvelle Vague musste fehlschlagen, wenn die Wirklichkeitserdung als Korrektiv zur literarischen Prätention versagt, weil diese Wirklichkeit selbst prätentiös geworden war.

Jean Eustache, der Nouvelle Vague geleitete Wirklichkeitsträumer, den die neue Welle noch vorantrieb, als sie schon zurücklief, dessen Träumen die Wirklichkeit widerstand, nahm sich am 5. November 1981 das Leben. Er ist unsterblich. Jim Jarmusch widmete ihm BROKEN FLOWERS (2005).

1 Wer könnte vergessen, wie wunderbar J.-L.G., der Großsiegelbewahrer der Nouvelle Vague, den Erotomanen Roger Vadim als einen der ihren reklamiert hat?

2 Ich schreibe diesen Satz keineswegs nur deshalb hin, um auf mein Lieblingszitat von Wittgenstein verweisen zu können:»Wer eine Tradition nicht hat und sie haben möchte, ist wie ein unglücklich Verliebter«.

3 Frieda Grafe: Nur das Kino. 40 Jahre mit der Nouvelle Vague. Berlin 2003 und darin besonders der Aufsatz: Zwanzig Jahre später. Was die Nouvelle Vague war (S. 106-115), kann als Orientierung dienen.

4 Frieda Grafe: a.a.O. S. 106

5 Vgl. Frieda Grafe: Eine Rückwärtsbewegung mit einer gewissen Tendenz nach vorn. In: F.G.: a.a.O. S. 13

6 Frieda Grafe: Die Kunst der Epigonen. In: F.G.: a.a.O. S. 43

7 Frieda Grafe: Ein leidenschaftlicher Spiegel. In: F.G.: a.a.O. S. 147

8 Vgl. Frieda Grafe: Mach's noch mal Jules. In: F.G.: a.a.O. S. 134

9 Vgl. Frieda Grafe: Zwanzig Jahre später. In: F.G.: a.a.O. S. 110

10 Frieda Grafe: Die Kunst der Epigonen. In: F.G.: a.a.O. S. 43f

11 Jean-Luc Godard zitiert nach Frieda Grafe: Wessen Geschichte – Jean-Luc Godard zwischen den Medien. In: F.G.: a.a.O. S. 148

12 Vgl. Frieda Grafe: Eine Rückwärtsbewegung mit einer gewissen Tendenz nach vorn. In: F.G.: a.a.O. S. 23

13 Frieda Grafe: a.a.O., S. 22

14 Vgl. Jean Eustache. Texte und Dokumente. Kinemathek 99. Berlin 2005. S. 77.

15 Joel Magny in Jean Eustache. a.a.O. S. 29.

16 Man hat es sich angewöhnt, Marie, also Bernadette Lafont, als die Maman, und Véronika, also Françoise Lebrun, als die ›Hure‹ zu identifizieren. Doch eigentlich beziehen sich ›Maman‹ und ›Putain‹ auf eine Strukturposition: Véronika ist beides, und die Qualifikation ›Hure‹ wird ausdrücklich im großen Schlussmonolog Véronikas zurückgewiesen.

17 Vgl. Frieda Grafe: Ein leidenschaftlicher Spiegel. In: F.G. a.a.O. S. 146:»Jean Renoir (ist) sein Ein und Alles«. Eustache besorgte den Schnitt von Rivettes Fernsehbeitrag zu Renoir.

18 Vgl. Frieda Grafe: Alpha und Omega. In: F.G.: a.a.O. S. 79

19 Frieda Grafe: Ein leidenschaftlicher Spiegel. In: F.G.: a.a.O. S. 145f

20 Eustache:»Der einzige Grund, warum das geschieht, was da geschieht, ist der, dass ich es mir ausgedacht habe!« Die Überinszenierung in dokumentarischem Gestus entspricht in etwa den großformatigen Dias des Alltagslebens, die Jeff Wall vorstellt. Interessanterweise begleitet die Modern Tate Collection (London) eine Jeff Wall-Retrospektive (Okt. 2005–Jan. 2006) mit einem »Jeff Wall Film Programme«, in dem sechs Filme Eustaches zur Aufführung gelangten.

21 Nach Eustache einer von drei Filmen, die wirklich zählen.

50 Filme

1955 LES MAUVAISES RECONTRES (Unglückliche Begegnungen) – R: Alexandre Astruc – B: Alexandre Astruc, Roland Laudenbach (nach dem Roman »Une sacrée salade« von Cécile Saint-Laurent) – P: André Cultet, Edmond Ténoudji – K: Robert Lefebvre – L: 84 min – D: Jean-Claude Pascal (Blaise Walter), Anouk Aimée (Catherine Racan), Gaby Sylvia (Hélène Ducouret)
LA POINTE COURTE – R+B: Agnès Varda – P: Agnès Varda – K: Louis Stein – L: 80 min – D: Silvia Monfort, Philippe Noiret

1956 ET DIEU CRÉA LA FEMME (Und immer lockt das Weib) – R+B: Roger Vadim – P: Raoul J. Lévy – K: Armand Thirard – L: 89 min – D: Brigitte Bardot (Juliette), Curd Jürgens (Eric), Jean-Louis Trintignant (Michel)

1957 L'ASCENSEUR POUR L'ÉCHAFAUD (Fahrstuhl zum Schaffott) – R: Louis Malle – B: Roger Nimier – P: Jean Thuillier – K: Henri Decaë – L: 90 min – D: Maurice Ronet (Julien Travernier), Jeanne Moreau (Florence Carala), Georges Poujouly (Louis)

1958 LES AMANTS (Die Liebenden) – R: Louis Malle – B: Louis Malle, Louise de Vilmorin, nach dem Roman »Point de Lendemain« von Dominique Vivant und Baron de Denon – P: Louis Malle – K: Henri Decaë – L: 93 min – D: Jeanne Moreau (Jeanne Tournier), Alain Cuny (Henri Tournier), José-Louis de Villalonga (Raoul Florès)
LA TÊTE CONTRE LES MURS (Mit dem Kopf gegen die Wände) – R: Georges Franju – B: Georges Franju, Jean-Pierre Mocky, nach einem Roman von Hervé Bazin – P: Jérôme Goulven – K: Eugen Schüfftan – L: 96 min – D: Jean-Pierre Mocky, Pierre Brasseur, Charles Aznavour
LE BEAU SERGE (Die Enttäuschten) – R+B: Claude Chabrol – P: Jean Cotet – K: Jean Rabier – L: 99 min – D: Gérard Blain (Serge), Jean-Claude Brialy (François), Bernadette Lafont (Marie)
LES COUSINS (Schrei, wenn du kannst) – R: Claude Chabrol – B: Claude Chabrol, Paul Gégauff – P: Jean Cotet – K: Henri Decaë – L: 108 min – D: Gérard Blain (Charles), Jean-Claude Brialy (Paul), Juliette Mayniel (Florence)

1959 HIROSHIMA, MON AMOUR – R: Alain Resnais – B: Marguerite Duras – P: Samy Halfon – K: Sacha Vierny, Takahashi Michio – L: 89 min – D: Emanuelle Riva, Eiji Okada, Stella Dassas

LE SIGNE DU LION (Im Zeichen des Löwen) – R+B: Eric Rohmer – P: Roland Nonin – K: Nicolas Hayer – L: 103 min – D: Jess Hahn (Pierre Wesselrin), Van Doude, Michèle Girardon

LES 400 COUPS (Sie küßten und sie schlugen ihn) – R+B: François Truffaut – P: François Truffaut – K: Henri Decaë – L: 99 min – D: Jean-Pierre Léaud (Antoine Doinel), Claire Maurier (Gilberte Doinel), Albert Rémy (Julien Doinel)

À BOUT DE SOUFFLE (Außer Atem) – R: Jean-Luc Godard – B: François Truffaut – P: Georges de Beauregard – K: Raoul Coutard – L: 87 min – D: Jean-Paul Belmondo (Michel Poiccard), Jean Seberg (Patricia Franchini), Van Doude (Journalist)

L'EAU À LA BOUCHE (Die Katze läßt das Mausen nicht) – R: Jacques Doniol-Valcroze – B: Jacques Doniol-Valcroze, Jean-José Richer – P: Pierre Braunberger – K: Roger Fellous – L: 88 min – D: Bernadette Lafont (Prudence), Françoise Brion (Miléna), Alexandra Stewart (Séraphine)

1960 LES BONNES FEMMES (Die Unbefriedigten) – R: Claude Chabrol – B: Claude Chabrol, Paul Gégauff – P: Raymond Hakim, Robert Hakim – K: Henri Decaë – L: 100 min – D: Bernadette Lafont (Jane), Clotilde Joano (Jacqueline), Stéphane Audran (Ginette)

PARIS NOUS APPARTIENT (Paris gehört uns) – R: Jacques Rivette – B: Jacques Rivette, Jean Gruault – P: Claude Chabrol, Roland Nonin – K: Charles L. Bitsch – L: 141 min – D: Betty Schneider (Anne Goupil), Giani Esposito (Gerard Lenz), Françoise Prévost (Terry Yordan)

LOLA – R+B: Jacques Demy – P: Carlo Ponti, Georges de Beauregard – K: Raoul Coutard – L: 90 min – D: Anouk Aimée (Lola), Marc Michel (Roland Cassard), Jacques Harden (Michel)

ZAZIE DANS LE METRO (Zazie) – R: Louis Malle – B: Louis Malle, Jean-Paul Rappeneau, nach dem Roman von Raymond Queneau – P: Irénée Leriche – K: Henri Raichi – L: 93 min – D: Catherine Demongeot (Zazie), Philippe Noiret (Onkel Gabriel), Hubert Deschamps (Turandot)

1961 JULES ET JIM (Jules und Jim) – R: François Truffaut – B: François Truffaut, Jean Gruault, nach einem Roman von Henri-Pierre Roché – P: François

Truffaut, Marcel Berbert – K: Raoul Coutard – L: 105 min – D: Jeanne Moreau (Cathérine), Oskar Werner (Jules), Henri Serre (Jim)

✗ **UNE FEMME EST UNE FEMME (Eine Frau ist eine Frau)** – R+B: Jean-Luc Godard – P: Carlo Ponti, Georges de Beauregard – K: Raoul Coutard – L: 85 min – D: Jean-Claude Brialy (Émile Récamier), Anna Karina (Angela), Jean-Paul Belmondo (Alfred Lubitsch)

1962 ✗ **CLÉO DE 5 À 7 (Mittwoch zwischen 5 und 7)** – R+B: Agnès Varda – P: Carlo Ponti, Georges de Beauregard – K: Paul Bonis, Alain Levent, Jean Rabier – L: 90 min – D: Corinne Marchand (Florence, ›Cléo Victoire‹), Antoine Bourseiller (Antoine), Dominique Davray (Angèle)

✗ **ADIEU PHILIPPINE** – R: Jacques Rozier – B: Jacques Rozier, Michèle O'Glor – P: Georges de Beauregard – K: René Mathelin – L: 106 min – D: Jean-Claude Aimini (Michel), Daniel Descamps (Daniel), Stefania Sabatini (Juliette)

✓ **VIVRE SA VIE (Die Geschichte der Nana S.)** – R: Jean-Luc Godard – B: Jean-Luc Godard, Marcel Sacotte – P: Pierre Braunberger – K: Raoul Coutard – L: 79 min – D: Anna Karina (Nana Kleinfrankenheim), Sady Rebbot (Raoul), André S. Labarthe (Paul)

1963 ✗ **MURIEL OU LE TEMPS D'UN RETOUR (Muriel oder die Zeit der Wiederkehr)** – R: Alain Resnais – B: Jean Cayrol – P: Anatole Dauman – K: Sacha Vierny – L: 115 min – D: Delphine Seyrig (Hélène Aughain), Jean-Pierre Kérien (Alphonse Noyard), Nita Klein (Françoise)

✗ **L'IMMORTELLE (Die Unsterbliche)** – R+B: Alain Robbe-Grillet – P: Dino de Laurentiis – K: Maurice Barry – L: 98 min – D: Françoise Brion (L), Jacques Doniol-Valcroze (N), Guido Celano (M)

✗ **LE MÉPRIS (Die Verachtung)** – R: Jean-Luc Godard – B: Jean-Luc Godard, nach einem Roman von Alberto Moravia – P: Carlo Ponti, Georges de Beauregard, Joseph E. Levine – K: Raoul Coutard – L: 103 min – D: Brigitte Bardot (Camille Javal), Michel Piccoli (Paul Javal), Jack Palance (Jeremy Prokosch), Fritz Lang (Fritz Lang)

1965 ✗ **ALPHAVILLE (Lemmy Caution gegen Alpha 60)** – R+B: Jean-Luc Godard – P: Philippe Dussart – K: Raoul Coutard – L: 93 min – D: Eddie Constantine (Lemmy Caution), Anna Karina (Natascha von Braun), Akim Tamiroff (Henri Dickson)

Die 50 Filme | 215

PIERROT LE FOU (Elf Uhr nachts) – R: Jean-Luc Godard – B: Jean-Luc Godard, nach einem Roman von Lionel White – P: Georges de Beauregard – K: Raoul Coutard – L: 110 min – D: Jean-Paul Belmondo (Ferdinand Griffon, ›Pierrot‹), Anna Karina (Marianne Renoir)

1966   LE PÈRE NOËL A LES YEUX BLEUS (Der Nikolaus hat blaue Augen) – R+B: Jean Eustache – K: Philippe Théaudière – L: 50 min – D: Jean-Pierre Léaud (Daniel), Gérard Zimmermann (Dumas), Henri Martinez (Martinez)

1967   WEEK-END – R+B: Jean-Luc Godard – K: Raoul Coutard – L: 105 min – D: Mireille Darc (Corinne), Jean Yanne (Roland), Jean-Pierre Kalfon

LA COLLECTIONNEUSE (Die Sammlerin) – R+B: Eric Rohmer – P: Eric Rohmer – K: Néstor Almendros – L: 91 min – D: Patrick Bauchau (Adrien), Haydée Politoff (Haydée), Daniel Pommereulle (Daniel)

1968   BAISERS VOLÉS (Geraubte Küsse) – R: François Truffaut – B: François Truffaut, Claude de Givray, Bernard Revon – P: Marcel Berbert, François Truffaut – K: Denys Clerval – L: 90 min – D: Jean-Pierre Léaud (Antoine Doinel), Delphine Seyrig (Fabienne Tabard), Claude Jade (Christine Darbon)

L'ENFANCE NUE (Die nackte Kindheit) – R: Maurice Pialat – B: Maurice Pialat, Arlette Langmann – P: Véra Belmont, Guy Benier, Claude Berri, Mag Bodard, François Truffaut – K: Claude Beausoleil – L: 83 min – D: Raoul Billerey (Roby), Maurice Coussonneau (Letillon), Pierrette Deplanque (Josette)

1969   MA NUIT CHEZ MAUD (Meine Nacht bei Maud) – R+B: Eric Rohmer – P: Pierre Cottrell, Barbet Schroeder – K: Néstor Almendros – L: 110 min – D: Jean-Louis Trintignant (Jean-Louis), Françoise Fabian (Maude), Marie-Christine Barrault (Françoise)

PAULINA S'EN VA (Paulina geht fort) – R+B: André Téchiné – P: Pierre Neurisse – K: Pierre-William Glenn, Jean Gonnet – L: 90 min – D: Bulle Ogier (Paulina), Yves Beneyton (Nicolas), Michèle Moretti

L'AMOUR FOU – R: Jacques Rivette – B: Jacques Rivette, Marilù Parolini – P: Georges de Beauregard – K: Étienne Becker, Alain Levent – L: 252 min – D: Bulle Ogier (Claire), Jean-Pierre Kalfon (Sébastien-Pyrrhus), Maddly Bamys

1970 **LE BOUCHER (Der Schlachter)** – R+B: Claude Chabrol – P: André Génovès, Fred Surin – K: Jean Rabier – L: 93 min – D: Stéphane Audran (Helene), Jean Yanne (Popaul), Antonio Passalia (Angelo)

1972 **UNE BELLE FILLE COMME MOI (Ein schönes Mädchen wie ich)** – R: François Truffaut – B: François Truffaut, Jean-Loup Dabadie, nach einem Roman von Henry Farrell – P: Marcel Berbert – K: Pierre-William Glenn – L: 98 min – D: Bernadette Lafont (Camille Bliss), Claude Brasseur (Maître Murene), Charles Denner (Arthur)

OUT 1: NOLI ME TANGERE – R: Jacques Rivette – B: Jacques Rivette, Suzanne Schiffmann (auch Co-Regie) – P: Stéphane Tchalgadjieff, Michel Chanderli, Danièle Gégauff, Gérard Vaugeois, Pierre Cottrell, Barbet Schroeder – K: Pierre-William Glenn – L: 773 min – D: Jean-Pierre Léaud (Colin), Michel Lonsdale (Thomas), Juliet Berto (Frédérique)

1973 **LA MAMAN ET LA PUTAIN (Die Mama und die Hure)** – R+B: Jean Eustache – P: Pierre Cottrell – K: Pierre Lhomme – L: 209 min – D: Bernadette Lafont (Marie), Jean-Pierre Léaud (Alexandre), Françoise Lebrun (Véronika)

1974 **CÉLINE ET JULIE VONT EN BATEAU (Céline und Julie fahren Boot)** – R: Jacques Rivette – B: Juliet Berto, Eduardo de Gregorio, Dominique Labourier, Bulle Ogier, Marie-France Pisier, Jacques Rivette – P: Barbet Schroeder – K: Jacques Renard – L: 193 min – D: Juliet Berto (Céline), Dominique Labourier (Julie), Bulle Ogier (Camille)

1977 **UNE SALE HISTOIRE (Eine schmutzige Geschichte)** – R: Jean Eustache – B: nach einer Geschichte von Jean-Noël Picq – P: Jean Eustache – K: Pierre Lhomme, Jacques Renard – L: 50 min – D: Michel Lonsdale, Douchka, Laura Fanning

1980 **SAUVE QUI PEUT (LA VIE) (Rette sich wer kann [das Leben])** – R: Jean-Luc Godard – B: Jean-Luc Godard, Jean-Claude Carrière, Anne-Marie Miéville – P: Jean-Luc Godard, Marin Karmitz, Alain Sarde – K: Renato Berta, William Lubtschansky – L: 87 min – D: Isabelle Huppert (Isabelle Rivière), Jacques Dutronc (Paul Godard), Nathalie Baye (Denise Rimbaud)

1981 　LE PONT DU NORD (An der Nordbrücke) – R: Jacques Rivette – B: Bulle Ogier, Pascale Ogier, Suzanne Schiffmann, Jacques Rivette – P: Jean-Pierre Mahot, Barbet Schroeder – K: Caroline Champetier, William Lubtschansky – L: 129 min – D: Bulle Ogier (Marie), Pascale Ogier (Baptiste), Pierre Clémenti (Julien)

　LA FEMME DE L'AVIATEUR (Die Frau des Fliegers) – R+B: Eric Rohmer – P: Margaret Ménégoz – K: Bernard Lutic, Romain Winding – L: 104 min – D: Philippe Marlaud (François), Marie Rivière (Anne), Anne-Laure Meury (Lucie)

1983 　PRÉNOM CARMEN (Vorname Carmen) – R: Jean-Luc Godard – B: Anne-Marie Miéville – P: Bernard Bouix, Alain Sarde – K: Raoul Coutard – L: 85 min – D: Maruschka Detmers (Carmen x), Jacques Bonnaffé (Joseph), Myriem Roussel (Myriem)

　PAULINE À LA PLAGE (Pauline am Strand) – R+B: Eric Rohmer – P: Margaret Ménégoz – K: Nestor Almendros – L: 94 min – D: Amanda Langlet (Pauline), Arielle Dombasle (Marion), Pascal Greggory (Pierre)

1984 　LES NUITS DE LA PLEINE LUNE (Vollmondnächte) – R+B: Eric Rohmer – P: Margaret Ménégoz – K: Renato Berta – L: 100 min – D: Pascale Ogier (Louise), Tchéky Karyo (Remi), Fabrice Luchini (Octave)

1985 　SANS TOIT NI LOI (Vogelfrei) – R+B: Agnès Varda – P: Oury Milshtein – K: Patrick Blossier – L: 105 min – D: Sandrine Bonnaire (Mona Bergeron), Setti Ramdane (Marokkaner), Francis Balchère (Gendarm)

1989 　LA BANDE DES QUATRE (Die Viererbande) – R: Jacques Rivette – B: Jacques Rivette, Pascal Bonitzer – P: Martine Marignac – K: Caroline Champetier – L: 160 min – D: Bulle Ogier (Constance), Benôit Régent (Thomas), Fejria Deliba (Anna)

1990 　NOUVELLE VAGUE – R+B: Jean-Luc Godard – P: Alain Sarde – K: William Lubtschansky – L: 90 min – D: Alain Delon (Roger Lennox, Richard Lennox), Domiziana Giordano (Elena Torlato-Favrini)

Ausgewählte Bibliographie

Almendros, Nestor: A Man with a Camera. London 1985.

Alexandre Astruc. Die Geburt einer neuen Avantgarde: Die Kamera als Federhalter. In: Kotulla, Theodor (Hg.): Der Film: Manifeste, Gespräche, Dokumente. Bd. 2. München 1964. S. 111–115.

Baecque, Antoine de: La Nouvelle Vague: Portrait d'une jeunesse. Paris 1998.

Baecque, Antoine de / Toubiana, Serge: François Truffaut: Biographie. Köln 1999. (orig. 1996)

Bazin, André: Le cinéma français de la Libération à la Nouvelle Vague. Paris 1998.

Bazin, André: Was ist Film? Berlin 2004. (orig. 1975)

Borde, Raymond / Buache, Freddy / Curtelin, Jean: Nouvelle Vague. Lyon 1962.

Bordwell, David / Thompson, Kristin: Film History. New York 1994.

Browne, Nick (Hg.): Cahiers du cinéma. 1969–1972: The Politics of Representations. Cambridge, Massachusetts 1990.

Chabrol, Claude / Rohmer, Eric: Hitchcock. Paris 1957. (engl. New York 1979)

Crisp, C.G.: Eric Rohmer. Realist and Moralist. Bloomington, Indianapolis 1988.

Daney, Serge: Von der Welt ins Bild. Augenzeugenberichte eines Cinéphilen. Aus dem Französischen von Christa Blümlinger, Dieter Hornig, Silvia Ronelt. Berlin 2000.

Deleuze, Gilles: Das Bewegungs-Bild. Kino 1. Frankfurt am Main 1989. (orig. 1983)

Deleuze, Gilles: Das Zeit-Bild. Kino 2. Frankfurt am Main 1999. (orig. 1985)

Dixon, Wheeler Winston: The Films of Jean-Luc Godard. Albany 1997.

Douchet, Jean: French New Wave. New York 1999.

Douin, Jean-Luc (Hg.): La Nouvelle Vague 25 ans après. Paris 1983.

Duras, Marguerite: HIROSHIMA MON AMOUR. Frankfurt am Main 1961.

Fetzer, Hans-Joachim / Kohler, Birgit (Red.): Jean Eustache. Texte und Dokumente. Kinemathek 99. Berlin 2005.

Godard, Jean-Luc: Einführung in eine wahre Geschichte des Kinos. Aus dem Französischen von Frieda Grafe und Enno Patalas. München 1981. (orig. Introduction à une véritable histoire du cinéma. Paris 1980)

Godard, Jean-Luc: Godard / Kritiker. Ausgewählte Kritiken und Aufsätze über Film (1950–1970). Auswahl und Übersetzung aus dem Französischen von Frieda Grafe. München 1971.

Godard, Jean-Luc: Jean-Luc Godard par Jean-Luc Godard. Édition établie par Alain Bergala. Cahiers du cinéma 1985.

Grafe, Frieda: Nouvelle Vague. Ein Projekt von hundertjahrekino, Viennale und Filmcasino. Wien 1996.

Grafe, Frieda: Nur das Kino. 40 Jahre mit der Nouvelle Vague. Schriften Band 3. Berlin 2003.

Graham, Peter: The New Wave. London 1968.

Grob, Norbert: Zwischen Licht und Schatten. Essays zum Kino. Sankt Augustin 2002.

Holmes, Diana / Robert Ingram: François Truffaut. Manchester 1998.

Hillier, Jim (Hg.): Cahiers du cinéma. Band 1. The 1950s: Neo-Realism, Hollywood, New Wave. Cambridge, Massachusetts 1985.

Hillier, Jim (Hg.): Cahiers du cinéma. Band 2. 1960–1968: New Wave, New Cinema, Re-evaluating Hollywood. London 1986.

Jansen, Peter W. / Schütte, Wolfram (Hg.): François Truffaut. München / Wien 1974 (Reihe Film 2).

Jansen, Peter W. / Schütte, Wolfram (Hg.): Claude Chabrol. 2. erg. und erw. Aufl. München / Wien 1986 (Reihe Film 5).

Jansen, Peter W. / Schütte, Wolfram (Hg.): Jean-Luc Godard. München / Wien 1979 (Reihe Film 19).

Jansen, Peter W. / Schütte, Wolfram (Hg.): Louis Malle. München/Wien 1985 (Reihe Film 34).

Jansen, Peter W. / Schütte, Wolfram (Hg.): Alain Resnais. München/Wien 1990 (Reihe Film 38).

Kline, T. Jefferson (Hg.): Screening the Text. Intertextuality in New Wave French Cinema. Baltimore, London 1992.

Koebner, Thomas (Hg.): Filmregisseure. Stuttgart 1999.

Koebner, Thomas (Hg.): Sachlexikon des Films. Stuttgart 2002.

Koebner, Thomas: Reclam Filmklassiker 5 Bd. Stuttgart 2006 (5. Aufl)

Kreidl, John Francis: Jean-Luc Godard. Boston 1980.

Laffont, Robert: Claude Chabrol. Cinéaste. Et pourtant je tourne … Paris 1976.

Langlois, Georges / Glenn Myrent: Henri Langlois: premier citoyen du cinéma. Paris 1986.

MacCabe, Colin: Godard. A Portrait of the Artist at Seventy. New York 2003.

Joël Magny: Claude Chabrol. Paris 1987.

Marie, Michel: The French New Wave. Malden, Oxford 2003.

Milne, Tom (Hg.): Godard on Godard. New York 1986.

Monaco, James: The New Wave. Truffaut, Godard, Chabrol, Rohmer, Rivette. New York / Sag Harbor. 3. Aufl. 2004 [1976].

Moninger, Markus: Filmkritik in der Krise. Die politique des auteurs. Tübingen 1992.

Nau, Peter: Spätlese. München 1998.

Neupert, Richard: A History of the French New Wave Cinema. Wisconsin 2002.

Petz, Thomas (Hg.): Verlust der Liebe. Über Eric Rohmer. Arbeitshefte Film 8. München/Wien 1981.

Politi, Edna (Hg.): Jacques Rivette Rétrospective. Genf 1985.

Prédal, René: Le Cinéma français depuis 1945. Paris 1991.

Prümm, Karl/Neubauer, Michael/Riedel, Peter (Hg.): Raoul Coutard. Kameramann der Moderne. Marburg 2004.

Rivette, Jacques: Labyrinthe. CiCiM 33. München Juni 1991.

Rivette, Jacques: Schriften fürs Kino. CiCiM 24/25. München 1989.

Rohmer, Eric: Der Geschmack des Schönen. Frankfurt am Main 2000. (orig. Le Gout de la beauté. Paris 1984)

Rohmer, Eric: Meine Nacht bei Maud. Sechs moralische Erzählungen. Ein Filmzyklus. Frankfurt am Main 1987.

Roloff, Volker/Winter, Scarlett (Hg.): Godard intermedial. Tübingen 1997.

Roloff, Volker/Winter, Scarlett (Hg.): Theater und Kino in der Zeit der Nouvelle Vague. Tübingen 2000.

Felten, Uta/Volker Roloff (Hg.): Rohmer intermedial. Tübingen 2001.

Rosenbaum, Jonathan (Hg.): Rivette. Texts and Interviews. London 1977.

Roud, Richard: Jean-Luc Godard. London 1970. (orig. 1967)

Screenshot – Texte zum Film. Thema: Nouvelle Vague. Nr. 4, 3. Jg. (Dez. 2000), S. 10–30.

Silverman, Kaja/Farocki, Harun: Von Godard sprechen. Berlin 1998.

Sturm, Georges/Gassen Heiner (Hg.): Arbeiten mit François Truffaut. CiCiM-Sonderheft. München 1992.

Truffaut, François: Briefe 1945–1984. Köln 1990. (orig.: François Truffaut – Correspondance. FOMA. Paris 1988)

Truffaut, François: Die Filme meines Lebens. Frankfurt am Main 1997. (orig.: Les Films de ma vie. Paris 1975)

Truffaut, François: Die Lust am Sehen. Frankfurt am Main 1999. (orig. Le Plaisir des yeux. Cahiers du Cinéma. Paris 1987)

Truffaut, François: Truffaut/Hitchcock. Hg. von Robert Fischer. Aus dem Französischen von Frieda Grafe und Enno Patalas. München, Zürich 1999. (Orig.: Le Cinéma selon Hitchcock. Paris 1966.)

Varda, Agnès: Varda par Agnès. Paris 1994.

Winter, Scarlett/Schlünder, Susanne (Hg.): Körper-Ästhetik-Spiel. Zur filmischen *écriture* der Nouvelle Vague. München 2004.

Zu den Autorinnen und Autoren

Miriam Fuchs: Magistrantin der Filmwissenschaft in Mainz (über Agnès Varda). Lebt in Mainz

Rainer Gansera: Autor. Filmjournalist. Freier Mitarbeiter von epd-Film, der Süddeutschen Zeitung und der Filmredaktion des WDR. Lebt in München

Fritz Göttler: Dr. phil. Autor. Journalist. Filmredakteur der Süddeutschen Zeitung. Mit-Hg. der Buchreihe *KinoKonTexte*. Lebt in München

Norbert Grob: Dr. phil. Professor für Mediendramaturgie in Mainz. Autor u. a. von »Zwischen Licht und Schatten« und »Just be natural!« Mit-Hg. u. a. von »Filmgenres: Film noir« (für Reclam). Lebt in Berlin und Mainz

Bernd Kiefer: Dr. phil. Akademischer Rat für Filmwissenschaft in Mainz. Autor und Mit-Hg. u. a. von »Pop und Kino« (für Bender) und »Filmgenres: Film noir« (für Reclam). Lebt in Mainz

Thomas Klein: Dr. phil., Wiss. Mitarbeiter für Filmwissenschaft und Mediendramaturgie in Mainz. Mit-Hg. u. a. von »Robert Altman« (für Bender) und »Filmgenres: Kriegsfilm« (für Reclam). Lebt in Mainz

Markus Moninger: Dr. phil. Theaterwissenschaftler. Mediendramaturg. Autor von »Shakespeare inszeniert« (für Niemeyer). Mit-Hg. von »Crossing Media« (für epodium). Lebt in Mainz

Karlheinz Oplustil: Autor. Richter. Freier Mitarbeiter für epd-Film. Lebt in Berlin

Hans Helmut Prinzler: Filmhistoriker. Bis vor kurzem: Direktor des Filmmuseums Berlin. Autor der »Chronik des dt. Films« (für Metzler). Mit-Hg. vieler Bücher zur Retrospektive der Berlinale. Lebt in Berlin und Brodowin

Karl Prümm: Dr. phil. Professor für Medienwissenschaft in Marburg. Initiator des Marburger Kamerapreises. Mit-Hg. u. a. von »Raoul Coutard« und »Frank Griebe« (für Schüren). Lebt in Cölbe-Schönstädt

Andreas Rauscher: Dr. phil. Lehrbeauftragter für Filmwissenschaft und Mediendramaturgie in Mainz. Autor von »Das Phänomen *Star Trek*« (für Ventil). Lebt in Mainz

Josef Rauscher: Dr. phil. Professor für Philosophie in Mainz. Autor der »Philosophie des Films« (in Vorb.). Lebt in Mainz

Manuela Reichart: Journalistin. Freie Mitarbeiterin von *Literaturen* und mehreren Rundfunk-Anstalten. Autorin der »Geschichten vom Älterwerden« (für Ebersbach). Lebt in Berlin und Grünheide

Marcus Stiglegger, Dr. habil. Wissenschaftlicher Assistent für Filmwissenschaft in Mainz. Hg. der Zeitschrift *Ikonen*. Mit-Hg. u. a. von »Pop und Kino« (für Bender) und »Filmgenres: Kriegsfilm« (für Reclam). Lebt in Mainz

Weitere Filmbücher im Bender Verlag

192 Seiten
€ 12,90 (D)
ISBN 3-936497-11-7

Norbert Grob / Thomas Klein (Hg.)
Road Movies

Zeitgleich mit dem New Hollywood-Kino entstand Ende der 1960er-Jahre mit dem Road Movie ein Filmgenre, das dem vom Western geschaffenen Mythos vom amerikanischen Traum eine neue, zeitgemäßere Form gab.

Allerdings ist Bewegung bereits seit den Anfängen des Films eines der zentralen Motive. »Un arrivee de traine«, einer der ersten Filme überhaupt, zeigt die Ankunft eines Zuges. Verfolgungsjagden mit Autos bestimmen erste One-Reelers. Dass die Bewegung im Bild eben nicht im Foto abzubilden war, machte sie zum spannenden und oft erzählungsbestimmenden Element des Films.

Bis heute erzählen Roadmovies vom Unterwegssein auf den Straßen, von der Suche nach den letzten Residuen von Freiheit unter den Bedingungen der Moderne.

320 Seiten
€ 17,90 (D)
ISBN 3-9806528-1-5

Jürgen Felix (Hg.)
Moderne Film Theorie

Klar, präzise und umfassend beschreibt »Moderne Film Theorie« die Theorien, anhand derer heute Filme analysiert werden. Dabei stehen drei Gesichtspunkte im Mittelpunkt: die Paradigmen zur Theoriebildung, Positionen ihrer maßgeblichen Vertreter und die Perspektiven dieses Forschungsfeldes.
Im Anschluss zeigen Analysen meist bekannter Filme, was die jeweilige Theorie konkret leisten kann: Autorentheorie & *Wild At Heart* – Genretheorie & *Pulp Fiction* – Filmsemiotik & *JFK* – Psychoanalyse & *Titanic* – Feministische Filmtheorie & *Le Mystère des Roches Kador* – Neo-Formalismus & *His Girl Friday* – Film-Philosophie & *Winterschläfer* – Neo-Phänomenologie & *Der Soldat James Ryan* – Intermedialität & *Passion*.

»Die Herausbildung dieser Wahlverwandtschaften [von Theorie und Film] ist, zuletzt, vielleicht der anregendste Aspekt dieses alles in allem höchst verlässlichen – und im deutschen Sprachraum eine schmerzliche Lücke füllenden – Bandes.« (www.jumpcut.de/21.5.2003).

www.bender-verlag.de

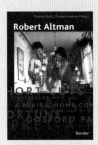

256 Seiten,
€ 15,90 (D)
ISBN 3-9806528-3-1

Thomas Klein / Thomas Koebner (Hg.)

Robert Altman
Abschied vom Mythos Amerika

Robert Altmans Filme haben dem Western, dem Film Noir, dem Gangsterfilm und anderen Genres neue Impulse verliehen. Seine originellen und manchmal komplexen Erzählformen haben dem Kino neue Möglichkeiten eröffnet.

Gleichzeitig übte Altman stets auch Kritik an der US-amerikanischen Gesellschaft. Mit Filmen wie *M.A.S.H.* und *Nashville* wurde Altman zu einem der Protagonisten des New Hollywood, sein eindrucksvolles Comeback feierte er mit *The Player*.

Mit detaillierten und leicht lesbaren Betrachtungen einzelner Filme sowie ästhetischer und thematischer Schwerpunkte nähert sich das Buch einem der wichtigsten Regisseure des amerikanischen Nachkriegskinos.

352 Seiten,
€ 17,90 (D)
ISBN 3-936497-08-7

Jochen Werner

Aki Kaurismäki

Die Finnen gelten als wortkarge Alkoholiker, angepasst an eine Steppenlandschaft am Rande Europas. Mit solchen Klischees wird Kaurismäki in Verbindung gebracht, steht er doch für das gesamte finnische Kino. Aber durch seinen persönlichen Stil grenzt er sich sowohl vom »Hollywood-Dreck« als auch vom »Kunstscheiß« mancher Kollegen ab, seine Filme zeichnen ihn als großen europäischen Regisseur aus.

Jochen Werner beschreibt alle Filme von *Schuld und Sühne* über *Leningrad Cowboys* bis zu seinem jüngsten Film *Der Mann ohne Vergangenheit* präzise, unvoreingenommen und mit einer außergewöhnlichen sprachlichen Brillanz.

Das zusätzliche lange Exklusivinterview ist durch die Lakonie des Filmemachers ein Leckerbissen für alle Filmfreunde.

288 Seiten,
€ 14,90 (D)
ISBN 3-936497-06-0

Bernd Kiefer / Marcus Stiglegger (Hg.)

Pop & Kino
Von Elvis zu Eminem

Seit Elvis zum ersten Mal vor die Filmkamera trat, sind Popkultur und Kino untrennbar miteinander verknüpft.
In *Pop & Kino* wird die Geschichte dieser Verbindung von den fünfziger Jahren bis zu aktuellen Produktionen erstmalig ausführlich dargestellt.